SHANGHAI GAOXIAO
DANGAN GUANLI YANJIU YU SHIJIAN

上海高校档案管理
研究与实践

主编／汤　涛　徐国明

上海三联书店

目　录

第一编　档案收集、管理与利用

第二编　档案数字化与信息化

第三编　档案编研与传播

第四编 档案馆的功能与职能

第一编　档案收集、管理与利用

高校档案向社会开放，我们准备好了吗？

华东师范大学档案馆　朱小怡　魏明扬

摘　要： 对高校档案部门而言，向社会开放档案，既是法定的职责，又是重大的挑战。文章阐述了高校档案部门为社会提供服务所面临的变革与挑战，从思想认识、业务建设、人才队伍等方面探讨了高校档案部门应对变革与挑战的思考与举措。

关键词： 档案　高校档案　开放利用　研究

教育部 27 号令《高等学校档案管理办法》（以下简称"27 号令"）颁布实施后，全国高校掀起了深入学习贯彻 27 号令的热潮。27 号令的颁布，标志着高校档案工作将迈入依法治档、以人为本、与时俱进、科学发展的新纪元。学习领会 27 号令的精神，把握机会，推进高校档案工作上水平，已成为当前高校档案部门的一项重要任务。高校档案工作要实现科学发展，关键在于不断强化档案工作服务学校中心工作的功能。大学的主要职能是人才培养、科学研究和服务社会。高校档案工作要服务好学校中心工作，就要不断提高为学校教学、科研、管理服务，为师生员工服务、为社会服务的能力与水平，努力在服务产品、服务方式、服务质量方面积极开拓创新，特别是要在服务社会机构和社会公众方面迈出新的步伐。

"27 号令"第四章第三十一条和第三十四条分别提出："高校档案开放应当设立专门的阅览室，并编制必要的检索工具（著录标准按《档案著录规则》（DA/T18—1999）执行），提供开放档案目录、全宗指南、档案馆指南、计算机查询系统等,为社会利用档案创造便利条件。""高校档案部门应当积极开展档案的编研工作。出版档案史料和公布档案,应当经档案形成单位同意,并报请校长批准。"短短两段话,一个关键词:为社会利用档案创造便利条件。这是高校档案工作的一个新命题,也是一个新挑战。准备充分,稳步推进,可以扩大高校以及高校档案部门的对外影响,树立高校档案部门的良好窗口形象。反之,则可能会影响高校档案部门的工作积极性,制约高校档案的开放与公布,在社会上造成负面的影响。

面对这一新任务,我们准备好了吗?

一　思想认识准备

所谓思想认识准备是指高校档案工作者对高校档案向社会开放后档案工作变化情况的认识程度。我们是否清醒地认识到,高校档案部门不再只是一个为本单位提供档案利用服务的内部机构,服务对象、内容、手段都将发生巨大的变化。

1. 需求发生变化

高校档案向社会开放档案意味着:

① 服务对象发生变化。我们的服务对象将从学校的领导、师生、校友扩大到各级政府机关、社会团体、机构和市民。

② 档案利用内容发生变化。档案利用的内容将从以工作查考、学籍证明为主的常规利用扩大到以高等教育、文化名人研究为目的的学术型利用和大量涉及公民切身利益的事实查证型利用。

③ 档案业务工作任务发生变化。高校档案向社会开放必将导致档案利用者人数的大量增加。与之相关联的档案整理、查询、复制、接待服务等档案业务工作量也势必会大幅度增长。

2. 利用策略发生变化

高校档案向社会开放,对高校档案工作者把握政策的能力提出了新的挑战:

① 难度增加。面对大量学术型利用者,高校档案工作者需要学习如

何在积极开展档案利用工作的同时保护档案形成者的著作权、知识产权，如何把握好处于保密和开放中间地带档案的提供利用，形成科学的利用制度，确立依法用档的意识。

② 风险增加。在高校档案向社会开放的过程中，已经发生过涉及个人隐私的司法纠纷，因此，高校档案工作者应在积极提供服务的同时，注意加强保护学校利益和个人隐私，控制珍贵档案大批量复制，提高风险防范意识。

3. 服务方式发生变化

高校档案向社会开放将推动高校档案部门服务模式的变革：

① 以编研为主导。档案不仅是保管，更重要的是要利用，这一点已经成为大家的共识。但是，什么是真正的利用，如何才能实现有效的利用？原封不动地搬出大批卷宗供利用者查阅，往往是吃力不讨好。基于档案具有片段的、零星的特点，不具备档案人员对档案内容的预研究，就不可能实现真正的有效利用。对此，我们还缺少足够的来自实践中的切身体会与认识。为适应高校档案向社会开放，为了更好地保护档案原件、提高利用工作的效率，我们需要探索以编研为主导的对外服务方式。

② 变被动变主动。即变被动等待利用者上门查档为主动运用馆藏资源积极开展宣传教育工作，彰显档案的文化教育功能，变单一的权威证明机关为人性化的公共文化服务机构。我们可以借鉴以往服务大学文化建设的经验，通过展览、出版图书、制作影视作品、开设专题讲座等多种形式进行宣传教育活动，使宣传教育的对象从大学的师生向整个社会延伸，主动参与公民思想道德教育、青少年人格培养，充分发挥高校档案在精神文明建设和构建社会主义和谐社会中的重要作用。

二　业务建设准备

面对变革与挑战，我们需要进一步夯实基础，研究解决目前业务建设中存在的问题和不足，不断提升服务社会的能力与水平。

1.“两个转变”与“两个体系”建设目标的实施

实现国家档案局提出的“两个转变”,建立“两个体系”(即:转变重事轻人、重物轻人、重典型人物轻普通人物的传统观念和认识,重视所有涉及人的档案的价值,建立覆盖人民群众的档案资源体系,转变档案工作中重机关团体利用、轻个人利用,重为机关团体服务、轻为群众服务的传统观念和认识,像重视机关团体利用那样重视人民群众利用,建立方便人民群众的档案利用体系),是档案事业的一次革命性的变革,是档案部门全面贯彻落实科学发展观的重要举措,也是高校档案部门为社会提供利用服务的必要条件。

对照上述要求,我们需要回答:

① 目前我们所拥有的档案资源是否能够适应开放的需求?在实际工作中,由于历史原因造成的档案缺失和当前档案收集的盲区,高校的档案资源还有待进一步优化与完善,档案信息资源的整理、标引、整合、共享和编研还有待于进一步加强。

② 我们的服务是否能够适应开放带来的变化?从检索技术的创新,服务手段的变革,服务内容的拓展,服务成本的回收,乃至档案接待利用窗口和门户网站的建设,我们还有许多问题需要探索,还有许多建设性的工作需要进行。

2. 高校档案向社会开放亟待解决的问题

① 研究开放策略,完善利用制度。在开放意识主导下,还有一个正确处理社会利益和单位利益的问题。开放把高校档案部门推向承担档案信息发布的媒体角色。与公共档案馆相比较,作为高校内部机构的高校档案部门缺少相关的经验和配套措施。对于牵涉到社会稳定问题,牵涉到所在高校的竞争秘密和核心技术问题的档案,目前还缺乏相应的制度加以鉴别与处置。在维护社会稳定与和谐、保护个人隐私和单位权益的基础上积极推进公共事务透明化的进程,还需要集聚众人的智慧建立符合法律规定的工作制度与工作规范。

② 制订合理的收费标准。由于高校档案部门不属于公益性的社会服务机构,其工作经费主要来自学校。根据 27 号令,作为服务成本的回

收,高校档案部门为社会提供服务可以收取一定的费用。但是,现行的一些国家综合档案馆收费标准明确规定只适用于国家综合性档案馆和城建档案馆,其他单位的收费标准另行制订。这就是说,虽然高校档案部门可以收费,却没有收费的标准,难以得到物价部门的认可。同时也容易引起高校档案部门与利用者之间的纠纷。解决这一问题的根本,在于尽快研究出台高校档案利用收费项目,然后根据各省市实际经济水平,提出合理的收费标准,报地方物价部门核准后执行。

③ 推进智能化管理与人性化服务。作为高校的内部机构,高校档案部门的人员编制有限且不可能无限量增长。高校档案向社会开放,没有现代化手段的支撑是寸步难行的。建设一个由高性能的信息管理系统、丰富的数字档案资源、人性化的门户网站、智能化的服务窗口、宽敞舒适的阅档环境所构成的服务平台是高校档案向社会开放的前提条件。

三　人才队伍准备

服务离不开队伍。高校档案向社会开放对高校档案工作者提出了新的更高要求。

1. 坚守职业道德

国际档案理事会于 1996 年通过《档案工作者职业道德准则》(AG96/9),供全世界各国档案工作者参照执行。其中有几条与档案开放服务密切相关的条款具有鲜明的行业特点,可作为借鉴。

① 档案工作者应尽可能地提供档案资料的对外利用,为所有利用者提供公正的服务。

② 档案工作者应遵守利用和隐私两原则,遵守有关的法令法规。

③ 档案工作者应珍惜所给予的特殊信任,不利用职务为自己和别人谋私利。

④ 档案工作者应系统地、不断地更新档案知识,卓有成效地做好本职工作,共享经验和研究成果。

⑤ 档案工作者应通过档案专业与其他专业人员的合作,促进世界文

化遗产的保护和提供利用。

2. 熟谙校史档案

为社会提供服务,要求高校档案工作者能够从容应对不同的利用需求,而从容应对的基础是对馆藏档案和学校历史文化的熟知。因此,高校档案工作者应具备以下专业知识。

① 了解学校档案的内容和开放策略。向社会开放的前提是胸有成竹,否则会必然形成被动应付的局面。我们准备提供哪些档案、采取什么方式、向谁开放? 这些问题都应在开放之前就作好充分的准备。

② 熟谙学校的历史和文化名人。包括学校的历史沿革,校训的由来,内部机构的演变,校园的历史建筑,学校历任领导、著名教授和校友的个人简历和学术建树等,并注重在提供服务的过程中不断补充积累新的资源。

③ 熟悉已有的档案编研成果。档案编研不能为编而编,要坚持编而致用,用而促编,相辅相成。了解已有档案编研成果的种类,用途和主要内容,可以大幅度减少调用档案原件的工作量,提高服务工作的效率,同时又可结合利用服务的实际需求,对编研材料的选题,内容编排方式等提出独到的见解,提高编研工作的针对性和有效性。

3. 擅长档案编研

要通过引进、培养、合作研究形成一支不同学历层次、不同专业背景、专兼职结合的编研人员队伍,分别承担不同类型、不同形式的编研任务。如:文件史料汇编,大事记,数据统计,校史人物研究,年鉴,方志,画册、专题图片库、视音频资料库、影视剧等。

4. 掌握先进技术

鉴于高校目前人员编制的严格控制,档案利用者增加所带来的档案业务工作量的增加需要通过技术创新来加以消化。档案工作的技术含量势必大幅增加。档案工作者应注意不断学习新知识、新技术,快速适应不同岗位的需求。例如:检索工具的编制与使用,智能化服务系统的开发与应用,多媒体档案的管理与编辑,网络信息发布与数据库建设,档案利用数据收集、统计与分析等。

5. 凸显综合能力

建设集管理、育人、研究、服务于一体，符合社会需求、学校发展需要的现代化、开放型高校档案馆是"十一五"我国高校档案事业发展的奋斗目标，各高校正在进行积极的探索和实践。未来的档案工作者不仅要能够查找到来馆利用者需要的档案，更应具备利用馆藏档案资源开展对外宣传和进行大众教育活动所需要的调查分析能力、宣传演讲能力，协调沟通能力，以更好地满足不同类型利用者的需求，扩大档案文化的受众面，充分发挥高校档案信息在建设和谐校园与和谐社会中的特殊作用。

此外，高校档案工作人员还应充分关注社会公众对高校档案部门形象的定位。在公民维权意识普遍提高的今天，一方面，公众认为，高校属于纳税人供养的公共事业单位，高校档案部门与其他社会公共服务部门一样，担负着为公众服务的重任，因而会对高校档案部门提供信息的权威性、服务方式的严肃性、规范性提出严格的要求；另一方面，与政府信息公开、国家档案公布的承担者——各级国家综合档案馆相比较，不少学者型利用者又会对依附在高等学府内的高校档案部门产生更多、更方便获取历史信息、获取系统化知识的期盼。公众对于高校档案部门角色定位的这种微妙心理，就形成了他们对高校档案部门服务最优化的新要求。对此，高校档案工作者必须具有足够的心理准备，注意采取有效的应对措施和独特的互动方式。

综上所述，高校档案对社会开放是档案工作的发展方向。高校档案部门应当以此为动力，积极进取，练好内功，树立新形象，攀登新高峰，使高校档案工作更好地融入社会，深入寻常百姓，满足广大人民群众的精神需求，为传承祖国优秀文化提供高水平的服务。

试论新形势下促进高校档案开放的对策建议

上海交通大学档案馆　许雯倩

摘　要：高校档案是学校发展历史的缩影，是传承大学文化与大学精神的载体。它涵盖了学校教学、科研、管理等方方面面的内容，是学校发展历程中最真实、全面的记录，对高校今后的发展具有重要的参考与借鉴价值。所以，高校档案不仅要安全、完整保存，更要合理、有效利用。在高校信息公开全面实施的大环境下，加强档案开放力度，提升档案开放水平，是体现高校档案价值的最有效举措。本文将阐述目前高校档案开放中遇到的一些瓶颈并提出相关对策建议。

关键词：高校　信息公开　档案开放　对策建议

随着 2007 年《中华人民共和国政府信息公开条例》的颁布，我国对这一领域的研究和探索逐渐步入正轨，全国上下各相关部门纷纷采取相应的信息公开举措。各大高校也不例外，高校信息公开近年来逐渐成为各大高校行政工作关注的热点。其中档案信息开放无疑是高校信息公开工作中不可缺失的组成部分。然而，从浩如烟海的高校档案馆藏资源中挑选出具有开放价值的信息，实现档案服务社会化，及时、有效地服务师生及社会，是高校档案从业者值得思考及探讨的课题。

一　目前高校档案开放遇到的瓶颈

1. 高校档案开放规章制度的缺失

2008 年教育部制订了《高等学校信息公开办法》，它是对《中华人民共和国政府信息公开条例》的具体落实,而作为高校信息公开重要组成部分的档案信息开放,相比之下,则非常缺乏相关的规章制度。一些重要的档案法律法规,例如《档案法》《保密法》都制订于 20 世纪,由于制订年代久远,在一些与档案信息公开有关的重要条款的设置上,与《中华人民共和国政府信息公开条例》严重脱节,有的地方甚至会出现冲突,而且也不适用于高校档案开放的实际情况。例如《档案法》第十九条规定:"国家档案馆保管的档案,一般应当自形成之日起满三十年向社会开放。"《档案法》还规定"属于国家所有的档案,由国家授权的档案馆或者有关机关公布⋯⋯任何组织和个人无权公布"。而《中华人民共和国政府信息公开条例》的第三章第十六条规定:"行政机关应当及时向国家档案馆、公共图书馆提供主动公开的政府信息",显然与《档案法》的上述条款存在矛盾的地方。可见,作为指导性、纲领性的法律法规未经完善,高校档案馆自身"无法可依",自然也无法制订具体实施的规章制度了。

2. 档案开放内容和服务方式单一

目前,大多数高校档案馆是以档案原始形态(即未经整理、编撰的一次文献)提供利用服务,即信息在没有经过二次加工的前提下,直接以原件或者复印件的形式提供给利用者,这就需要利用者花费大量的时间与精力来翻阅、理解文献,然后在原始文件中寻找、整合、提炼出自己需要的信息。这种单一、初级的服务方式显然已经不能满足利用者日趋多样化、专业化的需求。

3. 档案部门与利用者之间信息不对称

这种"不对称"是指档案管理部门与利用者之间存在信息交流不通畅,对于档案信息内容的了解、掌握存在悬殊的差距。这种"掌握"也并非指物质形态上的保管、保存,而是对档案信息内容、档案馆藏资源的知晓度。在"第六届上海市档案日"的调查活动中,许多教师和学生对高校档案馆的职能、所拥有的馆藏资源、所提供的服务知之甚少,一部分人甚至不知道档案部门的存在,就更谈不上有效利用档案资源了。另一方面,档案服务部门对档案利用者的需求信息也存在了解不足或者不够准确的问题。尽管档案部门也会举办展览、分发宣传册等,但这些活动终究是无的放矢、收效甚微。由此可见,目前这种信息不畅的"档案经营"模式已经严重影响了档案部门合理配置信息资源,也一定程度上削弱了利用者查询档案信息的积极性。

4.高校档案服务人员专业素质有待提高

培养一支高素质的人才队伍是做好档案工作的关键,所以高校档案工作人员的工作理念应与新时期高校档案利用服务工作相适应,专业素质与岗位技能也要满足工作需要。目前,许多高校档案工作人员的培养模式依然按照"重档案知识,轻计算机技能",偏离了现代社会自动化、智能化发展的大趋势,限制档案人员的视角和眼界,使档案利用工作在陈旧保守的思想中裹足不前。只有掌握全面、完整、系统的档案业务知识和计算机管理技能,加强档案信息收集、加工、开发、利用的智能化发展,才能在档案工作中更有效率地为利用者服务。

二　促进高校档案开放的几点对策建议

1.制订完善高校档案开放规章制度

2007 年国务院颁布《中华人民共和国政府信息公开条例》,条例第三十七条规定,教育等与人民群众利益密切相关的公共企事业单位在提供社会公共服务过程中制作、获取的信息的公开,参照本条例执行;同年,教育部办公厅发布《教育部办公厅关于做好教育系统施行〈条例〉准备工作的通知》;2008 年教育部制订了《高等学校信息公开办法》。这一系列举措是对进一步深化高校校务公开,提升高校行政管理水平的必然要求。高校信息公开制度的规范形成,为高校信息公开工作走上制度化、规范化、常态化道路打下了坚实基础。

相比之下,关于高校档案信息开放的规章制度则较为不足。高校信息公开的推行不可能回避档案信息开放,两者的法律法规、规章制度应保持一致、互为补充,不应出现相悖或冲突的条款。所以,高校档案开放相关规章制度的制订、修订、衔接可谓迫在眉睫。高校档案部门依据法律法规来规范档案开放服务,指导改进工作程序、规章制度、管理办法等,才能以优质的档案开放服务支撑高校信息公开工作,实现高校档案的价值。

2. 建立高校档案开放监督机制

档案馆对社会公众负有开放档案的"法定责任",其行为理应受到控制和监督。高校档案开放的监督机制是为了保障高校档案部门及其工作人员认真履行职责,确保档案开放工作的顺利开展。它是档案与学校行政部门接轨的纽带,此项工作中的每一个环节如:鉴定、解密、降密、公开及对公开信息的再加工等,都需要严格的监督机制加以保障。高校档案信息公开行为的监督,主要依靠档案部门内部和上级分管机构。

档案部门的内部自我监督,可以采纳业务指导、工作检查、业绩考核等方式,提升档案开放工作人员结果导向的绩效意识,从而积极投身于档案开放工作,同时也能强化工作人员的服务观念,在具体服务中满足利用者的要求。这种方式发挥了档案部门内部的行政管理中上级对下级的监督管理功能。与此同时,内部监督也可由下而上。如果基层工作人员在档案开放利用的实际工作中遇到了需要解决的问题,也可以通过工作报告、内部工作例会甚至民主生活会向管理层反映。双向的内部监督机制可以鞭策高校档案部门的工作人员积极投身档案开放利用中去。

上级分管机构的监督也能达到良好的监督效果,例如有的高校设立"档案开放鉴定委员会"这一机构,参与高校档案馆(室)的档案开放监督。并设置"信息公开优秀工作单位"、"信息公开优秀工作个人"等奖励机制,促进高校档案部门提升档案开放利用工作的质量。

3. 加快档案信息网上资源建设

尽管很多高校档案馆都建立了专门网站,提供了档案业务交流学习和档案信息公开网上服务的平台。但目前这些网站的现状与满足开放利用的需求之间还存在一定差距。为了更直观地了解社会公众对档案信息网上资源建设的需求倾向,笔者针对档案信息的利用者群体(对象为在校大学生、历届校友、高校教师、高校退休职工等)共计150人,做了一项"档案信息网上资源建设满意度调查问卷"(见附录)。

(1)制作新颖网页形式吸引公众

在满意度调查问卷的关于"您希望通过何种方式了解高校档案部门

信息资源"的单项调查中,调查结果如下:

高校档案部门信息资源了解方式调查

了解方式	人数	百分比
上门查找检索工具	42	28
档案展览、陈列	27	18
访问高校档案馆网站	79	52.7
其他	2	1.3
合计	150	100

数据来源:档案信息网上资源建设满意度调查问卷抽样调查数据。

如表所示,有 42 位被调查者选择了"上门查找检索工具"选项,有 27 位被调查者选择了"通过档案展览、陈列"选项,而选择"访问高校档案馆网站"选项的被调查者达到了 79 位,占据被调查者总数的 52.7%。显然,大多数的普通利用者在如何了解高校档案部门信息资源方面,更倾向于简单便捷的互联网方式。由此可见,高校档案部门网站的建设是十分必要的。

目前,很多高校档案馆网站往往只有简单的主页、呆板的排版和空洞的内容。除了该档案部门的地址、电话、工作时间、工作简介等基本信息之外,利用者无法从这些网页上获取更多有用的信息,连版面都会感觉索然无味。高校档案部门在设计网页时,不易过分单调,也不易过分花哨,应融合到档案本身的庄重感和历史性,结合本校历史,给予利用者大气、庄重、有文化内涵的感受,并具有一定的观赏性。

(2)设计简单便捷的检索工具

访问档案网站的利用者大多是普通计算机用户,他们的计算机水平通常不会很高,所以,档案网站在设计检索工具和检索途径时应遵循简单、易操作的原则。档案信息的利用者一般只是要查询与自己利用目的相关的档案信息,很少会事先知道档案题名、文件形成时间或者责任者等检索条件。所以,检索途径应区分高级查询和基本查询,检索字段的设置应尽量宽泛,除了提供"关键字查询"之外,"年份查询"、"载体类别查询"、"信息类别查询"等各种检索字段都应提供给利用者选择。

此外,如图所示,高级查询也可以参考公共图书馆组合查询的模式,设计出适合档案信息高级查询的界面,笔者所在的上海某高校档案馆使用的高级查询界面,正是参考了此模式。网络检索工具的便捷程度直接影响档案信息的查准率和查全率,对档案信息公开网上服务的质量也影响重大。

图书馆高级查询检索界面

模拟档案馆高级查询检索界面

（3）建立人性化的网上服务

如果是利用者上门查询档案信息,档案工作人员可以直接面对利用者,并得到利用效果的反馈。但隔着互联网,利用者与工作人员的交流不是面对面的,所以,一些网络服务的辅助手段也有必要应运而生,比如通过电子邮件、留言信箱、常见问题答疑、在线服务等方式进行交流,及时回复网络用户,答疑解惑的同时也能帮助他们掌握网上档案查询信息的方法,对利用者的查询问题进行分析,了解其关注的焦点,并接受一些有建设性的意见和建议,促进高校档案部门与利用者的互动,建立档案部门与网络用户沟通的桥梁。这也是档案开放网上服务人性化的体现。

4. 提高服务能力、强化服务理念

高校档案开放是高校行政机关的一项服务行为,提高和强化高校档案部门的服务能力,对塑造高校服务型机关具有重要意义。

高校档案部门的工作人员要了解档案信息从收集、整理、分类到编目、检索等所有的基础性工作,只有掌握全面、完整、系统的档案业务知识,才能在档案开放工作中有效率地为利用者服务。还要加强以"用户需求"为导向,加快信息资源的整合,使有限的档案信息资源发挥最大价值,全面提升高校档案部门的服务能力与服务水平。

高校档案工作者还应注重服务理念的培养,真正做到将档案开放工作视为己任,而不是将档案开放作为高校信息公开的应景之作。强调了高校档案部门的服务性,档案工作人员才能准确定位角色,高校档案开放工作才不至于停留在喊喊口号上,才能真正落在实处,实现高校档案价值的最大化。

参考文献:

［1］于鲁霞.高校档案信息资源整合浅议［J］.兰台世界,2011,03:50—51.

［2］尚珊,朱丽波.基于信息不对称理论的现代档案咨询服务研究［J］.档案建设,2012,10:4—6.

［3］王卫华.档案管理人员的素质有待提高［J］.科技信息,2010,27:206.

［4］李扬新.档案开放责任机制建立的政策设计［J］.档案学通讯,2012,2:40—43.

档案信息网上资源建设满意度调查问卷

本调查问卷旨在对公共档案部门档案信息网上资源建设满意度进行调研,目的是为了使公共档案部门依托丰富的馆藏资源,进一步推进档案信息公开服务,使公共档案部门在政府信息公开的背景下充分拓展档案信息的服务功能。请您详细地填写此调查问卷,感谢您的配合,祝您工作顺利,万事如意!

1. 您的职业是_____?

A. 在校学生　　　　　　　　B. 企业单位人员

C. 事业单位人员　　　　　　D. 政府公务员

E. 退休人员

2. 您是否在公共档案部门的网站上查阅过政府信息?(例如上海市档案馆、徐汇区档案馆、城建档案馆等)

A. 是　　　　　　　　　　　B. 否

3. 您对公共档案馆档案信息网上资源的了解程度?

A. 不了解　　　　　　　　　B. 了解一点

C. 非常熟悉

4. 您对哪方面的档案信息更感兴趣或具有一定利用需求?

A. 民生档案(如政策法规、养老保险、房屋拆迁等信息)

B. 史料研究

C. 档案学术

5. 您希望通过以下何种方式了解公共档案馆的馆藏档案信息?

A. 上门查找检索工具　　　　B. 访问档案信息网站

C. 通过档案展览和陈列　　　D. 其他方式(请填写_____)

6. 您属于以下哪类性质的利用者?

A. 以工作查考为目的　　　　B. 以私人事务为目的

C. 以史料研究为目的　　　　D. 以凭证依据为目的

7. 您认为在档案馆进行信息服务利用手续复杂吗?

A. 复杂 　　　　　　　　B. 不复杂

C. 不了解

8. 您对公共档案部门的档案信息公开服务是否满意?

A. 满意 　　　　　　　　B. 比较满意

C. 不满意＿＿＿＿＿＿＿(具体说明哪些方面)

9. 您对目前公共档案部门的网上档案信息公开程度的评价是?

A. 公开程度很大,能满足查询需求

B. 公开程度一般,基本满足查询需求

C. 公开程度不过,不能满足查询需求

全维档案资源建设的实践与思考

——以上海交通大学档案馆为例

上海交通大学档案馆　李　弋

摘　要： 档案作为社会重要的管理资源、信息资源、文化资源，对国家的建设发展具有重要作用。文章通过介绍上海交通大学档案馆在档案资源建设的目标定位，对校内和校外等不同范围、传统途径和网络媒介等不同渠道、实体和虚拟形式等不同载体档案资源的收集和利用情况，为高校档案资源体系建设提供了有益的借鉴思路。

关键词： 档案馆　档案资源　建设　实践

国家的"十一五"规划中明确将资源建设作为一项重要的国家发展战略，而档案作为重要的管理资源、信息资源、文化资源，必将在国家和社会发展的各个领域中发挥越来越重要的作用。本文从上海交通大学档案馆对档案资源建设的实践出发，结合对档案资源建设发展趋势的一些思考，希望对认识档案资源建设的规律和探索档案资源建设的发展之路提供一些帮助。

一　高校档案的作用和档案工作的目标定位

"一流大学要有一流的管理，一流管理要有一流的档案。"上海交通大学前校长翁史烈院士对高校档案的作用进行了高度的概括。从高校的实际情况来看，档案在辅助学校职能部门进行管理方面发挥着十分重要的参考作用,在维护学校和师生员工的合法权益方面发挥着无可辩驳的凭证依据作用,在增进学校与校友及社会公众的情感交流方面发挥着难以替代的桥梁作用,在继承发扬优秀校园文化方面发挥着日益明显的宣传教育作用。而一份具有足够历史积淀、内容丰富、形式多样的档案资源储备是实现这种种作用的必不可少的前提。

在新的历史时期,怎样与时俱进,深入发掘档案作为重要的管理资源、信息资源、文化资源的优势,更好地服务于国家的发展战略和学校的长远发展目标,是每一位高校档案工作者都在思考的问题。要回答这个问题,有两点非常重要:首先,应对档案工作有一个明确的定位,要将档案机构建设成为信息资源的存储中心、服务中心、研究中心和校园文化宣传展示基地,这是指导档案工作发展的总体目标。其次,要建立一个开放型、多元化、便捷高效的全维档案资源建设体系,确保档案资源建设持续、快速的发展,这是实现档案工作目标定位的基础。只有将目标和基础很好地结合起来,才能推动档案工作不断创新,在新的时代里焕发出新的生命力。

二　坚持探索不断创新,打造全维档案资源建设体系

1. 以"大档案"观念为指导,建立全方位的档案资源建设网络

欲打造全维档案资源建设体系,首先要尽可能多渠道地收集档案资源,这就需要我们具有"大档案"的观念,把目光投向档案馆和校园之外的整个社会,建立一个全方位的档案资源建设网络。校档案馆为此做了大量的工作:

(1) 以学校各部门、院系的工作计划、总结为主,以校报、年鉴、校园网等为辅,作为校内档案资源收集的主要线索和衡量归档工作成绩的重要依据。并根据"突出重点、兼顾一般"的原则,对学校重大活动、重大事件、重要会议、重大项目等的重要档案材料实行紧密跟踪、重点指导、及时收集归档。

(2) 长年订阅《每周广播电视》等,提前掌握电视节目的播放时间,对

电视节目中播出的有关交大历史、交大新闻报道和交大校友人物的内容做到及时录制,并作为重要的声像材料及时归档。

（3）聘请专人对主流新闻媒体如《人民日报》、《文汇报》、《中华英才》等刊登的反映学校重大活动、事件的新闻报道以及与交大有关的重要校友人物的信息做到随时搜索、随时补充归档。

（4）以校史博物馆、董浩云航运博物馆等作为档案馆与社会各界交流的重要窗口和平台,不断征集各类文献、文物,丰富和充实馆藏。

（5）通过馆内同志到全国各地出差、考察的机会,走访国家有关部门,拜访校友以及逛书店、书市,到图书馆、档案馆查阅资料等各种形式收集到大量有价值的文献资料。

（6）将互联网上信息资源的收集纳入档案资源建设网络之中,对主要门户网站如人民网、新浪网等登载的关于交大、交大校友人物的文字报道以及图片、音视频材料都下载收集作为档案资源的重要补充。

通过多年的探索和实践,目前校档案馆已经基本构建了一个覆盖校内外、遍及社会各个角落的档案资源建设网络,保证了各类档案通过不同渠道源源不断地进入校档案馆。

2. 高起点规划,抓住档案信息化建设机遇,推动档案资源建设不断变革

在全球信息化时代,快捷地掌握信息、充分地利用信息成为公众一致追求的目标,传统的档案工作模式也在信息化建设的引领下经历着一场深刻的变革。

早在20世纪90年代,校档案馆已对部分档案门类实行了计算机管理。但受客观条件制约,较长一段时间内这种管理一直处于单机的、后台的、静态的层面上,发展缓慢。进入本世纪后,档案馆立足全局,瞄准国家和学校信息化发展的大方向,成功开发了上海交通大学档案信息服务与管理系统,从强化顶层设计入手,将档案信息资源的收集、存储、利用、研究等功能集中起来统一开发,统一管理,使档案信息化建设的速度和层次大大提升。

就档案资源建设而言,主要实现了以下几个目标：

（1）电子文件的网上远程归档

在全校范围内确立凭证性材料纸质、电子文件"双套制"归档（即有一份纸质文件必须有一份内容完全一致的电子文件，反之亦然），参考性材料以电子文件归档为主的原则。

对于需要归档的综合性文件，由兼职档案员通过档案信息服务与管理系统的收发文登记模块将文件的信息按照要求录入系统，并做到两个100％（收文一律进行全文扫描，发文一律挂载电子版），然后通过预立卷模块将录入的文件信息及其电子版组成电子案卷，经档案馆业务指导室审核通过后，经校园网移交到档案馆，从而完成电子文件的网上远程归档。对于一部分有密级的或内容不宜公开的文件，则要求刻成光盘脱机归档。

对于科研项目、基建项目、校友人物、出版等专业性较强，与其他综合性文件存在明显区别的档案材料，专门研制开发了符合其特点的前台用户系统，并放到各院系办公室、研究课题组、项目施工单位、业务管理部门等由科研人员、施工人员、管理人员等进行使用，档案馆工作人员通过后台监控、指导、接收，确保材料归档及时、完整、真实。

（2）尝试部门之间数据库的无缝连接，逐步实现校内信息共享

通过与学校的教学、科研管理部门磋商，借助一定的技术手段将有关部门管理数据库中的数据信息导入档案馆数据库中，从而实现校内信息资源共享。目前档案馆已与教务处等就此项工作展开了实质性的合作，为实现档案信息的获取和管理手段的革新迈出了重要的一步。

（3）收集互联网上游离态档案信息，全方位扩展档案资源建设范围

与校外的专业信息技术公司合作，借助"外脑"开发互联网上信息资源搜索导入系统，对正规的、重要的互联网站上登载的关于学校的重要报道、重要的校友人物的信息进行及时收集并打包导入档案馆信息库，使档案资源的收集范围和触角延伸到社会的各个角落。

（4）以抢救珍贵历史档案为起点，全面开展馆藏档案数字化工作

交通大学的前身是创办于1896年的南洋公学，至今已度过了一百一十多个春秋，是我国历史最悠久的高等学府之一。校档案馆珍藏的几千卷历史档案记录了学校从创办直至新中国成立前所走过的风雨历程，对

研究我国近现代高等教育和科技、文化、社会发展的历史具有无法估量的价值。然而，因为年代久远，许多档案的纸张已破损变质，如不及时抢救将濒临消亡，给国家和学校造成不可弥补的损失。档案馆在学校的支持下，积极采用现代化手段对历史档案进行数字化处理，现已完成了包括全部历史档案在内的约 80% 的馆藏档案数字化工作。在此基础上，更成功地实现了历史档案的网上开放利用，通过校园网提供历史档案的利用服务和在线编研，大大拓展了档案资源利用的广度和深度，形成一个以抢救历史、发掘历史进而带动档案资源建设的良性循环。

通过多年的不懈努力，档案馆的档案信息化建设已经取得了明显成效，2008 年内在全国高校中率先建成了数字化档案馆。

3. 以重大项目建设为契机，引入国家与社会力量共同参与档案资源建设

档案资源建设要持续、快速地发展，单靠学校、档案馆的力量是远远不够的，适时引入社会各界力量共同参与档案资源建设是今后发展的必由之路。

钱学森图书馆（暂名）是经中央批准、由国家发改委立项，教育部、财政部、上海市、上海交通大学共同建设的一个国家重大项目。

钱学森是交通大学 1934 级校友，我国当代著名科学家，"两弹一星"的元勋之一，新中国航空航天事业的奠基人，被党和国家授予"人民科学家"的荣誉称号。钱老的一生是在科学道路上不懈追求的一生，在多个自然科学领域有着极为深厚的造诣，形成大量宝贵的研究成果。钱老的一生也是为国家民族无私奉献的一生，每一天都在为国家的繁荣富强贡献着自己的心血和智慧。建设钱学森图书馆是为了对钱老一生的科学思想、学术成就、高尚道德、治学风范进行系统的研究，也是弘扬爱国主义优良传统，落实国家"科教兴国"战略规划，激励当代青年勇攀科学高峰报效祖国民族的重要举措，具有重大的时代意义。

在筹备钱学森图书馆的数年时间里，档案馆有关同志全力以赴，不避寒暑，足迹踏遍全国各地，采访钱老的家人、友人、学生、同事等累计数百人，征集到各类文献、音像资料及实物等共计数万件，为钱馆的建设打下

了扎实的基础,同时极大地丰富和充实了馆藏档案资源。

钱学森图书馆的建设是主动引入国家和社会力量共同参与档案资源建设的一项重大创新之举,为档案工作发展的历史翻开新的一页。

三 对于档案资源建设未来发展的思考

开放的档案资源建设环境、多元化的档案资源建设主体、便捷高效的档案资源建设手段等都是建立一个全维档案资源建设体系的重要因素,而要实现档案资源建设持续快速地发展,我们还有更多的事要做:

1. 必须在思想上深刻认识档案资源建设的重大意义

(1) 树立档案资源建设服务现实的大局意识

档案记录着社会发展变化的轨迹,又昭示着社会前进的方向。不断总结社会发展规律,抓住社会当前及今后发展的重点,是档案工作生命力之所在。当代档案工作者必须具有良好的大局观。无论是对党和国家的发展战略、政策方针以及社会生活中的大事、要事,还是对所在行业、地区、单位当前和今后的重点、热点、焦点问题都要有深刻的认识和思考。唯有如此,才能使档案资源建设始终紧扣时代发展的脉络,使档案工作在围绕中心服务大局上多做文章、做好文章。

(2) 明确档案资源建设传承历史的责任意识

忘记过去意味着背叛,任何一个国家、民族必须深入了解自己的历史,并在学习历史、反思历史的过程中推动历史不断前进。档案自古以来作为记录历史的重要载体,在传承历史、延续文明方面发挥着不可替代的作用。我们进行档案资源建设就是要把当代的历史完整地留给后人,让后人在继承发扬现有文明的基础上创造出新的文明,这是一项利在当代、功在千秋的事业,也是档案工作者肩负的一项重大责任。

(3) 认识档案资源建设面对挑战的危机意识

信息化时代,为了在激烈的竞争中取胜,各行业、地区、单位、部门之间对于信息资源的争夺日趋白热化,更方便地获取信息、更足量地储备信息、更快捷地发布信息成为大家一致的追求。档案部门依靠传统的计划经济体制形成的对信息资源的垄断优势已被打破,越来越多的部门加入到同档案部门争夺信息资源的行列中来。如果档案工作者认识不到面临的危机,不全力以赴地推进档案资源建设,那么在不远的将来档案工作将被逐步边缘化甚至被淘汰。

2. 谋划学科和人才队伍建设布局是档案资源建设取得跨越式发展的关键

当今世界,国家、地区、行业、企业之间的竞争是全方位的,而竞争力的根本是知识和人才的竞争。从档案工作的现状和发展趋势来看,档案资源建设涉及的知识面越来越广,包括档案学、历史学、计算机科学、网络知识、外语、管理科学、部分自然科学等多种学科;对档案工作者的要求越来越高,除了应有良好的政治觉悟和品行修养,还要具备较好的文字写作能力、学术研究能力、计算机及网络应用能力、外语阅读能力、创意策划能力、人际沟通能力等各项能力;因而,前瞻性地规划布局学科建设和人才培养工作已是刻不容缓。

近年来,校档案馆把学科建设和人才队伍的培养放在优先的位置,一是大力引进档案学、历史学、计算机、外语、中文、管理学、美术设计等专业人才,优化档案工作人才队伍的知识结构;二是通过档案信息化、历史档案数字化、董浩云航运博物馆、钱学森图书馆等重大项目的建设,培养锻炼了一批骨干人员;三是鼓励职工在职攻读学位,提高学历层次,并建立定人、定刊、定期选题学习的制度,营造浓厚的学习氛围;四是对学校基层兼职档案人员的业务培训和考核定量化、常态化,夯实档案工作的基础;五是争取到教育部和学校的支持,在档案馆设置档案学硕士点,为未来的档案资源建设展开前沿理论的探索。

建立了足够的知识和人才储备,档案资源建设就能在未来的竞争中抢占先机,焕发出持久旺盛的生命力。

上海交通大学档案馆通过不断的努力和探索,初步形成了一个具有自身特色的全维档案资源建设体系。行百里路者半九十,我们将以此为新的起点,不断迎接新的挑战,推动档案资源建设不断取得新的成就。

浅谈人物档案收集工作的经验和做法
——以吴浩青院士资料征集为例

复旦大学档案馆　孙瑾芝

　　摘　要：人物档案是指反映社会知名人士一生活动中形成的档案整体，因其内容丰富、载体多样，并能生动反映人物的一生，故社会各单位及档案部门对人物档案越来越重视。然而由于人物档案内容涉及范围广、时间长，造成其收集工作具有相当的困难，需要一个长期的，循序渐进的过程。笔者在吴浩青原始资料征集的过程，对于人物档案的收集工作有了一定的经验和体会，便以此为例，谈谈自己的经验和做法。

　　关键词：人物档案　收集工作　经验　做法

　　人物档案是指社会知名人士（如社会活动家、科学家、艺术家、教育家、企业家、英雄模范等）在其一生活动中形成的档案整体，为传递信息或记录某些活动及事项中产生的有价值的原始材料。其内容非常丰富，包括日记、书信、自传、家谱、手稿等文字类材料；工作证、任命书、聘书等证书类材料；工作、生活及参加社会活动的照片、录音、录像、磁盘、光盘、幻灯片等声像类材料；及笔墨纸砚等文房用具类材料。

　　人物档案内容的多样性及其档案形成人生活、活动的广域性，决定了收集工作不受时间和地点的限制，需要一个长期的，循序渐进的过程。人物档案收集的方式包括：征集、采访、复制、购买、赠与、交换等。由于人物档案分别保存于当事人本人及其家属、亲戚、同事、学生、挚友手中，加大了收集的难度。因此在收集材料时，首先要向他们宣传人物档案的重要性,假若拥有者暂时不愿意将珍藏捐献,可与其协商,采取复制、数字化或暂存代管的方式进行。

以吴浩青院士档案资料征集为例,谈谈我们开展人物档案工作的一些做法。

一 建立良好关系,征集相关档案

复旦大学档案馆于 2011 年 4 月接受中国科协下达的老科学家成长资料采集工程——吴浩青院士资料的征集工作的任务,随即成立了采集工作小组。实际上在接受任务多年之前,采集小组组长就与吴浩青院士建立了深厚的友情,与其家属和同事亦建立良好的关系,经常拜访、问候,成为吴院士的一个忘年交。在这个基础上,提出希望吴浩青院士能把所有个人档案资料捐赠给复旦大学档案馆,得到了吴院士的积极响应。2010 年 7 月,吴院士因病去世后,家人遵其遗愿,将其保存在家中的个人档案资料悉数点交给了校档案馆,使档案馆吴浩青人物档案得以建立,而且内容及其丰富。

按照相关规定,已经归档入库的档案其所有权已转移,档案原件不容许再有他属。他方需要已入库档案,只能在允许范围内进行复制。因此,对于采集小组来说,原件资料采集面临着难以达到预期目标的困难。再加上吴浩青的家乡宜兴市及其母校浙江大学,也曾先后与他家人联系,要求得到吴院士的各类原件资料。但是采集小组并没有因此止步,凭借着与吴院士家人之间的友好关系,一而再,再而三地一次次登门拜访,恳请他们能再细细地查索,期望能得到可能散逸遗漏在家中的资料。后经吴院士儿子、女儿的全力支持,尤其是他小女儿吴平大姐,特地从深圳回上海,不避暑溽,费心尽力,在家中翻箱倒柜,找遍了角角落落,最终还是觅到了一些手稿、实验图纸、证书、学术论文等原件资料。另外他的子女又把他们自己保存的与吴院士有关的录像、光盘、照片等赠送给采集小组,可说原件资料得之不易。由此,原件资料采集工作,迈出了扎实的第一步。

采集小组因日常档案工作所积累的人脉关系,到吴院士生前工作的复旦大学化学系查询相关资料,得到了系领导的支持。又通过他的同事、学生提供的线索,走访相关人员,最终采集到了散存在系里的吴院士的学术论文、讲义、自制的锂离子电池样品,以及他的部分硕士、博士学生的毕业论文等原件资料。

二   抓住一切线索,收集原件资料

在访谈工作中,采集小组亦时时留意有关原件资料的信息,并及时追踪线索,随时进行采集。如:在访谈吴院士夫人时(访谈时老人已 93 岁),曾多次引导她回忆以前吴院士是否拍摄过录像,录像带现在保存在哪里,早年的照片有没有保存下来,在哪里可以找到,等等。又请她做子女的工作,希望能得到他们保存的原件资料。但是对于名家字画,我们主张仍由家属保存为好。如上海名书家胡铁生书赠吴院士的嵌名对联"成果浩海上,育苗青天下",他儿子虽已捐赠给了我们,我们还是还给了老太太,老人很是高兴。事实证明,这些工作是有成效的,采集小组因此获得了一些照片、信件和录像光盘等原件资料。又如:采集小组对接受访谈者必定谈到采集工作的意义及采集原件资料的重要性所在。因而,不少受访者把他们自己收藏的相关资料无保留地赠送给了采集小组。

三   实地考察调研,搜集档案资料

采集小组对吴院士曾经生活、求学、工作过的地方,做了实地考察调研,目的在于深入地了解他学术成长过程中的细节,当然也寄希望在考察中能发现、采集到更多的有关其成长历史的原件资料。在考察调研地,我们重点去旧址、档案馆、史志办等可能收藏有相关资料的地方。采集小组曾分别到江苏宜兴、苏州、太仓、杭州、湖南长沙、娄底、北京等地调研。在湖南长沙,重点访问了湖南师范大学(因为其前身为国立湖南师范学院,抗战时的蓝田师院),到该校档案馆拜访,参观校史馆,采集到蓝田师院时

期的图片及有关师院情况的资料。又通过师大档案馆的帮助,得以在湖南省档案馆查遍蓝田师院档案(档案是师大20世纪80年代移交给省档案馆的),并获得了相关档案的复制件。

采集小组将档案资料的收集重点放在吴浩青院士工作多年的复旦大学。因校档案馆馆藏极为丰富,若要在如此海量的案卷中查全吴院士的相关资料,工作量将是令人吃惊的。但是若放弃这些档案,于我们这个采集工程项目来说,无疑是无米之炊。于是我们利用是本馆工作人员的便利,地毯式搜索复旦大学档案馆馆藏档案中有关吴浩青的档案材料。首先通过档案馆数据库系统,从案卷名、文件名入手搜索档案,查找出吴浩青院士的部分档案材料,虽然这些数量已经相当可观,但我们并未在此止步。因为许多文件虽然会涉及吴浩青的内容,但是案卷名、文件名往往无法确切反映,仅靠简单的检索,根本无法将吴浩青院士的档案收集完整。如"化学系1956年教学研究计划",光从题名看,无法看出该文件与吴浩青有什么联系,但仔细翻看其内容,其中就有吴浩青当年的研究内容。于是我们对馆藏大量的案卷进行筛选,然后再一卷卷查阅、甄别,再一页页翻阅查找,终于找到了好多"隐藏"的档案资料,充实了采集的内容。

四　全文数据库检索,下载全文资料

采集小组通过中国知网、中国期刊网等多个全文数据库,多方位搜索所载的相关资料,一一下载。我们发现了大量吴浩青发表过的论文、报刊上刊登的有关吴浩青的文章、吴浩青编写的儿童读物等。最令人兴奋的是,我们还发现了吴院士发表在国立浙江大学工程季刊1935年第1卷第1期上的第一篇论文《硒之有机化合物》,这篇早已被吴院士自己忘记的论文,也被我们采集到了。

五　展开访谈工作,积累口述材料

自采集工程正式启动时,采集小组就与校化学系接洽,商定应访谈人员名单,将受访者确定为吴院士夫人、女儿,他的同事、学生,尤其是早期的学生。我们随即展开访谈工作,受访人除在校者外,有在上海其他研究机构的,也有在湖南的、北京的等。有的受访者是经过许多周折才辗转联系上的。如吴院士 1959 年带的电化学研究生林志成,在做案头工作时才知道他是"锑的零电荷电势−0.19±0.2"实验的直接参与者,因而列入必须访谈的重要人之一。因为要了解吴院士的重要学术成果"锑的零电荷电势−0.19±0.2"的详细情况,他是一个不可或缺的知情者。1962 年,林志成从复旦大学化学系毕业,分配去湖南大学,以后便无联系。这次采集小组赴湖南调研,曾专程去湖南大学探访,亦未能联系上。回上海后,通过多方查询,才得到他的确切信息。经联系,确定了访谈时间。从访谈中得悉,当年获得该实验结果所付出的艰辛和曲折,也知道了不少早已尘封的人和事。并论及该成果不被查全性先生编著的《电极过程动力学导论》收录的大概原因等。

六　整理编目,留存数字化文档

通过以上多途径收集,吴浩青院士散存在各处的材料得以汇总,一个系统完整的人物档案就此建成了。但是仅停留在此是远远不够的,比如档案馆里查到的档案,档案原件是无法提供给采集工程的,于是我们将检索出来的档案一一扫描。另外如果仅仅是简单地将访谈录音存档,估计今后也没人会去再听这些录音,那么它的利用价值将无法体现。于是我们将这些访谈录音整理成文字材料,并经过反复校对后留存。

我们将这些收集到的以及后续加工过的材料分门别类进行编目,对相同内容的不同载体文件做了一一对应,如访谈录音的音频文件和整理后的文字文件,均做了一一对应,这样检索和利用均很方便。

七　后续服务,提供便利

人物档案建立之后,对于人物档案当事人及其家属的后续服务至关重要,确保他们对其档案利用的权益,并为之提供尽可能的便利。一旦他们对已捐赠的档案有任何需求,我们必定会提供最及时、最完满的服务,或复印、或扫描,直到他们满意为止,不能让其产生"后悔将档案捐赠给档案馆"的想法,同时也为今后进一步征集人物档案打下扎实的基础。

通过我们这一系列工作的努力,吴浩青院士学术成长资料采集项目按时完成了,并得到专家组的好评。以上这些是我们开展采集工作过程中积累的一些点滴的经验,在今后的人物档案收集过程中我们还会不断地总结、不断地提高,不断地克服困难,使人物档案收集整理工作能够顺利开展,人物档案内容完整齐全,并使人物档案当事人在科研、教学等不同领域的杰出贡献和严谨态度得以发扬光大。

参考文献:

[1]《关于人物档案基本问题的思考》王利伟,山西档案,2012.3.P65—66.

最好的年月还是最坏的年月

——简议当前高校档案工作面临的挑战和对策

上海交通大学档案馆　　李　弋

摘　要： 在计划经济体制下建立起来的高校档案工作已经难以适应市场经济和信息化时代的社会需求。文章通过对当前高校档案工作模式的局限性的分析，指出高校档案工作所面临的现实危机，并提出高校档案工作应以抓住大学文化建设为契机，在工作思路、内容、方法上主动求变，适应社会发展的需求，保持档案工作的活力。

关键词： 高校　档案工作　挑战　对策

"那是最好的年月，那是最坏的年月。"狄更斯在《双城记》的开篇这样写道。用同样的话来形容当前高校档案工作所处的社会环境，从某种程度上说也很贴切。一方面，在我国高等教育发展的大背景下，高校档案工作的物质基础、技术手段、人员素质都有很大的提高，高校档案工作呈现出一幅繁荣的图景；另一方面，在社会利益需求多元化、社会生活方式多样化的今天，以往的高校档案工作体制越来越难以适应社会的发展，导致当前高校档案工作逐步进入瓶颈期，继续发展难度很大。本文以上海交通大学档案馆（以下简称校档案馆）为例，以点带面，尝试对当前高校档案工作面临的挑战做一些分析，并提出一些建议，希望对推动高校档案工作发展尽一份绵薄之力。

一　高校档案工作在当前社会环境中面临的挑战

我们先从社会的视角来简要分析一下档案部门行使职能的两个基本条件：一是对资源的占有；二是社会的需求。在计划经济时期，由于社会的经济结构相对单一，政府机关、国有企业、事业单位是从事社会经济和管理活动的主流，加之整个社会经济不发达、现代信息技术不普及，在这种状况下，由各级各类档案部门对管辖范围内的某一行业、地区、单位的档案资料进行收集并统一保存和管理，在当时的历史条件下是最经济也最高效的方式。这种方式通过相关的法律和规章条例予以明确后形成一种固定的制度，使得档案部门在占有信息资源方面具有垄断优势。然而，在市场经济和全球信息化时代的社会环境下，这种建立在行政手段基础上的优势正在逐步动摇。首先是非公有制经济组织、社会团体的大量涌现，政府职能从管理向服务的方向转变，使得全社会范围内相当大一部分信息资源无法通过行政手段向档案部门聚集。其次是现代信息技术的发展和普及使得信息的载体、内容和表现形式都发生了巨大的变化，如今一个大容量的移动硬盘就能存下数百甚至数千份文件的全部内容信息，而云技术的发展更使得在网络构成的虚拟空间内快速获取和处理大批量的信息资源成为可能，相比之下，占用大量土地且消耗大量能源的实体档案部门在一个资源、环境承载力都已近极限的社会中其作用似乎已不那么突出。于是，档案部门在旧有体制下建立起来的优势正逐步流失，面对日益多元化和多样化的社会需求又力不从心，使得档案部门职能无法实现根本性的突破，档案工作在社会公众中的认知度难以提升。

我们再将视野缩小到高校档案部门内部，也可以发现同样的问题。在本世纪初我国高等教育大发展的背景下，高校办学规模急剧扩大，招生人数成倍增加，相应从馆藏档案数量上看也呈较快上升趋势。但我们进一步分析可以发现，无论是档案工作的职能还是档案工作的社会认知度却并没有特别显著的变化，笔者举两个例子来说明：其一，在2012年度的国际档案日暨上海市档案馆日宣传月活动中，校档案馆在闵行校区举办了一场针对在校学生的档案宣传调查活动。调查数据显示：接受调查的学生中有一半的人未到过校档案馆，近三分之一的人未听说过校档案馆，浏览过校档案馆网站的人不足五分之一，而了解校档案馆职能的人更是寥寥无几。虽然接受此次调查的只有400余名学生，不能完全代表整个学校的情况，但由一斑窥全貌，档案工作在校内最大的群体——学生中被认知程度不高是不争的事实。其二，校档案馆的近两年档案利用统计显示：在所有的利用人次中，为办理学历、成绩、录取、人事关系、户籍等个人信息而查档的占到三分之二，剩余的基本是各部门出于工作查考、编史修志需要的查档。从实际的查档需求并结合校档案馆提供的利用服务项目来看，与十几年前相比并无多大变化。当然，借助档案信息化建设的成果，档案服务的效率相比十几年前确实有了很大提高，但这种来自档案部门内部的技术性改良毕竟不可能完全化解外部环境的变化对档案工作带来的压力。严峻的现实促使我们不得不思考：高校档案工作发展到如今，不知不觉中已经逐步进入一个瓶颈期，继续发展路在何方？

二　应对挑战的一些建议

历史证明，社会每前进一步都是从解放思想、转变观念开始。高校档案工作当前面临的挑战说到底是旧有的档案工作体制与高等教育发展的现实环境之间的矛盾，要解决矛盾就必须从改变旧体制下形成的思维惯性开始。

2011年4月，胡锦涛同志在庆祝清华大学一百周年校庆的讲话中对我国高等教育提出了四项重大任务：人才培养、科学研究、服务社会、文化传承创新。十八大后，新一届的党中央政府也将建设文化强国提到相当的高度。档案作为文化传承的重要载体，文化传播与创新正是档案工作的生命力之所在。回顾过往十几年各高校档案工作走过的道路，虽特点不尽相同，但总体上表现出一种"管理职能强，文化功能弱"的共性。反映在档案资源建设上是抓学校管理职能方面档案的力度强，抓科技文化研究和校园生活方面档案的力度弱；在档案服务利用上是提供具体事务型服务多,提供学术文化研究型服务少;在部门发展规划上是对馆舍设备、人员学历等硬指标全面、具体,对档案发挥效用评估、档案工作社会评价等软指标欠缺、模糊。这些无疑是长期对上级行政和业务主管部门的意图重视,而对教师学生等校园主力群体需求了解乏力的旧思维惯性所导致。

当然,假如就此断定高校档案部门对大学文化建设不重视、行动不积极,那显然是不公平的。上世纪九十年代以来,各高校档案部门通过建立校史馆、学科专业展馆,参与校史研究,不定期举办主题档案展览,向校友和社会各界征集文献文物,整理出版口述记录,部分高校还依托校内学科力量建立档案学科基地等各种途径做了大量工作,对传播优秀传统文化和激发莘莘学子励志,增进校友与母校的感情,扩大学校的社会影响力等方面起到了不小的作用。但应该看到,上述工作就内容而言大部分与历史有关,与当下现实生活的关联度不是太密切;就工作主体而言主要局限于档案部门和学校相关部门,而校园的主力群体——在校师生少有机会参与其中。因此也就不难理解,为什么档案部门虽然做了大量的工作,但档案工作在师生群体中的被认知度却没有明显上升的原因了。

那么档案部门该如何转变职能,使档案工作在大学文化建设中发挥更大的作用呢?笔者认为至少可以从三个方面入手:第一,瞄准大学的"灵魂"。清华大学老校长梅贻琦曾说:"大学者,非谓有大楼之谓也,有大师之谓也。"精辟地揭示了大学的"灵魂"——大师(学校内有多少大师,学校培养出多少大师)。以上海交通大学为例,历史上培养出钱学森、徐光宪、吴文俊等一批大师,目前校内教师队伍中也有一批卓有建树的大师级人物,还有不断涌现的富有激情、想象力、创造力,在各方面表现优异的学生,其中必然潜藏着未来的大师。试想,这些老师和学生在长期的教学工作、科学研究、校园生活以及人生成长的各个阶段一定会留有各种文字、实物、音视频等材料,如果能把这些材料详加收集并进行系统的研究,那对研究当代高校的人才培养模式,探索教育方法的改革,掌握学术发展方向,引导青年人的思想价值取向等无疑具有重要的现实意义。这也正是诸多高校在建设高水平大学过程中所急需的。第二,植根"民生"的土壤。学生是学校最大的财富也是社会未来的希望,学生的需求就是学校最主要的"民生",档案部门对此项"民生"其实大有可为。比如,当今越来越多的大学生毕业后选择自主创业。但大多数创业的大学生既没有资金的优势,也没有人脉的优势,其唯一的优势就是自身掌握的知识。而另一方面,高校是社会知识资源比较集中的阵地,创造出大量的科技成果,但可惜的是其中相当一部分科技成果未能转化为现实生产力。那么,档案部门是否可以联合科研部门、学生就业指导部门、相关学院、科研教师以及有创业意向的毕业生,最大限度地盘活这部分"休眠"的科技成果,为自主创业的大学生助力。这样的想法如能实现,既可以为自主创业的学生立足社会,解决生存问题和实现自我价值提供帮助,同时也为缓解日益严峻的高校毕业生就业压力做一点贡献。第三,"合纵"与"连横"。"合纵"是指在学校内部要突破档案工作主体基本局限于各级职能部门的小范围,力争使更广大的师生参与进来。从目前各高校档案部门的实际情况来看,学生参与档案工作主要有几种:担任校史馆或一些专业展馆的志愿讲解员,进行一些档案整理组卷和信息录入工作,参与档案部门内部管理系统、网站的开发和维护等等,其主要的作用是弥补档案部门专职人员数量的不足和对档案部门依靠自身力量无法解决的一些技术问题提供技术支持。显然,这个群体相对于档案资源建设和服务方面还有很大的潜力可以挖掘。例如,前文述及的校园生活中有价值的材料(有影响力的学生社团、融合学生奇思妙想的发明创造、学生参加重大竞赛、学生的重要社会实践活动、学生中各类先进人物、教学名师的课堂教学、学术大师的专题报告和演讲、师生之间及学生之间的情感交流等等)的收集,单靠档案部门和学校有关职能部门是无力承担的,必须要有广大师生的参与才行。"连横"是指不同高校的档案部门应逐步联合起来,争取早日实现信息资源共享。在科技研发、学术交流领域的校际合作早已为我们熟知,高校档案工作之间的相互融合也是大势所趋。当然,这种融合并不意味着未来高校档案工作要搞成"千馆一面"高度雷同的模式,而是要在保持各自固有优势的前提下在更大范围内实现档案行业内的分工与合作。从历史的积累和当前的实情出发，高校之间的档案工作既有很多的共性，也有各具特色的"个性"。我之强项或许是你之短板，而你之特长可能是我之软肋，我难以克服的困难你帮我解决，你困扰已久的问题我帮你应对。这样，对每一个单独的高校档案部门来说，不必耗费大量精力搞大而全的模式，只要在稳固基础的前提下保持自有的特色和优势即可，但对整个高校档案行业来说，就是把优势集中在一起，发挥出 $1+1>2$ 的作用。其结果是促使档案的效用得到更大的发挥，档案工作的地位和社会认知度稳步提高。

回首高校档案工作的发展历程，每一次变革都是被现实社会环境中的风险所逼，而当我们接受挑战并战胜风险的时候，往往会获得意想不到的进步。愿我们居安思危，时刻保持必要的警醒，在迎接当前的挑战中创造更大的发展机遇。

加强和改进高校档案工作的思考

上海海洋大学档案馆　宁　波

摘　要：在中国经济发展进入"新常态"，全社会贯彻落实"四个全面"重要精神的大背景下，高校档案工作应根据上级精神着力"六个"加强：应收尽收，加强档案资源体系建设；挖掘资源，加强档案利用能力建设；推陈出新，加强档案服务能力建设；与时俱进，加强档案数字资源建设；坚守底线，加强档案安全体系建设；创新管理，加强档案综合能力建设。推进上海高校档案事业法制化、规范化、现代化，构建上海高校档案工作新局面，既是历史重托，也是时代使命。上海高校档案工作者，应与时俱进把握历史机遇，积极探索、勇于创新、稳妥实践，构建适应上海高等教育事业发展的档案管理体制机制，开创兰台工作新格局。

关键词：高校　档案　工作措施

2014年2月，中央办公厅、国务院办公厅印发《关于加强和改进新形势下档案工作的意见》（以下简称《意见》）。同年8月，上海市委办公厅、市政府办公厅印发《关于加强和改进新形势下本市档案工作的实施意见》（以下简称《实施意见》）。这对加强新时期的档案工作提供了行动指南。2015年2月9日，上海市档案局印发《深入贯彻〈关于加强和改进新形势下本市档案工作的实施意见〉的工作措施》（以下简称《工作措施》）的通知，明确提出六项要求：依法履职，加强分级分类管理；应收尽收，推进档案资源建设；加强服务，提升档案开发利用水平；突出重点，推进档案信息化建设;坚守底线,确保档案安全万无一失;创新管理,激发档案事业发展活力。这对贯彻《意见》《实施意见》精神,在新形势下如何更好地推进高校档案工作指明方向。

当前,在中国经济发展进入"新常态",全社会贯彻落实习近平总书记"四个全面"讲话精神的大背景下,高校档案工作如何服务高校中心工作,促进上海国家教育综合改革试验区建设,更好地发挥档案"资政·存史·育人"的功能,是一项意义深远的重要工作。以下就高校档案工作做几点肤浅思考,以抛砖引玉。

一　应收尽收,加强档案资源体系建设

2014 年 11 月 22 日,教育部和上海市人民政府在沪召开部市共建国家教育综合改革试验区工作总结暨深化上海教育综合改革工作推进会,决定共同推进上海教育综合改革,加快推动上海率先实现教育现代化。这将对上海高等教育改革与发展产生深远影响。

随着我国各项改革事业的顺利推进,上海高等教育改革日趋深入,办学活力、教学质量、师资队伍建设水平和科研创新能力不断提升。各高校纷纷探索适合自身发展的改革目标、任务和主要路径,力求办出活力、办出水平和特色。这些探索和实践,凝聚着上海高等教育界的智慧和实践创造,已经和正在形成一批具有重要历史价值的档案资料,亟需高校档案部门加强档案资源体系建设,研究解决"资源配置、信息整合、服务共享、管理创新等热点和难点问题",及时收集整理、归档入库,为后人留下宝贵固化成果。

进一步完善档案工作体制机制是加强档案资源体系建设的前提。体制不顺,档案资源的收集整理势必事倍功半;机制不顺,档案资源的建设质量难免参差不齐。因此,加强档案资源体系建设,需要完善档案行政管理,系统提升高校档案管理水平,对此需要做好顶层设计、科学谋划、步步推进。此次,《实施意见》要求全市各级党委、政府吸收档案部门参与各类重点工作、重大活动,确保重要档案完整收集管理。《工作措施》也明确,

要重点抓好文件材料归档工作,抓好档案源头和管理基础,并鼓励探索推进档案集约化管理、建设档案目录中心、规范档案业务外包和中介服务等。这些均是健全体制机制的有效保障。对此,高校档案部门需因地制宜,探索建立适应自身特点的档案管理体制机制。

二　挖掘资源,加强档案利用能力建设

高校档案工作由于其业务特点,常常带有一些神秘感,因此长期暗藏深闺,不为广大师生了解,以致很多人在紧张繁忙的工作生活中,常常对档案和档案工作不知所以然。对此,《工作措施》要求:"要努力开辟档案利用新途径……扩大档案宣传辐射面和影响力,提高档案工作服务社会的能力和效果。"

2011年,上海市档案学会高校档案专业委员会组织编写的《上海高校英烈谱》出版,收录142位烈士事迹,在全国高校率先将一个地区高校的英烈事迹加以发掘、整理、编撰成书,从一个侧面折射出上海高校"爱国民主奉献"的优良传统;2014年,由上海市教育委员会办公室和上海市档案学会高校档案专业委员会组织各有关高校档案工作人员历时两年编写出版《上海高校建筑文化》(周桂发、朱大章、章华明主编,复旦大学出版社,2014年10月),使人们通过高校历史建筑了解大学历史和文化;2013年,上海海洋大学档案馆报送的《江苏省立水产学校之刊》第一刊被评定为上海市首批档案文献遗产等等。这些成果以点带面,展现了上海高校档案部门把握时代脉搏,挖掘档案资源,探索档案开发利用的新尝试。

当前,随着中国高等教育事业的日益繁荣,高校档案事业也面临史无前例的大好机遇。对此,高校档案部门创新思路和方法,挖掘档案资源,开辟档案利用新途径,通过加强档案编研出版,举办档案陈列展览,开展档案文化传播活动等,不断提升档案开发利用能力,提升档案工作服务高校教学、科研的能力。

三 推陈出新,加强档案服务能力建设

当今社会,高等教育逐步走入经济社会发展的核心,世界高等教育竞争也日趋激烈。伴随这一趋势,各个大学百舸争流,积极探索"教育兴校,科研强校"的新路径和新方法,甚至使高校教学、科研不仅成为大学师生关心讨论的焦点,而且成为社会争相议论的热点。高校教学、科研受到越来越多的关注,从一个侧面反映了我国高等教育发展的大好形势。在此背景下,如何围绕教学、科研中心工作加强档案服务能力建设,是高校档案事业面临的新机遇、新挑战和新课题。

2014 年,上海海洋大学档案馆在上海市科委批复学校成立上海深渊科学技术研究中心后,即与该中心主任崔维成教授联系,从一开始就积极做好该中心的档案收集工作。近期,该馆还系统梳理了国家级、省部级实验室、中心等科研机构,联系、沟通、促进档案工作。档案服务能力建设是加强档案资源建设、加强档案管理、加强档案人才队伍建设等的最终目的和任务,也是检验这些工作绩效的最终依据。

在当下学习贯彻习近平总书记"四个全面",加强社会主义核心价值观和中国传统文化教育之际,档案服务能力建设又面临一种新要求,如挖掘档案资源,服务文化传承创新这一新使命。《实施意见》明确指出,进一步发挥档案工作在宣传实现中华民族伟大复兴中国梦、培育和践行社会主义核心价值观、繁荣社会主义文化、促进经济社会全面健康发展中的积极作用。

2014 年,上海海洋大学通过挖掘 1914 年 9 月 1 日学校定"勤朴忠实"为校训的档案史料,与宣传部合作,一起策划"勤朴忠实,百年风骨"图片展,拍摄《勤朴忠实》宣传片,开展用身边故事说校训等以"传承百年校训精神,践行核心价值观"为主题的系列活动,得到教育部思政司,上海市委宣传部、市教卫党委领导肯定。2015 年,上海海洋大学档案馆报送的"挖掘百年校训档案,践行社会主义核心价值观系列活动(展览、宣传片、座谈会、征文)",入选第二批上海市档案文献遗产和优秀档案文化传播项目。

四　与时俱进，加强档案数字资源建设

《实施意见》明确指出，要将档案信息化建设纳入信息化和智慧城市建设总体规划，推进档案远程服务和信息共享。《工作措施》也明确强调："各档案馆和各单位档案机构要把库藏档案数字化作为业务建设重点工作加快推进。"

面对档案数字化建设形势，高校档案管理部门要积极探索如何创新电子文件和档案管理新机制，加强档案数字资源建设，从而为师生更加方便、快捷、安全地利用档案资源创造条件。复旦大学、上海交通大学、同济大学、华东师范大学、上海大学等高校档案馆，在档案资源数字化建设方面做了大量积极尝试和探索。如上海交通大学档案馆开发了自动收集网上有关交大新闻报道的电子档案软件，同济大学档案馆开辟毕业生异地档案查询服务，上海大学档案馆开发新的档案管理系统，上海海洋大学档案馆对校报、学生录检表及部分民国时期档案进行了数字化等等。

高校档案在信息化建设过程中，亟需探索电子文件和档案管理的新机制，探索处理开放利用和档案安全的有效办法。在档案数字化过程中，一些重要历史档案，如民国期间一些容易发黄变脆的纸质档案，有了相对更为安全有效的保存利用载体，使纸质档案得到更好保护。数字化是加强档案数字资源建设的助推剂，是加强和改进档案工作的发展方向。

五　坚守底线，加强档案安全体系建设

网络时代，信息呈爆炸式增长，人们通过智能手机利用信息的手段也更加便捷和多元。然而，网上各种信息纷繁芜杂，同时盗号软件、木马病毒、黑客攻击、维基解密、意识形态斗争等也花样百出。2013年6月，美国中央情报局(CIA)原技术分析员斯诺登(Edward Snowden)，将美国国家安全局关于 PRISM 监听项目的秘密文档披露给《卫报》《华盛顿邮报》，引起轩然大波。"斯诺登事件"凸显了网络信息安全的重要性，更为

档案信息安全工作敲响警钟。

《实施意见》指出,要确保档案安全保密是档案部门最基础、最基本的工作和责任,要牢固树立安全第一意识,增强责任重于泰山的安全观念,加强人防、技防、物防,守住安全底线。《工作措施》也明确指出:"严格涉密档案管理和档案开放审核。"在信息化时代,信息可以产生惊人的"蝴蝶效应"。涉密或敏感档案一旦泄露,势必造成难以挽回的损失。历史上,档案工作因网络泄密造成的损失难以倾述。"道高一尺,魔高一丈",档案工作面临的安全形势十分严峻。为确保档案安全,坚守底线、多元统筹、科学布局、协同防范,加强档案安全体系建设刻不容缓。

六 创新管理,加强档案综合能力建设

《意见》《实施意见》的颁布,为上海档案事业发展指明新方向;《工作措施》的印发,为上海档案事业勾画了可资操作的具体措施。近年来,上海市档案局开展的"上海市优秀档案文献遗产申报""档案里的故事征文"等活动,均是提升档案综合能力的积极探索与尝试。从某种意义上说,上海档案事业一改过去"档案盒、故纸堆"的传统形象,逐渐变得更加亲近,富有亲和力。

为把握新机遇,高校档案亟需加强档案综合能力建设。比如,为更好地服务教学科研,档案工作人员除做好日常档案工作,还应紧密围绕高校党政工作要点,及时跟进并做好重要事件、重要项目、重要人物档案资料的收集和归档。上海海洋大学档案馆在百年校庆活动期间,就及早介入并及时收集相关档案资料,确保了珍贵记忆的完整性。上海部分高校为发挥档案的社会价值和功能,挖掘档案资源,精心策划设计,开展形式多样的档案文化传播活动。如2014年8月,同济大学档案馆在上海淞沪抗战纪念馆举办"学府之殇——日军轰炸同济大学吴淞校园暴行档案图片展",在社会上引起较大反响,受到《文汇报》《新民晚报》等多家媒体关注和报道。

因此,在新形势下,高校档案工作者除了要做好日常档案收集、保管、

利用和研究,还要迫切加强档案综合能力建设,发挥档案在高校文化传承创新中的功能。档案只有变成生动的故事、富有感染力的图片,才能为师生喜闻乐见,发挥文化传承创新的功能。

当前,正值"全面建成小康社会、全面深化改革、全面依法治国、全面从严治党"的时代,上海的国际形象和城市地位日益提升,档案正是这一系列激动人心的伟大改革实践的历史见证和文化记忆。因此,根据两办文件精神和《工作措施》,推进上海市档案事业法制化、规范化、现代化,构建上海市档案工作新局面,既是历史重托,也是时代使命。上海高校档案工作者,应与时俱进把握历史机遇,贯彻落实《意见》《实施意见》《工作措施》精神,积极探索、勇于创新、稳妥实践,构建适应上海高等教育事业发展的档案管理体制机制,开创档案资源、人才队伍、管理能力等日新月异的档案工作新格局。

参考文献:

[1] 中央办公厅、国务院办公厅. 关于加强和改进新形势下档案工作的意见. 中国档案报,2014—5—5,第一版.

[2] 上海市委办公厅、市政府办公厅. 关于加强和改进新形势下本市档案工作的实施意见. http://www. archives. sh. cn/zxsd/201408/t20140827_41423. html.

[3] 上海市档案局. 深入贯彻《关于加强和改进新形势下本市档案工作的实施意见》的工作措施. http://www. archives. sh. cn/dazw/ywzd/201507/t20150728_42373. html.

[4] 上海市档案局. 档案里的故事. 上海:上海锦绣文章出版社,2015 年 7 月.

[5] 华林. 档案管理学新论. 北京:中国社会科学出版社,2010 年 3 月.

[6] 宁波. 关于高校档案工作的几点思考. 上海档案,2015 年第 4 期,第 31—33 页.

高校科研项目档案管理的新思考

华东理工大学档案馆　冯　玮

摘　要： 科研项目档案具有档案及知识载体的双重特性，加强科研项目档案相关电子文件收集力度和管理手段，科学管理科研项目档案所蕴含的知识内涵，更好地发挥科研项目档案在学校教学、科研发展和社会技术进步中应有的作用。

关键词： 档案　科研项目　电子文件　知识

一　高校科研项目档案的概述及其知识载体特性

科研项目档案是科技档案的主要组成部分，是在自然科学和社会科学研究等活动中形成的，具有归档保存价值的各类材料，包括文字、数据、图像、证书等。做好科研项目档案的管理工作，是一项意义重大、有利于学校和国家科技事业发展的重要工作。

科研项目的完成经过四个阶段：包括科研前期立项阶段，科研实验阶段，科研成果验收阶段和成果推广应用阶段等，每个阶段都产生相应的材料需要归档，材料种类繁多、内容复杂。

高校科研项目逐年增多，每年需要归档的已完成或阶段完成项目多达几百个，项目来源涵盖纵向和横向十几甚至几十个种类，如近两年我校科研项目就包括了来源于国家自然基金的重点项目、青年基金项目、专项基金项目；来源于科技部的 863 计划项目，以及地方省市级的自然基金项目、科技攻关项目、杰出科研基金项目、专项项目；还有横向与各类企业相关的项目、国际合作项目等。科研项目档案有别于其他档案，有其自身的特殊性，它既是档案又是知识的载体，也是衡量一个高校办学水平和综合实力的重要依据。从上述丰富的项目种类来看，高校科研项目档案中包含着不乏国家级的尖端科学技术，从我校学科专业设置来说，所涉专业包括理、工、农、药、金融等各个领域，是非常宝贵的信息和知识资源。科研产业化也是国家可持续发展所倡导的一项国策，受到上下各级领导的高度重视。科研档案长期搁置会造成知识产权的自然流失[1]，而且体现不出其社会应用价值和经济价值。因此，如何管理种类繁多的科研项目档案，并充分挖掘科研项目档案的内在知识和价值，为学校和社会提供高效服务，是摆在档案工作者面前非常值得研究的重大课题。

二　高校科研项目档案管理现状，存在问题和改进思路

高校现有的科研项目档案管理模式，从收集、整理、利用，大都以纸质材料为主体对象来实现，以项目的自然形成和有机联系为依据，进行相关纸质材料的收集、组卷、归档。项目档案的案卷级、文件级目录信息基本实现了电子化管理，项目档案的利用，依靠目录信息来查找，检索到所需纸质案卷后，人工进行案卷的查阅，需要的资料靠复印或人工摘录完成利用。

这种模式下的项目档案管理，无电子化全文信息作为提供条件，信息查询后的资料整理、利用效率低下，与现今的信息化社会发展是不相适应的。现有的档案管理模式，也无法体现科研项目档案知识载体的特性，只停留在保存原始资料的层面上。对科研档案的管理，只有提升到对其所涵的知识资源的挖掘和管理，才能与时俱进不断提升服务水平，实现其真正的价值。而知识信息资源的挖掘，也需要数字化的信息为基础和依托。

没有档案资源的数字化，档案管理的电子化和网络化则将成为无源之水，无本之木，是无法实现的[2]。因此对科研项目档案的收集，必须从纸质扩展到其对应电子文件的同步收集归档。科研职能部门汇集的电子

材料或科研团队手中的电子化数据,包含了最原始、最精华的科研数据资料,时过境迁,如果不及时收集进馆,很可能就丢失、删除,或人员变动不知道存于何处,是信息资源的极大损失。科技部门汇编的材料,一般只是科技成果的简介,无细节和数据可查考,也无电子文档供利用。

综上所述,加强对科研档案中形成的电子文件信息的归档力度,创新归档形式,在此基础上科学管理科研项目档案的知识信息资源,完善服务体系,是提升科研项目档案管理机制的必经之路。

三　科研项目档案电子文件的类型、归档可行性方案

在信息化普及的今天,项目课题从申报到完成的一系列过程中,科研管理部门均要求课题研发部门将相关的纸质材料和电子文件、数据同时上报,电子文件已大部分汇总到科研管理部门,只有实验数据或技术过程数据还掌握在课题组中。所以科研项目档案电子文件归档是有现实基础的。

根据科研项目进行的四个阶段,一个科研项目产生的材料主要包含以下内容:(1)前期立项阶段产生:可行性方案、项目申请书、协议合同书等;(2)实验阶段产生:各类原始数据、图表和过程分析材料;(3)验收阶段产生:研究报告(结题报告),技术报告、成果专利清单,验收报告、相关论文、论著;(4)推广应用阶段:成果转让协议、应用转化方案、用户报告等。

根据查考,不同种类或级别的项目,产生的材料不尽相同,国家级重点项目材料多、全,地方或企业级项目材料相对简单,但都包含有:项目任务书(申请书)、研究报告(或结题报告、进展报告),有些还有技术报告、学术论文、成果目录等。

综合考量,科研项目档案电子文件的归档种类应涵盖上述几方面内容,并能全面反映项目的整体情况和研究成果。需要收集电子版本的材料,可考虑以下这些内容:项目申请书(任务书),项目结题报告(进展报告),技术报告(含实验原始数据),项目验收报告、学术论文及成果目录等。(1)项目申请书,说明项目的来源和基本情况,从最初立项的动机,到

要达成的目标,研发计划、预算等情况,在项目申请书中可以体现。(2)结题报告、进展报告,是一个课题的自我总结和已达到的成果结论,包括项目的具体数据和技术细节。(3)项目验收报告,由专家汇总的关于课题完成情况的鉴定意见,确定项目或成果达到的水平级别。(4)项目相关学术论文,特别是发表在国际一流杂志上的论文,其电子版本也应该收集归档。学术论文是对所涉及项目的归纳提炼和总结,所得出或引申的理论,甚至高于项目本身,是体现项目完整性的有机组成部分,同时学术论文也可反映学校即时的学术水平和状况,很有收集查考的价值。(5)研究成果目录,是项目获奖和论文情况的汇总,包含国家级获奖情况(自然科学奖、科技进步奖、发明奖),省部级获奖,发表的论文专著情况(会议论文、刊物论文、四大检索系统收录情况),还有专利和成果推广情况等。这些情况收录,可以为编研或汇编资料服务。

科研项目的电子文件归档,需要有充分考虑安全性前提作保障,因为科研项目涉及知识产权和专利。根据实际情况,科研项目的电子文件归档方法,根据项目所属不同密级,可采用不同方案归档:"公开"或"内部"类型的电子文件,如学术论文、论著;项目申请书、成果报告、技术报告等,在档案系统安全性能可靠前提下,可以用直接上传到档案系统的方法归档,与相关信息关联,在项目纸质文件归档时同步进行。"秘密"以上保密类型的电子文件,可采用脱机电子文件形式归档,人工做好电子文档与项目相关目录的对应工作,每年一次集中归档。另外,在条件成熟时,还应考虑开发科研系统和档案系统的数据导入接口,有些材料电子文件从"科研项目管理系统"直接导入,提高归档效率。

四　科学管理科研项目档案所蕴含的知识信息, 完善服务体系

科研项目档案具有知识载体的特性,科学管理并充分挖掘和利用这种特性,可以促使其在学校教学育人、科研方向决策乃至社会技术进步等方面发挥重大的作用。在电子化环境下,依托现代信息技术和网络技术,

实现对科研项目档案知识信息的科学管理,是有充分的技术支撑的。

利用档案管理系统平台,对科研项目档案的目录按所含学科或专业进行系统化梳理、提炼、汇总,再提供归档的电子文档作相应内容作支撑,这样对科研项目档案资料的管理,就提升到了对知识体系的管理,在此基础上,编研或汇编各类科研项目发展成果及动态,利用信息门户网络和网站等信息服务平台,不断开拓服务渠道,主动发布科研信息,服务于学校教学、科研和决策等工作,实现科研项目档案真正的价值。电子化的数据是实现对科研档案的知识体系进行管理和服务的基础,而收集和管理的方法和手段,应在实践中,根据不断发展的现代技术和科研工作的实际情况,进行不断探索、调整和完善,同时还需要档案管理机构、科研职能部门、信息技术部门多方的协同合作。

参考文献：

[1] 尹翔. 做好高校科研档案管理工作的思考[J]. 潍坊学院学报,2012(5):p112.

[2] 柳彩霞:科技档案的电子化网络化管理[J]. 兰台世界,2010(12)增刊:p138.

高校学生档案管理与服务创新策略初探

上海大学档案馆　张友菊

摘　要：高校学生档案是反映高校学生在校期间学习、生活和思想政治的原始记录，是事关学生求学、就业等切身利益的重要的民生档案。本文主要从制度、管理、服务方面探讨学生档案工作创新的策略。

关键词：高校　学生档案　创新　策略

高校学生档案是国家人事档案的组成部分，是反映每个大学生在校期间德、智、体发展的真实写照和原始记录，是大学生就业及其今后各级组织选拔、录用、考核的主要依据[1]。高校学生档案事关学生学习、就业等切身利益，是重要的民生档案。在新时期，如何转变观念、与时俱进地提高高校学生档案管理能力、服务能力是高校学生档案工作面临的现实问题。

一　管理与服务创新是高校学生档案发展的现实需求

1. 高校档案信息化发展的必然要求

在运用现代信息技术推进档案信息化建设的进程中，高校凭借其技术优势和智力优势，始终走在全国档案信息化前列，从计算机辅助档案管理，到档案信息系统的研发和使用，再到档案网站建设、数字档案馆建设，高校档案信息化建设正在逐步加快，信息化程度不断提升[2]。2008年教育部颁布《高等学校档案管理办法》(教育部"27号令"),将学生档案纳入高校归档范围,并且单独设类。学生档案作为高校档案的一个门类,务必要紧跟高校档案信息化步伐,解放思想,转变观念,充分利用网络等现代信息技术,研发学生档案管理系统,实现学生档案"收"、"管"、"用"、"转递"一体化、信息化管理。

2.高校学生档案自身发展的必然要求

近年来,随着高校招生数的逐年增加,学生档案的数量也随之逐年攀升,学生档案的"收"、"管"、"用"、"转递"工作量与日俱增,在学生档案管理人员数量有限的情况下,传统的、落后的管理与服务方式已经难以适应。因此,高校学生档案工作要与时俱进、创新发展,不断提高管理和服务能力,才能跟上高校和社会发展的步伐。

二　高校学生档案管理与服务创新策略

1.制度创新

创新管理,制度先行。根据档案法律、规范以及高校学生档案工作环节,结合工作实际,制订一系列学生档案收集、保管、利用、转递规章制度,建立、健全学生档案管理与服务机制,才能有效保障管理与服务创新顺利开展,使学生档案工作朝着规范化、标准化、科学化方向发展。

(1)加强内涵建设,建立学生档案内部管理和激励机制

要做好学生档案工作,必须首先加强内部管理,制订一系列管理制度,做到分工明确、责任到人、奖勤罚懒。各高校根据实际情况,可以制订学生档案管理人员考勤制度、岗位责任制、业务考核制度。根据业务工作定性定量的考核办法以及考核细则,定期对学生档案室工作及室内工作人员进行考核。主要考核学生档案室和教职工履行职责情况,完成工作任务的数量、质量、效率以及成果的水平,考核结果与绩效奖励挂钩。通过考核既检查了工作又发现了存在的问题,起到了奖勤罚懒、优质优酬的作用,促进了学生档案工作人员档案管理和业务水平的提高[3]。

（2）加强档案资源建设，建立学生档案收集、归档机制

学生档案的收集、归档工作包括每年新生档案归档、毕业生材料归档，是学生档案工作的重要环节，是学生档案资源建设的前提和保障，必须通过制度来加强管理和规范。

① 建立、完善兼职档案员网络机制。

学生档案兼职档案员一般由各学院新生、毕业生辅导员担任。兼职档案员队伍庞大，人员流动性较大，为了稳定兼职档案员队伍、责任到人，保障归档工作保质保量完成，学生档案室每年应确定各学院新生档案、毕业生材料归档人员及领导名单，不断完善学生档案兼职档案员网络。

② 建立兼职档案员培训机制。

为了保障归档案卷质量，提高兼职档案员的业务能力，学生档案室每年应在新生档案归档和毕业生材料归档前，通过召开归档培训会议、制发培训材料、利用全校毕业生工作协调会平台等方式，开展相关业务培训。

③ 实行集中归档和实时归档相结合的归档方式。

为了提高工作效率，保障学生档案归档齐全、完整、及时，学生档案应采用集中归档和实时归档相结合的方式。学生档案归档阶段性强，大批量的档案归档主要集中在每年7月学生毕业后、9月新生入学后。这两次归档时间紧、任务重，只能采取集中归档。为了使集中归档能有序、高效开展，可实行预约归档制度。此外其他材料的归档，如学生退学、休学等学籍和奖惩发文一般可每周归档一次，党建材料、非正常毕业（离校）学生材料应及时归档。

（3）提高管理能力，建立学生档案管理机制

① 实行登记制度。

学生档案应该对日常归档、利用、借阅等实行登记。将归档人信息、归档内容，借阅人信息、借阅内容等进行登记，以便日后工作查考。

② 实行按岗位设权限制度。

为保障学生档案实体和信息的安全，要按照岗位分工设置管理人员学生档案管理系统和库房门禁相应权限，权限定期审核，动态管理。

③ 建立学生档案库房管理制度。

档案安全无小事,为了保证学生档案实体的安全,规范学生档案库房管理,必须建立制度,严格管理。首先,库房应配备自动温控系统、火灾自动报警系统等现代化的档案保管保护设施设备,做到"八防";第二,库房要设专人管理,负责每天库房门及灯的开关、库房温湿度系统运转情况的检测、库房安全的巡查;第三,学生档案库房应实行门禁制度,工作人员按工作岗位性质分配权限,实行权限动态管理。非学生档案工作人员不得进出库房;第四,坚持实行库房定期保洁制度,档案库房保持干净、整洁,无堆放杂物和易燃易爆物品的现象;第五,实行库房清点制度,确保馆藏档案实体与系统数据一致。为了较好监控馆藏实体档案数量,确保档案实体数量与学生档案管理系统数据一致,学生档案室每年应对库房档案实体定期进行清点。

（4）提高服务质量,建立服务利用机制

① 建立学生档案满意率测评机制。

根据利用者的利用需求,设计服务满意度测评表,使利用者对学生档案的日常管理、转递等工作可进行线上、线下测评。通过对测评结果进行分析,及时梳理存在的问题和不足,不断改进服务方式,提升服务水平。

② 实行寒暑假值班制度。

为了满足学生及用人单位在寒暑假利用、转递档案的需求,档案馆应根据学校相关部门值班安排,结合学生档案室实际,合理安排学生档案人员值班,并将寒暑假学生档案对外服务、转递档案的时间安排提前在网站上公示,以方便利用者。

③ 实行每周转递制度。

为了满足学生、用人单位的转档需求,在每年7月毕业生档案集中转递之外,实行每周转递一次学生档案,并在寒暑假根据学校放假情况安排转递次数。

2. 管理手段创新

（1）不断升级、完善学生档案管理系统

随着高校招生数量的逐年增加,学生档案的数量随之逐年攀升,学生档案的收集、归档、利用、转递工作量不断增加,传统的管理方式已经难以适应。学生档案管理人员必须转变观念、与时俱进，将计算机技术、网络技术等新技术应用到学生档案管理中，研发学生档案管理系统，实现学生档案收、管、用、转递、查询一体化、信息化管理。

（2）集中归档实行预约方式，确保归档工作有序、高效开展

每年新生档案、毕业生材料归档时节，由于归档学院多、归档时间相对集中，常会出现扎堆归档情况，学生档案工作人员、场地有限，检查、接收往往需要排队，既浪费等待时间，也容易造成混乱。针对这种情况学生档案可采用预约归档方式，归档前与各归档部门沟通、约定好归档日期及时间段，兼职档案员按照约定的归档时间段前来归档。

3. 服务方式创新

学生档案是重要的民生档案，以人为本、服务民生是学生档案工作的根本目的。新时期，学生档案管理人员要解放思想，强化服务意识，坚持以人为本，以民生需求为导向，以重服务、保安全为主线，不断创新、优化服务方式，为学生、为社会提供快捷、高效、实时的档案利用服务。

（1）定期安排、公布档案转递时间

为了让全校相关部门、学生了解学生档案转递流程、要求及时间，应将毕业生如何转递档案、学生档案转递时间安排及注意事项公布到档案馆、就业办等相关部门网站。转递时间安排既要考虑到大批量转递、平时每周转递，又要充分考虑寒暑假的安排。

（2）提供多种查询、咨询方式

每年暑假，大批学生毕业，学生档案室电话不断，应接不暇，主要是查询学生档案的转递情况，传统的"电话查询"难以满足学生的利用需求。要充分利用现代信息技术的优势，在传统到馆利用、咨询、电话查询的基础上，通过学生档案管理系统权限控制，提供网上查询服务，学生可以不受时空限制查询档案去向，今年学生档案通过邮局 EMS 转递，已转出的档案，在查询界面增加 EMS 快递单号查询链接，查询者可直接查到快递运转、签收详情，查询更加便捷、高效。另外还可以通过建立微博、微信群、QQ 群等新型网络传播工具，解答利用者对学生档案相关问题的咨询。

（3）提供个性化服务

根据学生档案整体工作安排，在不违反原则和规定的基础上，"急利用者之所急，想利用者之所想"，充分考虑学生、用人单位等利用者的利用需求，提供个性化服务。比如，工作日中午休息时间提供不间断服务；在日常每周转递档案的基础上，碰到特别着急的学生或确实有特殊情况的，在转递手续齐全的前提下及时将档案转递出去，以解学生之急。

（4）加大宣传力度

学生档案应充分利用每年"档案日"宣传活动平台，通过举办讲座、展览、参与学生首日教育等多种形式加大学生档案的宣传力度，让学生走近档案、认识档案、了解档案，从而提高师生的档案意识，以便更好地开展学生档案工作。比如，可通过发放宣传册、档案馆开放日、档案馆网站等向学生宣传"学生档案是如何形成的"、"学生档案有哪些材料"、"学生档案如何管理"、"毕业后学生档案如何转递"、"档案馆能为学生提供哪些服务"，向老师宣传新生档案、毕业生材料归档的内容及要求、归档流程以及学生档案转递流程等信息。

总之，学生档案工作要紧跟当代档案事业发展的趋势，解放思想，转变观念，坚持以人文本、求实创新的发展方向，在实践中积极探索，形成合乎时代、合乎学校实际的管理特色。

参考文献：

[1] 张友菊.高校学籍档案管理方法探索[J].上海档案,2015(5).

[2] 张友菊.高校民生档案远程利用服务推进策略之我见[J].兰台世界,2015(2中).

[3] 徐国明.上海大学档案管理与服务规范[M].上海:上海大学出版社,2015.11.

变革中的演进

——关于进一步优化我国档案保管期限表的思考

上海财经大学档案馆　　韩云云

摘　　要： 2006 年《机关文件材料归档范围和文书档案保管期限规定》的出台,表现了我国档案界对完善档案期限表、解决我国档案鉴定工作存在问题的思想,既符合长期以来档案界关注和研究鉴定问题专家、学者的愿望,也是档案鉴定实践发展的必然结果。然而,笔者认为,在《规定》出台之后,我们还有必要继续探讨我国档案鉴定工作中的问题,以进一步完善档案保管期限表。为此,笔者针对新颁布的文书档案保管期限表,就"期限表的抽象还是具体"、"继续细化保管档次"、"制订《永久保存档案一览表》"、"制订档案保管期限体系"、"确定不同保管期限档案的比例关系"等问题作了进一步思考。

关键词： 档案保管期限表　保管档次　永久保存档案一览表　档案保管期限体系

在 1987 年 12 月 4 日颁布《机关文件材料归档与不归档范围》及《文书档案保管期限表》19 年之后,我国再一次根据形势发展的需要,几经讨论易稿,于 2006 年 12 月 18 日以国家档案局第 8 号令颁布了《机关文件材料归档范围和文书档案保管期限规定》。这一《规定》的出台,表现了我国档案界对完善档案期限表、解决我国档案鉴定工作存在问题的思想,既符合长期以来档案界关注和研究鉴定问题专家、学者的愿望,也是档案鉴定实践发展的必然结果。然而,笔者认为,在《规定》出台之后,我们还有必要继续探讨我国档案鉴定工作中的问题，以进一步完善档案保管期限表。为此，笔者针对新颁布的文书档案保管期限表，就如何进一步优化我国档案保管期限表问题作了如下思考。

一 关于期限表的抽象还是具体问题

具体还是抽象？这是档案期限表制订的一个原则问题。各国档案界在这一问题上存在两种不同的态度，一是偏向灵活、概括、抽象；另一是力求具体、机械、固定。我国档案保管期限表的发展，趋于概括、抽象和灵活性。因而，在这种原则指导下的档案保管期限表，一直非常明显地存在着条款数量偏少、档次过粗、内容概括简单、用语含糊等问题。比如1987年的《文书档案保管期限表》使用"重要的"、"一般的"、"重要会议"、"一般会议"、"重要专题"、"一般专题"、"重要业务"、"一般业务"等模糊性语言多达27处，约占期限表条款总数的1/3。我国档案部门从对1987年期限表的批评，到2000年11月的第一次征求意见，到2006年12月的正式颁布，文书档案保管期限表，在"具体性"这个问题上，表现出"进一步，退两步"的姿态。即原来的征求意见稿，相对具体，比1987年的进了一步，但新颁布的正式期限表，在"具体性"的表现上，却比1987年还有所不如，往后退了两步。虽然新颁布的期限表增加了一些条款，但跟我们说的具体无关。新期限表在条款措辞和期限表示，还是相当抽象。如新表中还有24款用"重要的"、"一般的"来区分档案内容，跟1987年的期限表相差无几，缺乏范例和注释，可能使档案人员在具体判定档案价值时无法准确把握档案的价值，而且也容易导致歧解。另外，新表还是一身两任，同一单位人员既鉴定第一价值又鉴定第二价值，对基层档案部门的归档鉴定而言，操作难度仍然不小。

因而，笔者认为，如果我们不改变编制档案保管期限表的现行原则——高度概括、抽象的原则，就不可能改变我国档案鉴定现状和解决现有问题。以往历次文书档案保管期限表存在诸多问题的主要原因还在于我们在制订档案保管期限表时所持出发点的偏差。

二　关于继续细化保管档次

档案保管期限从两分到三分,再到《规定》的划限与标时结合,反映出我国档案保管期限从抽象迈向具体的艰难进程。在 2006 年文书档案保管期限表中,我们欣喜地看到,期限有所具体,而非一种原则性或建议性的思想。但跟国外保管期限日臻细化的趋势相比,仍然显得步履蹒跚,前进的幅度不大,甚至表现出我们对于保管期限认识前后、左右不一致的问题。

新版档案保管期限虽是两分,但基本还是一种两分和三分的调和法,即期限结合年份,但就永久、30 年、10 年三分其档的方法,能否解决原来三分期限的问题,我们实不能判断,甚至可能比原来永久、长期、短期更不如意也未可知。因为新版期限表的保管期限档次实在过于固定。1987年期限表确定的定期,永久保管是 50 年以上,长期保管在 16—50 年之间(含 50 年),短期保管在 1—15 年之内,如果单从字面理解,显然要比现在固定的 30 年、10 年要具体些,而且新版期限表的期限档次规定,完全改变了以往永久档案、长期档案和短期档案的概念,既跟以往的期限表不一致,表现出与历史不符的缺陷,又跟会计档案保管期限表中的期限档次不符,表现出左右不符的缺陷。因而,我们不能指望用 10 年和 30 年两个档次就能解决档案保管期限过粗的问题。可以肯定地说,在这种期限档次下的保管,以往有什么问题,现在有什么问题,将来基本还是有什么问题。

目前,30 年和 10 年的两个定期档次仍然存在着"档次过少"的问题,且跟以往长时间操作使用的期限档次不对应,改变了永久保管的起点,因而,在一定程度上讲这并非是一个吸取了国外经验和最新研究成果的法规。当然,保管期限也不能过于具体,如美国有些州的文件保管期限具体到月,就失之繁琐。但是在保管年份上,还是需要多重年份的(从这一点说,正式颁布期限表的期限档次规定,还不如征求意见稿的规定)。笔者以为,我们的保管期限,在定期中,宜设 1 年、3 年、5 年、8 年、10 年、15年、20 年、25 年、30 年、40 年、50 年等档次。细化档次,实现标时法,作多重年份规定,有助于促进实际工作部门加快期满审查,进而加快对档案的甄别和销毁,及时消灭无价值的文件和失去继续保存价值的文件,达到吐故纳新、新陈代谢、优化馆(室)藏档案的最终目的。

三 关于制订《永久保存档案一览表》

各级各类机关单位形成的档案,数量众多、类型各别、价值迥异,国家不可能也没必要对其鉴定、处理等全部问题作出条分缕析的规定。因而,档案鉴定要分清主次,坚持有所为、有所不为的原则。

笔者认为,我们在对待永久档案上必须"有所为",即应该由国家档案行政管理机关在总结已有经验和调查研究基础上,制订出我国的《永久保存档案一览表》,以宏观控制对国家和社会有长远利用价值的档案。国外对永久保存档案的控制由来已久,如英国1962年就出台了《公共文件永久性保存的选择标准》,美国1976年也通过了《永久文件鉴定指南》,而且对此标准或者指南不断更新。艾克·克罗诺在《现代文件的鉴定》一文中论述独份文件鉴定时指出:"有些国家,像比利时、加拿大、英国、波兰、匈牙利、美国等在它们的答复中给出了各自在鉴定时使用的具有代表性的标准。英国的《机关文书工作人员指南》包括了13条鉴定永久保存文件的标准。加拿大则看重它的《文件保管期限与处置》小册子,其中鉴定标准按行政、法律、财政及情报价值分别列出,最后一项包括具有历史价值的文件。在美国,通用文件期限表授权经过一定的时间间隔后,对若干或所有联邦机构相同的文件进行处置,它们对所述文件提出综合处理方案"。因而,我国也需要建立永久保存档案的独立评价体系与永久保存档案一览表,至于体系或一览表怎么建还有待于理论和实践部门的进一步探讨。

四 关于制订档案保管期限体系

目前,我国除文书档案保管期限表外,已制订有不同类型的档案保管期限表,例如各类科技档案保管期限表、会计档案保管期限表等同类型、同系统的档案保管期限表。但从具体运用看,这些档案保管期限表形成不了一个实用体系。如同一单位多重类型的归档文件,往往需要用不同的保管期限表作为依据来确定其保管期限,既麻烦又可能导致判断失误。因而,我国迄今没有一个适合机关单位所有归档文件与档案鉴定的期限表体系,也是法规制订上的滞后表现。反观国外的一些文件保管期限通用表或处置一览表,则十分全面。如美国《犹他州文件保管期限通用表》包含了 16 类文件类型:行政管理文件、预算文件、图片文件、通讯文件、数据处理文件、设备管理文件、财务文件、高等教育、机动车维护和使用案卷、工资名单文件、人事文件、印刷文件、财产购置文件、财产文件、公共事务文件、安全服务文件等。这种模式值得借鉴。

当然,在这方面我国档案行政管理机关已有所行为,一个包含管理类文件归档鉴定、科技文件归档鉴定、国家档案馆档案进馆鉴定、国家综合档案馆永久保存档案等级鉴定、档案开放和存毁鉴定的国家行业标准——《归档文件与档案鉴定指南》(征求意见稿)正在制订之中。

由国家档案行政管理机关统一制订这样一种档案保管期限表体系,意味在档案鉴定操作标准的制订上,要统一权威性和科学性,消除以往不同类型档案采用的保管期限表"政出多门、互不协调"现象。在这一点上,笔者以为,我们不能以以往档案保管期限表的多类型为豪,政出多门意味着档案鉴定的操作标准制订尚处于比较低级的阶段,统一标准、统一体系,进而统一权威,才是我们档案鉴定在法规建设上的高级阶段。

五 关于确定不同保管期限档案的比例关系

"三分法"实施以来,档案保管期限的条款项在档案保管期限表中的比重,差不多都呈现出一种永久比例过高的迹象。如笔者统计 1987 年和 2006 年两张文书档案保管期限表发现,永久、长期与短期三个项目的比例之比,分别是 24∶20∶19,41∶25∶18。虽然这是一个纯字面的数字,但实际工作中许多部门的鉴定结果也展现出这种不正常的比例关系,直接造成了档案馆档案质量低下的后果。

　　期限表中不同保管期限档案的比例关系有失科学性,这是一个不争的事实。甚至可以说,从 1987 年和 2006 年两张期限表的共同条款上衡量,后者又进一步提高了永久保管档案的比例。通过比对,我们很清楚地看出,1987 年《文书档案保管期限表》中的以下条款(见表 1),其保管期限从原先的"长期",升格为了现在的"永久"。

表 1　1987—2006 年《文书档案保管期限表》中部分条款期限设置的变化

1987 年《文书档案保管期限表》		2006 年《文书档案保管期限表》	
条　款	期限	条　款	期限
17. 干部任免的文件材料 17.1　本机关领导人,本机关对直属单位领导人任免的文件材料 17.2　本机关内部机构负责人的任免材料	永久 长期	9.3　人事任免文件	永久
18. 本机关劳动模范、先进工作者等的文件材料 18.2　地、县级以下的	长期	9.4　先进单位、劳动模范、先进工作者的文件材料 9.4.1　受县级(含)以上表彰、奖励的	永久
20. 干部职工录用、转正、调资、定级、离退休、职务聘任、复转、抚恤、死亡等文件材料	长期	9.6　职工录用、转正、聘任、调资、定级、停薪留职、辞职、离退休、死亡、抚恤等文件材料	永久
21. 本机关职工调动工作的行政、工资、党团组织关系的介绍信及存根	长期	9.8　职工调动工作的行政、工资、党团组织关系的介绍信及存根	永久
23. 本机关中党、团、工会的基层组织形成的工作报告、总结、会议文件和团员名册等文件材料	长期	9.10.3　党团员、工会会员名册,批准加入党团、工会组织的文件材料	永久
32. 本机关处理人民来信来访的文件材料 32.2　有上级机关或本机关领导人重要批示和处理结果的	长期	9.13　本机关处理人民来信来访的文件材料 9.13.1　有领导重要批示和处理结果的	永久

当然,如果仅仅是针对本机关形成的文件,提高永久档案的比例,并不会导致档案馆馆藏失调。不过,作为一个机关单位的档案,应该有一个倾向性的不同期限的比例关系。

如何合理地确定不同保管期限的档案的比例关系,笔者觉得上海大学宗培岭教授介绍的 ABC 管理法则值得推荐。ABC 管理法则的核心是"关键的少数与次要的多数"思想,即事物价值的 80％在 20％的组分中。这一法则最早是由意大利社会学家巴雷特在 1906 年提出。1951 年美国通用汽车公司狄凯将其应用到企业管理,并首先在物资管理中获得了极大成功。其做法是将企业所需物资按金额大小顺序排列,把累计金额占总金额 75％—80％、品种数占 5％—15％左右的物资划为 A 类物资;占总金额 15％—20％、品种数占 20％—25％的物资划为 B 类物资;占总金额 5％—10％、品种数占 60％—65％的物资划为 C 类物资,对不同类别的物资采取不同库存控制方法。以后人们进而发现这是事物特征分布的一般规律,具有普遍实用性。

把 ABC 管理法则应用到对档案保管期限的划分上有一定的合理性。按此法则,就一个单位档案价值这一特征现象的分布而言,需要永久保存的档案只能是整个档案中的一小部分。永久保存档案一般占档案总量的5％—15％左右,这一比例,跟国外主要国家的永久档案比例也比较相符。另外,按 ABC 管理法则相推,长期档案的比例应该大于永久档案,而小于短期档案,三者(永久:长期:短期)之比 10(±5):30(±5):60(±5),这样一个数值范围比较合乎档案价值现状,也合乎管理法则。

结　语

与 1987 年的两个文件相比,2006 年的新规定无论在内容上还是形式上,无论在量上还是质上都有了较大的变革,规定虽然在"统一规范,把归档范围、保管期限两表合二为一"、"变革条款的结构体系"、"充实新内容"、"明确期限标示"、"加强了对重份文件的控制"、"加强管理力度,改档案保管期限表的备案制为审批制"等方面体现了改革的精神,但是我们也只能说它只是解决了部分原先存在的问题而非全部问题,尚未达到"尽善尽美"的效果。本文仅就如何优化我国档案保管期限表问题作了进一步思考和建议,抛砖引玉,以期待档案理论界和实际工作部门作进一步探索,从而使我国的档案保管期限表朝着更优化的方向演进。

参考文献:

[1] 邓绍兴.我对档案保管期限表的管窥蠡测.北京档案,1998,(4):21—23.

[2] 宗培岭.档案保管期限表研究.档案学通讯,2002,(5):74—76.

从《国家档案局 9 号令》创新点
看高校档案馆藏建设的路径构建

上海电力学院档案馆　施颖燕

摘　要: 阐述了《国家档案局 9 号令》的创新点,分析了目前高校档案馆馆藏建设所存在的问题,提出了馆藏建设的方向与途径。

关键词: 高校档案馆　馆藏建设　档案工作

2011 年年底,国家档案局局长杨冬权签署了国家档案局第 9 号令,公布了《各级各类国家档案馆收集档案范围的规定》(以下简称《规定》)[1]。它标志着我国各级国家档案馆档案资源建设步入了新的发展阶段,必将对进一步扩大高校档案馆接受范围、调整馆藏结构,建立覆盖全校的、内容丰富的档案资源体系意义重大。

一　"规定"的创新点

《规定》有很多创新点。针对新时期档案事业和档案馆工作发展需求,对档案馆接受档案范围进行了调整和扩大,从宏观上解决了新时期国家档案资源体系科学布局、合理归属、有法可依等根本性问题,符合实际,兼顾各方,内涵丰富,创新点多,操作性强。

1. 指导思想的创新

以科学发展观为指导思想,《规定》中强调指出"贯彻科学发展观、以人为本"的理念就是这种指导思想的具体体现。"为了建设覆盖人民群众的、内容丰富、结构合理的国家档案资源体系"。说明我国档案事业的指导思想已经发生了深刻的变化,把建立覆盖人民群众的档案资源体系摆在更加突出的位置。

2. 内涵外延的创新

作为档案馆档案收集工作开展的依据,《规定》对档案馆的性质、定位、功能的表述也有不少创新,不断拓展档案馆社会服务功能,努力把档案馆的社会服务功能提高到新的水平已经越来越符合社会发展的需要。另外,随着科技的快速发展和信息技术的广泛应用,产生了大量的电子文件,《规定》将电子文件归档、备份以专门的条款形式进行了说明。

3. 接收范围的创新

《规定》首次把本行政区内重大活动、重要事件形成的档案,涉及民生的专业档案列入综合档案馆收集范围。随着高校改革的不断深入,高校档案工作围绕学校中心开展工作,服务领域不断拓展。高校档案部门陆续出台了加强重大活动、重大工程、重要会议档案的管理办法,并且提前跟踪、介入,加强对各部门档案工作的指导,并将这部分档案接收进馆。但从国家层面以规范性文件将其纳入进馆范围尚属首次。

二　高校档案馆馆藏建设面临的问题

1. 高校档案馆馆藏"三多三少"现象

从高校档案馆馆藏内容结构看,党政部门形成的档案多,涉及各学院、师生个人的档案少;文书档案多,专业档案少;纸质档案多,照片、声像、实物等其他载体的档案少。这"三多三少"现象,反映出长期以来高校档案馆接收范围狭窄、渠道不宽导致的馆藏内容单调、结构失衡、门类不全等突出问题,以致综合档案馆名不副实,难以充分发挥档案馆"两基地、三中心"的作用,无法满足师生对档案的利用需求。

2. 高校档案馆馆藏缺少"特色"现象

具有高校特色的档案,如:教育部的平台、基地建设,重点实验室、重点学科建设所产生的教学、科研档案,长期保存在学院、系部,甚至个人手中,长期以来高校档案馆馆藏建设中,没有把此类材料列入归档范围,特色档案的缺少也体现了高校档案馆馆藏建设路径的狭窄。

　　3. 高校档案馆馆藏"重纸质轻机读"现象

　　由于历史的原因,接收电子文件、专用设备,长期没有列入收集计划。某些高校档案馆在收集范围上,缺少超前意识,导致在意识和习惯上长期只注重接收传统的纸质档案,馆藏存在"重纸质轻机读"和"重档案忘设备"的现象[2],只注重接收纸质档案,机读档案只是附带接收一下,并且即便接收了机读档案进馆,也因为没有把相应的机读档案专用设备一起接收进馆,这类机读档案的利用便成了无法解决的难题。

三　高校档案馆馆藏建设的方向与途径

　　档案馆馆藏问题实际上是一个档案馆功能建设和功能发挥的核心问题,因为档案馆的价值首先在于馆藏的价值,离开了档案资源,档案馆的存在意义以及我们的档案工作都无从谈起。因此,把馆藏建设提升到一个显著的高度来探讨和研究是十分必要的。档案资源建设是一项长期而艰巨的基础性工作[3],笔者认为高校档案馆馆藏建设的方向与途径,可以从以下几个方面把握。

　　1. 确立馆藏建设思路与方法

　　首先,成立档案接收范围编写专项工作小组。随着高校档案馆工作的不断拓展,原有的档案管理办法已不能完全适应新形势下覆盖全校的档案资源体系的需求,根据《规定》的精神,高校在认真学习、充分领会的基础上,可成立档案接收范围编写专项工作小组,深入校内各部门调研,广泛听取各方意见。

　　其次,根据各自学校的特色制订详细的工作方案。高校档案馆的接收范围是档案馆业务建设的根本和依据,在对全校各立档单位重新进行摸底、排查的过程中,可寻找到高校特色档案产生的部门。比如:把教育部的平台、基地、重点实验室等补充为立档单位。

　　另外,尽可能拓展档案收集、征集渠道。比如:通过向国内外校友、知名人士、教职员工征集与学校发展历史相关的史料,为形成馆藏内容丰富、结构平衡、门类齐全的高校档案馆馆藏打下扎实的基础。

2. 确立档案收集范围细则

高校档案馆要把准范围,档案收集工作到位而不越位,更不缺位,形成各校自己的特色,建设种类丰富,数量众多,结构合理的档案接收范围[4]。专项工作小组在开展前期工作的基础上,对照《规定》精神,根据调研情况,应对原来制订的《档案接收范围》进行仔细的梳理,对查出的问题,要逐一进行登记,找出存在问题的原因,提出解决问题的措施和意见,制订遗漏材料的补充归档细则,确保档案材料的完整性、齐全性。以上海电力学院为例,由于历史的原因,原有的档案管理办法中缺少声像档案归档范围的管理办法。为此,上海电力学院对这一类目进行了补充、完善,填补了原有归档范围的空缺。

声像[SX]
档案归档范围和保管期限表

序号	归档文件名称	保管期限
1	综合	
1—1	上级有关声像工作的文件材料	长期
1—2	本院声像工作计划、总结、重要请示、报告及上级批复	长期
1—3	本院声像工作统计报表	永久
1—4	本院声像工作规章制度	长期
1—5	制作项目的申请及批复	长期
1—6	制作任务书、制作计划	长期
1—7	创作设计、剧本及文字说明	长期
1—8	完成项目的总结及评审鉴定	长期
1—9	出版、发行或相互交流的合同、协议书	长期
1—10	其他重要的文件材料	长期
2	党政管理	
2—1	历届院长、党委书记的照片	永久

（续表）

序号	归档文件名称	保管期限
2—2	历届党代会、教代会、职代会、团代会、学代会、妇代会及学院党政重大会议的各种照片	永久
2—3	校庆、教师节及重大纪念日活动的各种照片	永久
2—4	中央、省、市级党政领导及社会名流来院视察、参观、访问的照片	永久
2—5	民主党派组织的重大活动的照片	长期
2—6	学院党政领导任职期间的重要工作照	长期
2—7	授予院外知名人士名誉称号的照片	长期
2—8	其他在党政工作中形成的重要照片	永久或长期
3	教学	
3—1	学院重大教学活动形成的照片	永久
3—2	开学、毕业典礼的照片	长期
3—3	知名教授、专家讲课、学生听课、论文答辩、实验、电化教学等活动照片	永久
3—4	历届毕业生合影及学位照（硕士、博士）	永久
3—5	学生参加各种重要比赛、竞赛及活动照片	长期
3—6	在其他教学工作中形成的重要照片	长期
4	科研	
4—1	我院重大科研活动形成的照片	永久
4—2	重点及大型科研项目（课题）评审鉴定会	长期
4—3	本院主持召开的大型学术会议的照片	长期
4—4	科研成果及颁奖仪式的照片	长期
4—5	知名专家、教授来院做学术报告的照片	长期
4—6	其他科研活动形成的重要照片	长期
5	外事	
5—1	学院重大外事活动形成的照片	永久
5—2	外籍党政官员、各界人士来院参观访问的照片	长期
5—3	与国外签订建立校际关系、工作合同的照片	永久

序号	归档文件名称	保管期限
5—4	外籍教师、专家、学者及友好人士来院讲学的照片	长期
5—5	授予外籍人士名誉称号活动中形成的照片	长期
5—6	本院派出国外进行友好访问、校庆活动、考察、进修、留学等活动中形成的照片	长期
6	文体活动	
6—1	历届学院运动会的照片	长期
6—2	历届院级文艺汇演、艺术节等活动照片	长期
6—3	院级书法、画展照片	长期
6—4	参加市级以上文艺汇演、艺术节等活动照片	长期
7	其他	
7—1	校园历史建筑、园林风景等照片	永久
7—2	重要基建项目开工典礼、奠基、落成的照片	永久
7—3	仪器设备管理、产品生产与开发活动中产生的照片	长期

以上是以照片档案 SX12 归档范围和保管期限为例，其他声像载体档案的归档范围和保管期限照此。

另外，上海电力学院还对党群、行政、教学类档案的归档范围和保管期限重新进行了补充和修订。档案馆平时与立档单位保持经常联系，掌握材料源信息，主动、及时、准确、完整地将应归档的各类材料收集全。档案人员采取零星材料与集中材料收集相结合，经常收集和突击收集相结合，对于重要活动、重大会议、重点建设项目等材料，采取主办单位到档案馆备案和档案人员提前介入等措施，以确保重要文件材料归档不遗漏。

3. 加强电子文档的建设

针对馆藏档案中声像、电子等门类档案数量偏少的现象，高校可采取一些措施弥补这一缺陷。如：接收符合馆藏档案实际要求和各时期技术标准的专用设备；建立专用设备档案，实施规范管理；馆藏机读档案尚缺的专用设备必须优先收集、购置等。

为了适应信息化建设需要，规范电子文件归档管理工作，维护电子文件的真实性、完整性和有效性,确保电子文件的安全和信息可用性,充分发挥电子文件的凭证参考作用,根据《规定》的要求,制订电子文件归档办法。

以上海电力学院为例。学校各部门、各单位定期把经过鉴定符合归档条件的电子文件向档案馆移交,并按档案管理要求的格式将其存储到符合保管期限要求的脱机载体上。

电子文件归档范围参照学校档案馆有关纸质文件的归档范围,与之相应的软件、背景信息和元数据一同归档,以保证归档电子文件的完整性。此外,各部门、各单位形成的有重要参考利用价值的数据库文件和相关软件、多媒体课件、超媒体链接文件(WEB网页)、数字化的影像文件、声音文件、CAD图形文件等,均应收集积累归档。

电子文件保管期限参照《上海电力学院档案馆关于纸质档案保管期限》的有关规定执行,电子文件的背景信息和元数据的保管期限应当与内容信息的保管期限一致。

电子文件形成部门和单位必须将具有永久和长期保存价值的电子文件,制成纸质公文与原电子公文的存储载体一同归档,并使两者建立互联。

电子公文涉密及密级划分按照国家、省有关涉密纸质文件管理和密级划分的有关规定执行。

电子文件归档可采用"远程归档"和"物理归档"两种方式。依托学校校园网平台进行电子文件归档的单位,应采用学校档案馆的档案管理系统进行"远程归档"。也可以通过"物理归档"来实现电子文件的归档。电子文件归档操作一般由形成部门和单位完成;归档后则由档案馆人员进行归档整理,并注明归档标识。

四　结　语

高校档案部门要高度重视,统一思想,充分认识《规定》颁布的重要意义,要认真学习,深刻领会,准确把握《规定》的创新点和深刻内涵;要深入调研,加强沟通,合理科学制订接受范围和工作方案,大力开展档案的接受、收集和征集工作,不断丰富高校档案馆藏,从而保证高校档案馆的档案结构合理,门类齐全,量丰质优,重点突出,特色明显。

参考文献:

[1] 管先海,白桦,田润.解读《国家档案局9号令》.档案管理,2013:44.

[2] 张建国.一个易被忽视的档案安全问题.档案建设,2013:62.

[3] 孙立群,罗婷.推进档案资源建设实现档案强国梦.湖北档案,2013:21.

[4] 邓三根.馆藏建设的方向与途径.中国档案,2013:56—57.

对档案销毁不作为的原因分析及一些建议

上海对外经贸大学　徐玲丽

摘　要: 本文从梳理我国历史上几个朝代的档案销毁工作入手,指出当前档案销毁工作的现状以及销毁工作的必要性,分析销毁不作为的原因并针对性提出一些建议,以期能推动档案销毁工作的正常开展。

关键词: 销毁　原因　建议

档案销毁工作是档案管理的一个重要组成部分,但是从目前档案工作实际情况来看,许多档案馆(室)的销毁工作有名无实,使得大量的到期档案得不到及时鉴定和销毁。档案销毁工作为何难以开展? 本文拟从档案销毁工作的起源入手,分析当前档案鉴定销毁工作中存在的问题,并针对性地提出一些建议,以期能推动档案销毁工作的顺利开展。

一　我国历史上各朝各代的档案销毁工作

档案销毁制度或者说销毁惯例据已有的文献记载最早应该起源于唐代,唐代的《唐律疏议》、《唐令拾遗》等法规典章中记载:"文案不须常留者,每三年一拣除","凡文案、诏敕、奏案及考案、补官解官案,祥瑞、财物、婚、田、良贱,市估案,如此之类常留,以外年别检简,三年一除之"①,说明

---

① 周雪恒. 中国档案事业史. 中国人民大学出版社:北京,2002.174.

唐代已经将档案分为常留和非常留两类,对于常留以外的档案一年鉴定一次,三年销毁一次。

宋王朝《庆元条法事类·文书门》中规定:"诸制书及重害文书,若祥瑞、解官、婚、田、市估、狱变之类长留","诸架阁公案非应长留者,留十年,每三年一检简"。凡需销毁者"中监司差官复讫除之";凡需长留者,移存"别库"架阁,"仍随事朱书,所除所移年月同复官签书"。可知长留与销毁者都要求在原登记簿上用朱笔注销,写明"除""移"年月,并经官差签署。①

有关清朝的档案销毁制度,笔者没有找到确切的史料,但是在查阅八千麻袋事件的有关资料时,笔者注意到一些相关的文字记载:"(内阁大库)由于年积月累,数量愈多,库房不敷应用,曾多次销毁。宣统年间因大库墙壁倒塌修缮。本拟销毁的档案移交学部,造成中国档案史上有名的八千麻袋事件,使大量档案流散社会。"②鲁迅先生于1927年12月著《谈所谓"大内档案"》揭露八千麻袋事件真相,其中提到:"那时的整理法我不大记得了,要之,是分为'保存'和'放弃',即'有用'和'无用'的两部分。"③从中,我们可以知悉清政府对于已无保存价值的档案也有实施销毁之惯例。

可见,对于没有保存价值的档案实施销毁的做法古已有之,且"这种销毁不限于新朝摧毁旧朝的东西,更多的是本朝的主动销毁",④开展档案销毁工作确有其现实意义,但是纵观档案管理的现状,档案鉴定销毁工作开展得不慎理想,不想销、不敢销等不作为的情况大有存在。

---

① 周雪恒. 中国档案事业史. 中国人民大学出版社:北京,2002,216.

② 中国大百科全书档案学分册编委会. 中国大百科全书档案学分册. 中国大百科全书出版社:北京,1993.239.

③ 李兴利. 也谈档案鉴定与销毁——读《谈所谓"大内档案"》有感. 档案管理,2008,(2):44—46.

④ 侯旭东. 史书出史料亡 深省史学观念与历史意识差异. http://book. ce. cn/whfk/200709/25/t20070925_13035069. shtml,2009—02—03.

二　档案销毁工作的现状及其必要性分析

1. 档案销毁工作的现状

"六七十年代,四川省档案馆曾组织人员对所存档案进行鉴定,共区分出建国后短期档案资料 10.65 万卷(册),备销档案资料 4.9 万余卷(册)。这 15.55 万余卷(册)档案资料至今仍占据着整整一个楼层面积达 800 平方米的库房,并由两名保管员专职保管,若按每卷每年耗资 0.5 元计算,每年将耗去 7.78 万余元,其浪费程度是惊人的。"①

即便是到了今天,虽然我国档案事业有了跨越式的发展,但是档案鉴定销毁工作依然举步维艰。有的档案部门对保管期满应该销毁的档案长期不予销毁;有的把该销毁的档案列出清单后变成长期待销档案,步入鉴而不销的怪圈;甚至有些档案部门将销毁制度束之高阁,索性销毁鉴定也懒得做。档案销毁工作中的不作为似乎成为了业界的一种"潜规则",这种不作为直接造成了档案留存率过高,档案数量与存储能力的之间的矛盾正在日益尖锐。我们时常可以听闻某地档案馆建造新馆诸如此类的新闻,大体上也正缘于存在"胀库"的问题才会寻找借口建造新馆来缓和正在日益增长的档案数量与有限的库房面积之间的矛盾。

2. 档案销毁工作的必要性分析

档案之所以要销毁,从档案自身出发,最根本的出发点就是因为这些档案超过原定保管期限并确已失去保存价值。而无价值档案的留存,只会给档案馆(室)徒增人力、物力上的消耗,并将真正有价值的档案淹没其中。我们除了要寻找新的保管场所来容纳日益增长的档案之外,还加大了档案工作人员缺乏效益和回报的工作量,平均分配给其他相对有价值档案的管理力度也会相对减弱。

在纸质文件(档案)管理中,保存空间费用在全部管理支出中占有着相当大的比例。因此美国档案学家波尔认为:只有当文件的价值证明它

---

① 陈忠海.档案鉴定的理论与实践.中国档案出版社:北京,1999.18.

们的确能够补偿保存它们的费用时,才予以保存。为什么美国 95％ 的文件都会被销毁,只留存 5％ 的档案进馆永久保存? 其实最主要是出于成本效益的考虑,在确保具重要价值的那部分档案得到妥善保管的前提下,尽量节省管理成本。正如文件中心设立的初衷是为了节省日益增长的文件数量给办公室带来的巨大开销一样,避免把有限的人力物力分摊给那些失去保存价值的文件,从而使重要的那部分档案得到最佳的管理,这也是实行档案销毁制度的目的所在。

三　档案销毁不作为的原因分析

鲁迅在《谈所谓"大内档案"》中写道:"中国的一切事万不可'办'的;即如档案罢,任其自然,烂掉,霉掉,蛀掉,偷掉,甚而至于烧掉,倒是天下太平;倘一加人为,一'办',那就舆论沸腾,不可开交了。结果是办事的人成为众矢之的,谣言和谗谤,百口也分不清。所以他的主张是'这个东西万万动不得'。"我们在其中似乎可以寻到些档案销毁工作始终无法顺利开展的源头。笔者认为当前造成档案部门在档案销毁工作中不作为的原因主要体现在以下几个方面:

1. 档案工作升级达标中某些评估指标的误导

现在广泛开展的档案馆(室)目标管理、达标升级和认证活动,要求基层单位的档案数量一定要达到一定的数量才能上等级,其考核标准中对于馆藏数量的具体要求,有偏于注重馆(室)藏档案数量的丰富性而忽视档案质量的优劣之嫌;而另一方面,其评估指标也并没有涉及档案销毁工作的具体实施情况。

考核指标对馆(室)藏档案数量的这种硬性约束,无形中影响了档案部门对档案的处置态度,造成了一些机关和企事业单位的档案馆(室)为了顺利达标、升级,只顾数量而不管质量,不仅人为地放宽归档范围和保管期限,将一些无保存利用价值的文件也一并归档,对到期无保存价值的档案也视若宝贝,档案的存"毁"鉴定工作更是被搁置在了一边。在档案馆(室)的目标管理、达标升级的评估与其馆(室)藏量直接挂钩的情况下,出现不鉴定或者鉴定了也不销毁的现象也就再正常不过了。

2. 对于"销毁档案实行缓期执行"的主观认识偏差

根据《中华人民共和国档案法》、《档案法实施办法》的有关规定,为了防止错毁,对已批准销毁的档案除特殊情况外,一般均应"暂缓执行",待保存一段时间后,确认已无利用价值时再行销毁。

这种"暂缓执行"措施的初衷是为待销档案建立一个短期的"回收站",为档案价值的"内在变化及人们逐步认识并作出选择提供了所需的时间和空间,也提供了档案部门接收来自外界的各种反馈信息所需的时间和空间,从而为减少盲目和失误创造了条件"①。然而这种善意的初衷却促使了"回收站"成为了待销档案的长期归宿甚至最终归宿,"缓期执行"等于遥遥无期,"回收站"成为了他们"鉴而不销"的合法挡箭牌。

3. 前期鉴定工作的不扎实

不敢销毁、鉴而不销,归根到底,一个主要原因就是对文件或档案之前所做的鉴定工作不到位,包括一份文件的归档与否,档案保管期限的划分等,一旦前期鉴定存在误差,也就为后面保管期满档案的存毁鉴定工作带来了很大困难,究竟哪些档案应该销毁变得更加扑朔迷离,于是档案工作人员为了避免误销、错销,索性不作为。

而前期鉴定之所以会不到位、不扎实,笔者认为主要有以下原因:

(1)《文书档案保管期限表》标准的模糊性

《文书档案保管期限表》(指的是过去惯用的保管期限表)采用将保管期限分为"永久"、"长期"、"短期"三个档次的划分方法,规定长期是保存16—50年左右,短期保存15年以下,并且用"重要的"、"一般的"、"主要的"与"其他"等字眼来区分档案的重要程度来确定其保管期限,如"方针政策性的重要问题的"、"一般事务性问题的","重大活动"、"一般活动","重要会议材料"、"其他会议材料"等等,如此很难把握这些界限,因此在划分保管期限时就难免因为认识上的偏差而出现误差,这也是档案工作人员在日后的档案销毁工作中存在顾虑的原因之一。

---

① 史习良.待销档案的"回收站"效应.中国档案,2001,(5):30.

（2）部分档案工作人员自身能力有限

从我国目前档案工作的现实出发，档案鉴定工作主要还是由档案工作人员来承担，他们要根据国家档案局以及各专业主管机关颁发的归档范围和保管期限表对文件的立卷归档以及保管期限的划分进行逐件逐份的鉴定。

然而，由于未建立起准入的标准，导致了当前"档案部门的从业门槛普遍较低，各种不具备档案专业知识和技能的人员占据着各级档案机构的众多岗位"[①]。这些人自身业务素质不过关，对于单位的档案工作更缺乏全局性的认识，那么更遑论对归档范围和保管期限的准确把握了。

4. 缺乏对销毁不作为的惩罚细则

《中华人民共和国档案法》第二十四条规定，"擅自提供、抄录、公布、销毁属于国家所有的档案的"，要"由县级以上人民政府档案行政管理部门、有关主管部门对直接负责的主管人员或者其他直接责任人员依法给予行政处分；构成犯罪的，依法追究刑事责任"。

我们可以看到，销毁了不该销的档案需要承担法律责任，而对于不销毁的行为却没有相关的惩罚规定。当误销、错销档案需要承担风险，而不销毁却无人干预的时候，档案人员便会形成档案销毁"不作为"比"作为"更可靠、更保险的心理，作为档案馆（室）就有可能采取不作为的方式来减少工作失误，规避可能会因误销、错销而带来的风险。

5. 单位领导对销毁工作的不重视

《机关档案工作条例》第十七条规定："机关应定期对已超过保管期限的档案进行鉴定……鉴定工作结束后，应提出工作报告，对确无保存价值的档案进行登记造册，经本机关领导人批准后销毁。"《档案馆工作通则》第十四条规定："档案馆对无须保存的档案，必须经过鉴定，并征求有关部门的意见，报请主管机关批准，方能销毁。"

可见，领导在档案销毁工作中扮演着决策者的角色，而误销、错销档

案需承担法律责任。于是出现了这样的现象:档案工作人员对于保管期满的档案鉴定完毕,向分管领导递交鉴定报告,但是关于销毁档案的请示却由于领导惧怕决策失误承担责任而屡屡不能被批准。

其实,对于多数企业而言,分管档案的领导绝大多数是上级指派或者岗位调动,几乎很少有档案科班出身的,作为门外汉,他们对档案工作缺乏本质上的认识,即使存在事业心、责任心很强者,管理档案工作恐怕也是有心无力。另一方面,人事调动也比较频繁,他们本身对档案工作抱着无所谓的态度,对于档案馆(室)是否保存着无价值的档案他们更是认为"事不关己",谁都不想在短短的任期内给自己添麻烦。对于他们而言,在空间充裕的情况下,找个地方给你总比让他担当某个责任好办。于是,档案的销毁工作也就被耽搁了下来。

四 档案部门在档案销毁中不作为的对策

1. 做好销毁前期的鉴定工作

前文提到档案部门对于销毁工作顾虑重重的原因之一就是因为前期鉴定工作做得不扎实,因此要保证鉴定工作的质量,让销毁工作没有"前顾之忧"。此处的鉴定包括归档鉴定、保管期限的鉴定以及保管期满鉴定。

首先,最重要的是要制订符合本专业、本单位的各种门类的保管期限表,不能过于笼统、抽象,让档案工作人员有据可循。档案工作人员要做好文件归档的逐步鉴定工作,严格按照保管期限表的条款划分保管期限。其次,要严格实行档案岗位准入机制,让更多符合职业要求的档案专业人才入主档案岗位,对于身兼多职的档案工作人员,也一定要加强相关的专业培训。如此,不仅有利于提升档案人员的鉴定能力,也在完善馆(室)藏档案质量的同时降低了档案鉴定的难度。

2. 完善升级达标的指标体系

档案馆(室)的目标管理、达标升级活动对馆(室)藏档案数量的硬性要求,部分造成了各档案馆(室)只重数量、不重质量的现象。

那么针对这个情况,有关部门是否可以考虑对升级达标的指标做一些调整。比如说,对馆(室)藏档案的考核以质量为主,数量为辅;比如说,升级达标只考虑馆(室)藏的永久卷。永久卷通常是一个档案馆(室)的精华所在,把升级达标的考核重点放在永久卷可以有效避免档案部门为了达到升级目的,盲目人为地扩大归档范围。此外,也建议把档案销毁工作作为考核馆(室)藏优化的一项重要内容,从而督促档案馆(室)及时做好有关档案的销毁工作。

3. 细化档案销毁的相关规定

现有法律法规中关于销毁工作的惩罚细则只限于擅自销毁一项,笔者认为可以从以下两方面对其进行进一步细化:

针对档案销毁不作为缺乏相应惩罚措施这一项,除了已有的关于对擅自销毁国家所有档案的行为实施处罚的条文外,有关部门还应补充对于该销档案不予销毁行为的惩罚细则,从而在制度上保证销毁工作的正常开展。

此外,当档案部门依照规定的程序和办法销毁保管期满的档案,却由于认识上的偏差销毁了尚有保存价值的档案,那么对于这种合法的销毁行为造成的无主观故意的误销,有关部门是否应对这些可以预见的后果作出相应规定。通过明确销毁档案可能引发的法律责任,有效避免档案部门由于惧怕承担"误销"、"错销"风险而采取的档案销毁不作为。

高校档案鉴定销毁工作刍议

上海立信会计学院　李　益

摘　要： 档案鉴定销毁工作是档案管理不可或缺的环节,目前在高校档案管理实践中,更多的是强调档案的收集与保存,而对于关乎档案存亡的鉴定销毁工作却是谨小慎微。随着高校档案工作的全面发展与档案馆(室)藏的不断丰富,以及进一步加强和优化档案资源体系建设的要求,使得开展档案鉴定销毁工作刻不容缓。本文主要对高校档案鉴定销毁工作开展一些探讨。

关键词： 高校档案　鉴定　销毁

高校档案鉴定销毁工作作为档案工作一项独立的环节,对档案工作的科学发展具有至关重要的意义,鉴定销毁工作与前期的收集、整理、归档、统计、编研、利用等各个环节工作是同等重要的,在高校档案实践中不可轻此重彼。在加强档案资源体系建设的今天,档案的质量是档案工作的生命线,对于一些保管期满或失去保存价值的档案来说,积极地开展鉴定销毁工作是优化档案质量、促进档案资源体系建设的有效措施。目前,由于许多客观因素的存在,高校对档案鉴定销毁工作的重视程度不够,鉴定销毁工作也相对比较滞后,笔者对此作一些疏浅的分析。

一　开展高校档案鉴定销毁工作的必要性

1. 档案系统管理的必要环节

档案鉴定销毁虽然处在档案工作链上的末端环节,但是对于整个档案工作来说仍具有重要意义。档案从形成、利用到销毁是一个完整的生命周期,档案的鉴定销毁工作标志着一个文件生命运动周期的圆满结束,标志着可以腾出更多的人力、物力、空间开始新一轮的档案管理工作。档案鉴定销毁对于保管期满或失去保存价值的档案来说,是一个"优胜劣汰"的过程,少量仍然具有保存价值的档案被甄选出来继续保存,而大量失去保存价值的档案将被淘汰出局,这是一个残酷而又必然的现实。

2. 依法治档的必然要求

《中华人民共和国档案法》第十五条规定:"鉴定档案保存价值的原则、保管期限的标准以及销毁档案的程序和办法,由国家档案行政管理部门制订。禁止擅自销毁档案"。《高等学校档案管理办法》(27 号令)第二十条规定:"高校档案机构应当按照国家档案局《机关文件材料归档范围和文书档案保管期限规定》,确定档案材料的保管期限。对保管期限已满、已失去保存价值的档案,经有关部门鉴定并登记造册报校长批准后,予以销毁"。适时开展档案鉴定销毁工作是贯彻落实各级各类档案法律法规的重要举措和有效途径。

3. 释放馆(室)藏压力的必经之路

随着我国高等教育改革和高等教育大众化的推进,高校办学规模的扩大和办学层次的提高导致高校档案数量与日俱增,惊人的档案增量向相对稳定的高校档案馆(室)藏的容量提出了严峻的挑战。形成这种局面的原因,一方面是档案事业客观发展的原因,另一方面则是因为档案部门在收集档案过程中玉石不分,"有文必档,有档必存"的保守态度使得档案馆(室)藏精华糟粕共存,而且又未能及时地开展档案鉴定销毁,导致有限的库藏空间不能有效利用。因此,优化馆(室)藏资源,给档案鉴定销毁带来了直接的压力。

4. 提高档案质量的有效保证

由于对"丰富馆(室)藏"的片面认识,在档案归档接收过程中,过分注重数量而忽视质量,求量不求质的观念使得馆(室)藏滥而不优,无形之中浪费了管理成本。尤其是在档案信息化管理的今天,馆(室)藏过分泛滥,有限的数字化经费不能保证所有有价值的档案都能进行数字化处理,也会给相对不多的档案人员徒增工作量。因此,适时地开展档案鉴定销毁工作,一方面可以优化馆(室)藏,另一方面可以提高档案质量,有效提高档案信息化管理程度。

二　制约高校档案鉴定销毁工作正常开展的主要因素

1. 过于谨慎保守的档案观念

档案工作被视为一项政治性、保密性很强的工作,因此对于档案的鉴定销毁工作人们一直持有保守、畏惧的态度,一旦档案"进馆(室)为安",就不会轻易地销毁,逐渐形成了"重藏轻鉴"的氛围。此外,档案的收集整理等基础工作没有做好,会有考核机制的制约,而鉴定销毁工作如果没有正常开展,不会因此影响各类考核评比,但是鉴定销毁档案若是出现差错,造成无法挽回的损失,反而要被追究责任。另外,不少高校受到检查评估等标准的影响,偏面地认为馆(室)藏档案数量越大越好,单纯的追求档案的数量而忽视档案质量,使得档案鉴定销毁工作止步不前。正是这么多的思想顾虑,导致档案鉴定销毁工作远远滞后于档案其他工作。

2. 缺乏明确的责任机制

档案行政管理部门、行业主管部门颁布的有关档案鉴定销毁的规章制度过于宽泛和笼统,更是缺乏相应的奖惩政策。各级各类的档案法律法规中,对于档案的鉴定销毁,只是概括性的叙述,并没有详尽具体的规定,比如说,档案的鉴定销毁工作由谁来监管、由谁来实施,按照怎样的标准开展,具体的鉴定销毁周期等等。现行的档案法律法规,对于鉴定销毁的规定比较有限,上级档案行政管理部门和行业主管部门对于档案鉴定销毁的监管和指导力度也不够,使得高校档案部门在面对档案鉴定销毁工作时束手无策。

3. 工程浩大、手续繁杂

就笔者亲身经历而言,档案的鉴定销毁工作可谓是一项浩大的工程(笔者单位曾在 2011 年开展档案资料的鉴定销毁工作,鉴定销毁文件8081 件,筛选 73 件有价值的留存,其余 8008 件按规定程序销毁)。鉴定销毁工作不但前期手续繁杂,整个过程更是耗时费力,为了使鉴定销毁工作更科学准确,鉴定销毁准备阶段要成立专门的领导机构,成员由销毁档案的有关部门及档案馆(室)人员共同组成,牵涉的人多面广;另外,鉴定销毁一般采用直接鉴定法,逐页逐件进行甄别鉴定,让人手不足的档案部门心有余而力不足。

4. 没有足够的历史经验可循

由于高校档案鉴定销毁工作长期被忽视,或许有些单位确实已经感觉到开展此项工作的重要性和必然性,但是苦于没有好的经验可以借鉴,盲目地开展档案鉴定销毁工作很有可能会走弯路,不但费时间,甚至还会中途搁浅。在人员编制极为紧张的档案部门,不可能有很多的时间和精力去贸然行事,只有在丰富的实践经验的支撑下,档案鉴定销毁工作才有可能会开展。

三 开展高校档案鉴定销毁工作的对策

1. 制订细致明确的业务规范和标准

上级档案行政管理部门和行业主管部门应该组织力量深入调研,解剖典型,总结经验,探索高校档案鉴定销毁工作的共性和基本规律,制订出切实可行的高校档案鉴定销毁标准或工作规范,编制合理的高校档案保管期限表,使鉴定工作从组织领导到操作实施都有明确的制度保障,尽量控制鉴定销毁工作的主观意识和人为因素。对现有各级各类档案规章制度中关于鉴定销毁的笼统模糊规定,及时进行补充和完善:增加关于鉴定销毁工作的规定、明确鉴定销毁程序的内容、统一鉴定销毁质量标准、增加关于鉴定销毁工作的奖惩规定、明确档案鉴定销毁工作失职的行政和法律责任等等。

2. 加强高校档案鉴定理论研究

在高校档案鉴定销毁工作蓄势待发,并且逐渐展开的同时,档案鉴定理论研究略显薄弱,已经滞后于正在进行的鉴定工作实际。为了档案鉴定销毁实践能够有章可循,有档案专业的高校应该利用资源优势,结合高校档案工作实际,加强档案鉴定理论研究,更好地指导高校的档案鉴定销毁工作,确保鉴定销毁工作规范化、科学化、标准化。

3. 加强高校档案鉴定销毁工作的组织与管理

一要提高档案鉴定销毁意识,通过各种途径宣传档案鉴定销毁工作的重要性和必要性,在全校上下形成档案鉴定销毁共识;二要把鉴定销毁工作列入高校档案工作的年度计划和长远规划,有步骤、有组织、有保障地开展档案鉴定销毁;三要建立一支专业的鉴定人才队伍,包括专业素养、职业道德、责任心、预测力等方面,档案人员要有高度的政治修养和职业道德,在精通档案基础业务的同时,要有足够的档案鉴定理论功底和甄别档案潜在价值的预判能力;四要设立专门的经费保障,用于档案鉴定销毁工作的实施与奖励,适当鼓励鉴定销毁工作人员的工作积极性;五要把鉴定销毁工作纳入各级相关人员考核范围,制订合理的激励政策,全面调动档案人员的工作积极性。

4. 加强高校档案鉴定的源头管理

在收集归档时的初步鉴定阶段,就要做到高标准、严要求,从源头上把握好档案的"入口"质量关,避免档案库藏过于泛滥,为销毁鉴定工作减轻负担。因此,为保证鉴定销毁工作定期开展,尽量减少不必要的工作量,必须在初步鉴定时,严格控制入库档案的数量和质量,杜绝"档满为患"现象,为销毁鉴定环节"减压减负",确保档案鉴定销毁工作的顺利进行。

综上所述,目前高校档案鉴定销毁工作现状并不尽如人意,甚至可以说是令人堪忧,许多客观的因素制约着高校档案鉴定销毁工作的如期开展。鉴定销毁工作本是高校档案管理过程中的一个重要环节,不能因为其操作有难度而可以忽视不做,从而影响整个档案管理过程的完善。上级档案行政管理部门、行业主管部门及高校档案部门应该齐抓共管、多措并举,积极助推高校档案鉴定销毁工作定期、正常开展,为释放馆藏压力、优化档案质量,有效促进档案资源体系建设而努力。

参考文献:

[1] 李慧云等.谈如何做好高校档案鉴定工作[J].长春理工大学学报.2007,(3).

[2] 熊长青.正确掌握高校档案鉴定工作中的存毁之间的辩证关系[J].南京广播电视大学学报.2006,(3):103—106.

[3] 苏丽涛.高校档案鉴定工作标准化[J].吉林化工学院学报.2005,(5):67—70.

[4] 杨洪云.浅议高校档案的鉴定销毁工作[J].兰台世界.2008,(5):19.

[5] 张桂兰.高校档案价值鉴定研究[J].兰台世界.2009,(24):31—32.

[6] 张群等.高校档案鉴定工作的理念与对策[J].新疆医科大学学报.2009,(7):1017—1018.

第二编　档案数字化与信息化

数字时代的档案资源共享和知识产权保护

同济大学　吴　坚

　　摘　要：本文针对档案资源共享和知识产权保护的各自特点进行分析，阐明两者是辩证统一的关系。探讨了在加强知识产权保护的基础上，更好地开展档案资源共享的措施和方法。

　　关键词：档案资源　共享　知识产权　保护

　　随着数字时代的到来，以计算机技术为核心的信息数字化技术和网络通信技术在档案界被广泛运用，这极大地丰富和发展了档案的收集、整理和利用的方式，为档案资源共享提供了切实的技术支持和保障。以计算机网络通讯技术为依托的档案资源共享，打破了地域和空间的束缚，为利用者享用档案资源提供了极大的方便。同时，它也给我们档案工作者带来了新的课题：如何在数字网络环境下既保护好知识产权人的合法权益，又兼顾社会公众的利益，在知识产权保护和档案资源共享之间寻找合理的平衡点，是目前必须解决的问题。

一　档案资源共享和知识产权保护之间的关系

　　所谓知识产权又称智力成果权，是指公民、法人或者其他组织在科学技术或文化艺术方面从事创造性的劳动所完成的智力成果依法享有的权利的统称。我国现有的知识产权保护方面的法律主要有《著作权法》、《商标法》《专利法》等。

　　档案是智力劳动者在社会实践活动中产生的具有保存价值和利用价值的历史真实记录，它是人类智慧的结晶。档案资源共享指将一定范围的档案机构共同纳入一个有组织的网络中，各档案机构按照互惠互利、互补余缺的原则进行一种协调和共享档案资源的活动。这样既有利于扩大馆藏范围，又能最大限度地满足各种利用者的不同需求。

　　档案资源共享和知识产权保护是既相互矛盾又相互统一的辩证关系。两者之间的矛盾体现在：档案资源共享代表了广大利用者的利益，应最大限度地开放档案信息资源为社会服务。而知识产权则代表了产权人的利益，对属于知识产权的档案的利用范围、程度和时间等方面有一定限制，两者存在着矛盾。如果对知识产权过分保护，就会对档案资源共享过度限制，产生消极的作用。反之，如果对档案资源共享不加限制，又必然侵害产权人的权利。这就要求在开展档案资源共享的过程中及时化解这一矛盾。两者的统一性体现在：(1)知识产权制度刺激了人们智力劳动的积极性，促进、鼓励优秀科学、文化和艺术作品不断涌现，从而为档案资源共享创造了条件。(2)知识产权制度既保护了档案形成者的合法权益不受侵犯，又保障了广大群众获取人类文化知识的有效途径，从而使档案资源共享具有更广泛的群众基础。(3)档案资源共享不仅有助于提高档案的使用率，而且有助于张扬智力劳动者的人身权，对他们的名誉有着不可小视的宣传作用。

　　因此，在实现档案资源共享的过程中不能片面强调某一方，应该正确处理两者之间的关系，尽可能在知识产权法规与制度允许范围内，积极主动地开发和提供档案信息资源，为社会服务。

二　在实现档案资源共享的过程中加强知识产权保护

1. 档案收集应重视知识产权保护

　　档案馆所涉及的知识产权主要是著作权。由于馆藏档案的来源、作者、所有者各异，因而其著作权归属也各不相同。就来源形式而言，有由相关单位按规定移交而来的档案；有档案馆通过征集、交换、购买等手段收集而来的档案;有档案所有者捐赠给档案馆的档案;也有档案馆根据《档案法》的规定或档案所有者的要求代为寄存、保管的档案等。就作者而言,有国家机关、事业机构、企业单位等法人作者的档案;有公民个人的档案;也有作者性质介于两者之间的档案,如个人职务内发明等。从所有权看,有国家所有的档案、集体所有的档案、个人所有的档案等。所有这些差异都决定着档案在著作权归属上的差异。为确保档案利用过程中严格遵循《著作权法》,避免侵权纠纷,档案工作者在档案收集时必须了解档案的著作权归属,将其作为馆藏档案一个极其重要的特征记录在案,在利用过程中按照不同的著作权归属提供可能的利用服务。

2. 档案复制应重视知识产权保护

档案复制的方式有印刷、复印、临摹、拓印、录音、录像、翻录、翻拍等。在数字时代,作品数字化包括文献的上载、下载都被认为是一种复制行为。我国的《著作权法》规定,复制文献属于使用文献的一种,著作权人对自己创作的作品有权决定是否复制或许可他人复制。档案馆在提供复制件作为共享服务时,应注意:(1)为了陈列或保存的需要,复制本馆收藏的档案可以不经著作权人许可,不向其支付报酬,但应当注明作者的姓名、作品名称,并且不得侵犯著作权人依法享有的其他权利。(2)严格把握好需要合法复制的量,虽然《著作权法》没有定量的限制,通常情况下应掌握不超过一份。当复制的数量超过一份时,应注意其用途应属于教学、科研范围且复制的目的没有任何直接或间接的商业利益。除此之外,都要事先取得著作权人的授权,经同意后方可复制,否则就构成侵权。

3. 档案展览应重视知识产权保护

档案是一种重要的教育资源,它以其独特的历史性、直观性和原始性成为宣传教育的重要材料,而档案的教育作用可以通过展览的形式发挥出来。近年来,全国许多档案馆都建立了爱国主义教育基地,开办了各种主题的档案展览,而且多采用名人档案。《著作权法》规定,展览权是指将作品原件或复制件公开陈列的权利。著作权人有权将作品自行展览,也可授权他人展览并获取报酬。因此,档案馆对展出的个人档案一定得先征得著作权人的同意,必要时支付报酬。在馆藏档案中涉及展览权的主要指代管或捐赠的档案。

4. 档案编研应重视知识产权保护

档案编研工作中的史料汇编、编史修志、名人传记、名人书信集等汇编作品实质上属于著作权中所说的演绎作品，即依赖于原作品从事再创作而产生的作品。在编纂过程中编者都付出了不同于原作品的智力上的创造性劳动。对此，《著作权法》规定，编辑作品由编辑人享有著作权。如果事先有合同约定，档案编研成果的著作权也可归属档案馆，同样应受到法律的保护。有一点需要指出，按照《著作权法》第5条的规定，官方文件及其正式译文属于需要广泛使用和传播的作品，不受《著作权法》保护。因此，汇编官方文件，无论是历史档案，还是现行档案，作者对汇编文集整体享有著作权，无须征得许可，也无须付报酬。但作者也无权阻止他人对其入选的文件重新进行编纂。

5. 档案数字化应重视知识产权保护

档案数字化工作的信息来源主要有两个方面：一是接收应归档的电子文件及其元数据。二是对馆藏传统介质档案通过扫描、数字照相、数据压缩等技术手段进行数字化处理，转化成数字化档案文件。由于有相当一部分档案是受《著作权法》保护的，因此在对这些档案进行数字化时，应事先取得著作权人的许可，否则就构成侵权。传统介质的档案经过数字化后，通过网络实现数字化档案信息的发布和传播。数字化档案上网传播必须经过著作权人的授权，没有经过著作权人的授权，是不能随意上网传输的，否则就构成侵权。超文本链接技术是档案馆提供数字档案信息服务的一种常见方式。因为档案馆尚未取得网络媒体传播信息的法定许可权，因此在向利用者提供链接引导时，应慎用加框技术和埋藏链接技术。如果一定要采用这些技术，必须事先获得被链接网站管理员的许可，以免陷入不必要的侵权纠纷。

三 在知识产权保护的基础上，加强档案资源共享

制订知识产权法的宗旨是促进科学、文化和艺术的繁荣和发展。档

案馆作为一个科学文化事业机构,有义务在遵循国家法律法规的基础上,进一步扩大档案资源共享,以满足广大群众的需求。

1. 充分利用"合理使用"原则,开展档案资源共享

《著作权法》第 22 条中规定了 12 种"合理使用"情况。我们可以理解和归纳出档案馆等信息管理机构所享有的权利:(1)以保存馆藏和参考为目的的复制,只要不超过法律规定的数量,应视为"合理使用"。(2)档案馆为利用者提供数字浏览服务亦属"合理使用"。利用者出于非盈利性目的可以阅读、复制档案馆对外开放的档案目录和全文。(3)档案馆借助通讯网络,向利用者提供本馆以外的网络信息,应视为"合理使用"。在数字网络环境下,档案馆对利用者利用文献信息的行为很难控制。由于档案馆是公益事业机构,如发生连带侵权责任,可给予档案馆免责。(4)档案馆因其业务需要向著作权人支付费用应有别于以盈利为目的的商业运作费用。可通过磋商,从"合理使用"这个角度来争取付酬的最大节约度。档案馆可充分用足此类权利,发挥自身职能,实现档案资源共享。

2. 完善知识产权法律体系,确保档案资源共享

随着数字技术和网络技术的飞跃发展,现行的《著作权法》"合理使用"的范围太小,以致使很大一部分公共利益受损,社会公众使用和享受人类智力成果受到限制。制订知识产权法的目的是在保护著作权人利益和公共利益平衡的基础上,促进社会主义文化和科学事业的发展和繁荣。所以,国家有关立法部门要根据社会发展的需要,及时开展《著作权法》的修订工作,适当放宽知识产权"合理使用"的范围,尤其是网上资源、数据库、计算机软件的"合理使用"。把数字化档案的法律效力问题、档案数字化权等问题通过法律明确规定的形式加以解决,以保护信息服务的合法性。只有不断建立健全著作权保护制度,才能使档案馆的信息服务工作做到有法可依、健康合法地进行,促进档案资源共享。

3. 建立著作权集体管理制度,促进档案资源共享

在实现档案资源共享的过程中,往往需要利用很多他人受《著作权法》保护的档案。如果靠单个签订许可合同,一一获得授权的方法很难适应网络时代信息采集的需要。这不仅给档案馆带来巨大的负担,也给广

大用户获取档案信息造成麻烦。《著作权法》原则规定了著作权集体管理组织的管理机制。著作权集体管理组织代表作者与文献使用者签订合同,集体授权,统一收费。通过该中介,文献信息得到了传播,作者保护了自身权益并获得应有报酬,文献使用者也免去了付酬时寻找作者的繁复和困难。但我国目前的知识产权集体管理制度尚不完善,相关职能部门应尽快制订可行性方案和立法保证。这样有利于档案资源共享过程中的信息采集,同时也保障了著作权人的利益。

4. 依靠技术支持,有效化解矛盾,实现档案资源共享

在数字环境下的档案资源共享活动要能够安全开展并且不侵害到知识产权,当务之急是要加强计算机系统的安全防范措施。目前有以下几种技术支持:(1)访问控制技术。这是一种访问者对特定网络资源是否能访问或访问的深度和广度的控制技术,允许用户对常用的信息库进行适当权利的访问,限制随意删除、修改或拷贝信息文件。(2)在网络传输过程中采用加密与数字签字技术,可以确认网络传输文本的真实性,防止文件在网络传输过程中被盗取或篡改,到达目的后再进行解密,即可以得到原来的信息。(3)CA(Certification Authority)认证技术。用户可以通过向版权控制机构申请获得 CA 证书,成为合法用户。如果该用户利用 CA 证书进行非法复制,CA 机构将进行调查和起诉。此外还有网络病毒检测、系统安全检测技术等。这些技术的运用能很好地解决档案资源共享和知识产权保护之间的矛盾,从而最大限度地实现档案资源共享。

数字时代,随着档案资源共享等文献信息服务工作的深入开展,档案馆会面临越来越多的知识产权保护问题。档案馆必须以知识产权保护为背景,使档案信息工作进入良性循环轨道,促进档案资源共享,更加有效地发挥档案信息的作用。

参考文献:

[1] 王晓梅,向立文.数字档案馆信息服务的著作权保护问题探讨[J].湘潭师范学院学报(社会科学版),2007(2):70—71.

[2] 张运.数字图书馆建设中的知识产权保护的对策[J].南京中医药大学学报

（社会科学版），2007，（1）：33.

[3] 陈琦.数字时代的文献资源共享和知识产权保护[J].图书馆学研究 2004，（5）：68—70.

[4] 陈智兵.浅议知识产权保护与档案资源共享[EB/OL].中国档案学研究 2005—05—24.

浅议数字时代档案管理的变革与创新

上海对外经贸大学　徐玲丽

摘　要：本文立足空间观视角，从"馆库形态"、"馆藏来源"、"工作空间"、"服务阵地"几个方面分析了数字时代档案管理面临的空间变革，提出应通过理念的革新和管理的创新，实现从平面管理到立体发展的跨越。

关键词：数字时代　空间观　立体发展　变革

一　新环境：数字时代的来临

"从 20 世纪 60 年代微电子技术开始在生产制造业中得到广泛应用、80 年代初个人计算机出现并迅速普及、90 年代电信技术因为数字化而出现革命性变化、到互联网的出现和爆炸式增长普及，这些彻底改变了人类信息交流的手段和环境，把人类社会带入了信息化时代。"[1]信息化时代，通常也被称为计算机时代或者数字时代。

随着信息技术深入到社会生活的每个方面，档案管理也随之迈进"数字时代"。首先，便是引导了"从纸质记录向电子化记录的重大转变"[2]，贯以纸质为主要载体的档案进入一个崭新的时代，转而以数字的形式被记录、被保存、被传递。档案载体的这种历史性变迁，不仅仅是一场技术革新，更动摇了长期以来沿袭下来的一整套已经相当成熟、稳定的档案工作模式，如何将档案最为原始、神圣的使命和最为先进的数字技术融合起来并完成理念的革新和管理的创新，已成为当前档案界人不得不面对的现实问题。

二　新变革：空间概念的突破

覃兆刿先生的《中国档案事业的传统与现代化》第七章在谈到现代档案职业观时提出了"空间观"的概念，他认为可以从两方面去理解"空间观"，"一是档案资源的贮存空间，一是档案工作者的活动空间"[3]。

数字化和网络化则颠覆了原来的空间概念，使得档案管理的空间整体性在内涵、形式上都发生了巨大变化，物理空间、功能定位以及档案信息的记录、保存和传递的方式都面临着全新再造。

1. 馆库形态

传统档案馆的运行依托于实体建筑，大部分工作都局限在档案馆这一物理空间中展开，档案馆与档案馆之间、档案馆与其他信息管理部门之间无法做到资源共享，成为一座座独立性较强的信息孤岛。而在数字化环境中，主要"依赖数字化技术，对传统档案馆馆藏文字、声音、图像等进行数字化，并对这些数字化档案信息进行存储、传输和处理，在网络化环境中被本地和远程用户存取。"[4]并在此基础上"将分散于不同载体、不同地理位置的信息资源通过网络相互连接……成为跨馆、跨地域的分布式信息共享系统。"[5]数字时代的档案管理，实际上打破了有明确物理空间界限的档案馆库的既有形态，建立起了一个无形的信息组织与利用的环境。"使得以往主要以行政管理方式实现的整体性，转变为主要以业务上网络数字档案资源逻辑链接形式实现的整体性"[6]。

2. 馆藏来源

档案馆的传统馆藏主要由纸质档案以及少量缩微品和磁性载体的档案构成，一般通过接收、征集、购买等形式收集而来。数字化背景下的馆藏构成，不仅包括实体的馆藏资源，还包括大量通过馆藏档案的数字转换、电子文件的收集以及网络信息资源的收集和捕获而来的文本、图形、图像、声音、视频等。随着电子文件的大量产生，档案载体形式逐步由纸质一统天下向计算机可以识别的电磁介质转化，文件被大量地存储在光盘、软盘上，磁介质、光介质等将成为数字时代馆藏档案的主要载体形式，呈现出载体形式的丰富性、收集方式的多样性和来源空间的广泛性等特点。这些数字馆藏依托于档案馆的传统馆藏之上，成为档案馆传统馆藏的合理扩充，实现了"物理空间"和"逻辑空间"的巧妙结合。

3. 工作空间

档案馆的传统工作内容基本可以概括为收集、整理、鉴定、保管、统计、检索、编研、利用八大环节。数字化背景下的档案工作内容则有着更为丰富的内涵和更为广阔的工作平台。就工作内容而言，除了完成传统的日常工作之外，还包括利用计算机技术对馆藏重要档案进行数字化，电子文件的接收进馆，网络信息资源的收集、组织、开发等。就工作平台而言，正如国际档案理事会电子文件委员会 1997 年制订的《电子文件管理指南》（草案）所说的要在"文件形成前采取行动"，为了确保电子文件的内容、结构、背景三位一体的完整性，需要档案部门运用"前端控制"和"全程管理"的思想来"干预"电子文件的设计、指导电子文件的管理。实际上是通过档案工作重心的前移，搭建起一个文档一体化的网络平台，从而实现了档案工作空间的拓展和延伸。

4. 服务阵地

档案馆的传统利用服务工作受到馆库实体的空间限制，利用服务基本局限于档案馆内。随着档案形态逐渐从纸质向数字形式的过渡，档案利用方式逐渐从过去档案实体的传递过渡到档案信息的传递，从过去复杂的手工查找过渡到计算机存储基础上的便捷检索甚至是网络终端的自助服务。技术的革新拓展了传统资源的分布空间和利用空间，有效解决了档案信息的分散性和利用需求的系统性之间的矛盾，大大缩短了档案信息传递的时间并拉近了档案馆与用户之间的距离。当前，档案部门正在努力建设成为"档案安全保管基地、爱国主义教育基地、档案利用中心、政府信息查阅中心、电子文件中心"（五位一体），以及"覆盖人民群众的档案资源体系、服务人民群众的档案利用体系、确保档案安全保密的档案安全体系"（三个体系）。在网络档案信息资源共享的理念下，档案馆的服务目标将转向更广阔的社会用户，其服务范围以及社会作用空间将得到更大的拓展。

三　新发展：从平面管理到立体发展

数字时代作为经济全球化这一时代背景的产物，依托于网络社会的崛起，单一的管理思维、简单统一的管理方式、内向封闭的管理文化，已无法满足日益复杂和快速变革的时代需求，如何适应空间观念的根本性变革，在档案管理中引入多元化的发展思路，实现从平面到立体的转变，将会成为数字时代档案管理发展新的突破点和增长点。

1. 合作共享——横向联结

"技术的进步要求从分散走向集中、从部分走向整体，从破碎走向整合"[7]，正如"美国、加拿大、澳大利亚、英国等国家将国家档案馆与图书馆、政府新闻网、文件中心、学术团体等有机地结合起来，形成庞大的国家信息资源体系，提供全方位、多功能的在线服务"[8]，数字时代的档案馆建设，不仅仅是自身数字资源的建设，还要求不同地区、不同单位、不同种类信息资源的整合和共享。

一方面档案馆要加快建设以自身数字化资源为主的服务平台，致力于使自身成为区域档案资源共享的重要组成部分；另一方面要克服长期以来各自为政的封闭型管理模式，建立起基于共建基础上的档案信息资源共享机制，包括不同地区同类机构的资源整合，如民生档案的"就近受理、协同出证"；以及不同机构同类资源的整合，如电子政务平台的资源共享。

需要指出的是，当前档案数字化建设缺乏完整、科学的标准体系，相应软硬件设施存在较大差异、相关管理系统缺乏统一标准，导致档案信息资源互联共享遭遇瓶颈，无法切实发挥信息化的综合效应。因此，"合作共享"的前提必然是加强顶层设计，通过宏观层面的整合和协调，确保数字档案信息资源的互联互通和共享共用，避免重复建设造成的资源浪费。

2. 需求互动——双向交流

一般而言，社会对档案信息的需求主要"表现为三个方面的层次需求,即社会科研与技术开发创新层面的档案信息需求、社会管理与生产层面的档案信息需求、社会文化普及与日常生活层面的档案信息需求"[9]。

现代技术的发展为档案利用提供了更为广阔的空间,档案利用的主体、范围、方式以及需求都发生了很大改变,更为明显地呈现出社会化的特点。而传统意义上的档案利用服务属于"阵地式"的服务方式,即停留在"要什么,找什么"的阶段,在"信息"意义上呈现出行为的单向性。随着用户获取信息的能力和范围得到增强和拓展,档案利用需求的逐渐立体化,档案馆更应注重加强档案利用服务的"双向性"和"互动性",不仅要分析用户的利用行为,也要收集用户的反馈信息,充分了解档案利用需求的发展规律,将有助于对用户未来利用趋势的分析预测,提高服务的针对性和有效性,进一步促进对档案的广泛利用,建立起档案部门的长效服务机制。

3. 开发利用——纵深挖掘

档案的价值在于利用,而价值在多大程度上得到体现则取决于利用主体即档案用户利用需求的满足程度,如何创建数字时代档案服务方式不可替代的独特性已成了新时期档案馆面临的重大挑战。

数字时代档案的载体与内容的关系发生了改变,档案管理的重点也从管理实体转变为管理信息内容。在知识管理理念的观照下,档案管理实际经历着一个从"实体管理"到"信息资源管理"到"知识管理"的发展过程,而当前的"档情"仍然处于第一阶段到第二阶段的过渡时期(即从"实体管理"过渡为"信息资源管理"的阶段)。档案部门作为档案信息的终端集聚场所,应加强档案信息资源的纵深挖掘,在传统实体馆藏档案信息资源的建设和开发基础上,在确保档案信息安全的前提下,对海量的数字档案信息进行筛选、组织和整合,充分促进网络环境下档案信息资源的开发与广泛利用,从而最大限度地实现档案价值。

数字时代的档案管理应是传统服务模式上的一种创新和拓展,我们既不能抗拒新技术给档案管理带来的变革,同样也不能放弃对于传统档案管理理论、方法的运用,我们需要踏实做好纸质时代与数字时代的档案管理在理念、方式上的共融与衔接,探索新时期档案管理更为广阔的发展空间。

参考文献:

［1］［美］阿尔费雷德.D.钱德勒.信息改变了美国:驱动国家转型的力量.万岩,译.上海远东出版社:上海,2008.

［2］陈水生.新公共管理的终结与数字时代治理的兴起.世界经济与政治,2009,(4):100.

［3］覃兆刿.中国档案事业的传统与现代化.中国档案出版社:北京,2003.

［4］李爱华.浅谈数字档案馆建设.山东档案,2007,(2):35.

［5］潘连根.数字档案馆的定义及特征——数字档案馆研究之二.浙江档案,2004,(4):8.

［6］丁海斌.档案工作空间论.档案学研究,2011,(2):18.

［7］竺乾威.公共行政理论.复旦大学出版社:上海,2008.

［8］刘舜全.数字档案馆的几点构思.福建档案,2001,(4):8.

［9］程栋梁.浅谈社会档案信息需求规律及影响因素.档案与建设,2007,(11):12.

智慧校园框架下的智慧档案馆建设初探

上海交通大学档案馆　李　娟

摘　要： 智慧校园的发展，为档案馆的新一轮革新创造了契机。智慧档案馆在智慧校园框架下，借助云计算、大数据的手段，整合档案数据资源，改善信息服务模式，构建信息智能、资源共享的新型档案馆形态。

关键词： 智慧校园　智慧档案馆　大数据

一　智慧校园——高校信息化的新机遇

高校信息化始于上世纪八十年代，经过多年的数字校园建设，高校信息化水平已经大大提升，教学、科研、财务、资产、档案等高校主要业务领域都完成了一系列信息化建设。近年来随着云计算、大数据、物联网、移动互联、社交网络等新型信息技术的快速提升和广泛应用，高校信息化已经进入了新的阶段——智慧校园时代。

当前业界普遍接受的智慧校园定义来自清华大学蒋东兴教授，即"智慧校园是高校信息化的高级形态，是对数字校园的进一步扩展与提升，它综合运用云计算、物联网、移动互联、大数据、智能感知、商业智能、知识管理、社交网络等新兴信息技术，全面感知校园物理环境，智能识别师生群体的学习、工作情景和个体的特征，将学校物理空间和数字空间有机衔接起来，为师生建立智能开放的教育教学环境和便利舒适的生活环境，改变师生与学校资源、环境的交互方式，实现以人为本的个性化创新服务"。

相比于传统的数字校园,智慧校园有以下主要特征。

1. 互联网络高速泛在

数字校园的发轫正是源自校园网络建设,智慧校园比数字校园更加强调移动互联。智慧校园时代不仅关注人与人之间的连接,还关注人与物、物与物之间的连接,物联网技术的快速发展,为智慧校园提供了基础。智慧校园对信息及时性的要求也大大提升,实时反馈、随时随地智能服务的能力,都要求高速泛在的互联网络。

2. 智能终端广泛应用

移动设备近年来得到了爆发式的增长,在校园内日益普及,已经具备了随时随地的计算、信息获取与感知能力,人与物之间的互动也已经不再是遥不可及的幻想。各种智能感应技术,如重力、温度、红外、体态、压力、位置、光线等,也已经得到了广泛应用,原来只能靠感性描述的校园环境和活动,已经可以在智能感应的基础上形成定量的数据描述,为智慧校园建设打下了坚实的基础。

3. 团队协作便利充分

智慧校园时代需要有意识的大规模协作,便利的团队协作包括统一通讯、日程共享、团队协同等。统一通讯为师生提供了统一集成、多渠道、多模式、多终端的通讯服务;日程共享将各类资源、活动、信息按照时间的线索组织,提供个性的集成日程展示;团队协同提供交流与协作工具,师生们可以充分地共享知识、协同工作。

4. 集体知识共生共荣

在智慧校园的框架下,需要建构一个知识系统,使高校内的各种信息通过获取、创造、分享、整合、记录、存取、更新、创新,在这个知识系统中不断地循环和反馈,累积为集体知识、集体智慧,提升整个校园的智慧水平,实现集体知识共生共荣,推动高校的知识创新。

5. 业务应用智能整合

相较于传统的数字校园,智慧校园要从业务分割、相对封闭的信息化架构向开放、整合、协同的信息化架构发展,需要基于云计算、大数据等技术,实现海量数据的存储、计算与分析,并以此为基础,提升决策支持的能力。

6. 外部智慧融会贯通

高校在当今社会,特别是数字视角下的社会中,不是孤立的,越来越需要和外部世界融会贯通,需要外部世界的支持来推动学校的可持续创新进程。随着互联网的高速发展,"外部智慧"也得到了飞速提升,高校需要从外部智慧中发现技术进步发展的趋势、经济社会发展趋势,甚至教育变革的发展趋势,并将之融入高校的发展规划,保证高校的可持续发展。

二　智慧档案馆——高校档案馆发展的新形态

档案,不仅是人类智慧的沉淀,更是智慧启迪的引擎。上至国家的发展战略、城市管理模式,下至高校的发展规划,都离不开档案,特别是信息化快速发展的今天,档案的公共服务性和社会管理性就显得更加重要。

作为档案信息化建设的核心内容,在智慧城市、智慧校园等智慧生态快速发展的环境下,档案馆正在从当前重视馆藏档案资源数字化管理的思维,向档案馆全面信息化管理的智慧模式转变,智慧档案馆已逐渐代替传统的数字档案馆成为档案界最前端的理念。数字档案馆是将传统纸质档案数字化处理并保存,通过电脑、网络提供查询和利用,是一次档案信息脱离载体的解放;智慧档案馆作为档案馆发展的新形态,通过云计算、大数据、物联网等新技术实现对档案信息及其载体的智慧管理,对档案利用者的智慧服务,从而构建档案馆管理与运行的新形态、新模式。这种转变不仅出自档案管理理论和实践本身的发展需求,更有来自社会变革、服务演进的深层次需求。数字档案馆和智慧档案馆的本质区别包括以下三个方面。

1. 硬件设施

传统高校档案馆馆舍和库房的建造一般采用安防、门禁等监控系统进行环境安全控制,出现事故后由人工进行事后检查和分析。在档案库房中,一般沿用传统加湿器、空调等温湿度控制手段,对库房进行环境控制。智慧档案馆可以采用物联网感知技术对档案馆馆舍内外环境进行全面改造，收集并整理各种实时信息，依托智慧校园集成的校园管理网络，将馆舍外的行人交通流量以及库房内的温湿度变化以数据的形式汇总并分析，以数据为依据建造最节能、环保和智能的智慧档案馆。

2. 软件服务

数字档案馆时期，高校档案馆致力于馆藏资源数字化以及新增归档文件的电子化，通过开发各种档案信息管理系统对档案资源进行安全管理和信息检索，并将这些电子化的档案信息提供给利用者。智慧档案馆在管理这些电子化档案信息的基础上，以智慧校园的云服务中心为主，档案馆的计算机网络设施为辅，将档案信息保存在云端，一则确保信息的安全备份，二则也能提供异地档案查阅服务。

3. 人员队伍

数字档案馆依托各档案管理系统，要求档案管理业务人员熟练掌握使用计算机和档案管理系统，具备较高业务素质。智慧档案馆对领导到行政管理人员、档案管理和 IT 服务人员提出全面的要求，重点加强 IT 服务部门人员的档案专业服务技能和档案管理人员的 IT 技术技能的培育和提升，以这支技术队伍来保障智慧档案馆优质、高效、便捷的运转。

三 智慧校园中的智慧档案馆

相比于传统的数字校园，智慧校园更加强调物理校园与虚拟校园的融合，为了实现这种融合，智慧校园建立了以大数据为核心，以智能感知为媒介，以智慧应用为依托的智慧校园信息化支撑平台。

智慧档案馆的发展也离不开智慧校园的发展，在智慧校园框架下的智慧档案馆建设需要着重考虑以下问题：

1. 合理利用云计算、大数据等新兴信息技术工具

和传统的数字校园、数字档案馆相比，智慧校园、智慧档案馆是一个更加开放、整合、协同的信息化架构，正需要云计算技术所提供的可动态配置资源、高可扩展性、按需服务的模式。和智慧校园架构中的其他组成部分相比，档案馆是信息的高度聚集地，传统的信息处理技术还

不足以将这些信息的价值充分释放出来，云计算、大数据等新兴信息技术的飞速发展，正是这些信息价值得以展示的最佳时机。大数据技术最核心的机制在于对海量数据进行存储和分析，智慧校园需要智慧档案馆基于这些海量数据分析感知校园、展开智慧的应用，云计算和大数据已经向我们提供了强大的技术支持，如何对档案馆中的海量数据组织、建模，正是智慧档案馆建设中的核心问题。与此同时，站在智慧校园的平台之上，如何利用云计算、大数据手段对馆藏档案资源进行智能化管理和分析，把庞大档案资源的最大价值体现出来，也是摆在我们档案人面前的首要课题。

2. 充分整合档案信息资源建设智慧档案馆

无论是智慧校园，还是智慧档案馆，都要求架构更加开放，业务系统更加灵活，以适应业务中的改变。现有的数字档案馆建设中，许多异构系统之间的数据仍然使用各自独立的数据模式、元数据模型，将相对独立的源数据集成在一起通常需要大量的工作。随着智慧校园的发展，信息建设的深入，不同应用之间的功能界限正在变得越来越模糊，随之带来的全校甚至全社会的信息整合正在变成可能。智慧档案馆将在智慧校园的框架之下，集成全校教学、科研、行政等方面的完整信息，以数据无缝对接的方式合理共享这些信息，不仅将繁琐的档案征集工作变得简单便捷，而且提高了档案信息的完整性和准确性。这些档案信息进入档案馆数据库可以丰富和补充馆藏档案，并向用户提供最即时的档案信息服务。

3. 智慧档案馆的建设应该更多地体现人性化、精细化的智慧特征

智慧档案馆要求不断增加馆藏资源的深度和广度，持续性地提供越来越人性化的档案服务，增进档案管理的精细化程度，以体现更多的智慧特征。在档案征集过程中，需要在已有工作模式积累的基础上，借助云计算和大数据手段获取档案资源，以更加全局的视角全面、深入的收集档案，为智慧校园、智慧城市等智慧生态提供更加扎实的知识积累；在档案管理过程中，应当利用智慧档案馆提供的软硬件设施，对馆藏档案进行精细化管理，提高管理效率；在档案利用过程中，必须提高信息获取的便捷度，借助云技术手段使异地查阅变得安全和准确，大大降低利用者的阅档成本；在

档案传播过程中,智慧档案馆将以依托智慧校园框架,把档案以丰富多彩的方式呈现出来,通过分析用户兴趣需求来实现主动推送的可能。

四　结　语

在信息化技术和服务理念日新月异的今天,档案信息化的步伐已经无法停滞。智慧校园的发展,不仅为智慧档案馆提供了机遇,也提出了很多挑战。智慧档案馆如何借助智慧校园所搭建的信息高地这一平台,将自身所潜藏的信息价值充分地发挥出来;智慧档案馆的发展如何更好地支撑智慧校园建设,"反哺"智慧校园的数据构建,这些问题不仅是高校档案馆界的重要课题,也是高校信息化领域的热点。

参考文献:

[1] 蒋东兴,付小龙,袁芳,吴海燕,刘启新.大数据背景下的高校智慧校园建设探讨[A].中国高等教育学会教育信息化分会.中国高等教育学会教育信息化分会第十二次学术年会论文集[C].中国高等教育学会教育信息化分会,2014:7.

[2] 彭小芹,程结晶.云计算环境中数字档案馆服务与管理初探[J].档案学研究,2010,06:71—75.

[3] 薛四新,杨艳,袁继军.智慧档案馆概想[J].中国档案,2015,07:56—58.

[4] 徐晓屏."智慧"档案馆——"云"时代数字档案馆发展趋势展望[J].山东档案,2013,06:15—17.

[5] 李江瑞,郑勇.云技术在高校档案馆中的应用[J].兰台世界,2015,29:107—108.

[6] 刘伟谦,李华莹.云计算在档案馆中的应用模式初探[J].档案学研究,2012,02:73—76.

档案信息化标准体系的建构

上海电力学院档案馆　谢兰玉

摘　要：档案信息化建设进程中，标准体系建构任重而道远。标准体系的现状及其重要支撑规范作用决定了标准体系构建的必要性。全面分析标准体系的作用、环境、模型以及框架为体系的构建提供一定可能，推动我国档案信息化建设向标准化、规范化转型。

关键词：标准　标准体系　档案信息化　建构

一　档案信息化标准支撑

标准是人们为某种目的和需要而提出的统一性要求，是对一定范围内的重要性事务和概念所做的统一规定[1]。档案信息化建设作为一项复杂的社会工程，涉及项目管理、技术应用和业务运行等方方面面，缺乏标准的规范和支撑，整个工程将成为一盘散沙，信息化进程将十分缓慢。标准体系的构建，有助于实现信息化建设各模块的互联互通，实现信息资源共享和业务协同。档案信息化标准体系则是指"将规范档案信息化建设的各个流程、环节的标准进行有机统一而形成的一个具有内在联系、功能得到最大发挥的标准有机整体。"[2]档案标准体系与档案信息化建设相辅相成、相互促进，科学处理两者关系，实现1+1＞2这一效果，从而推进我国档案信息化建设进程。

档案信息化标准体系的构建是信息化大环境的需要，是改变我国国标、行标并行存在各自为政现状的关键，是充分发挥已有标准功能价值的手段，更是突破时空地域限制真正实现资源共享的途径。综上可得出，标准体系的建构是档案信息化建设的重要支撑和保障，是档案信息化规范管理、高效有序运行的基础和条件，是档案信息化建设不可缺少的组成部分。档案信息化建设只有在标准体系的指导下才能有序有效进行。

二　档案信息化标准体系的建构

信息化建设是一项长期的社会系统工程，涉及管理、技术、项目等多个领域，这些不同的领域都有各自的标准规范，要构建一个信息化标准体系就必须将这些标准维进行有序整理，形成一套完整的结构框架。笔者认为，构建标准体系需要熟悉信息化标准规范的内部外部环境，了解国内外标准规范建设的现状，架构起我国的标准体系模型，全面剖析标准体系运行规律，从而推动标准体系的实施运行。

1. 建构环境

我国档案信息化建设标准体系构建的环境可以从外部环境、内部环境分别进行阐述。首先，外部环境是指国家的政策法规所营造的鼓励推动或者阻碍抑制的氛围。进入信息经济时代，我国高度重视档案事业信息化建设。"十五"《全国档案信息化建设实施纲要》中明确提出在"十五"期间拟制修订档案信息化标准规范 18 个；而在《档案事业发展"十一五"规划中》则指出"十一五"期间档案部门的主要任务之一就是要进行档案信息化建设，标准体系作为档案信息化建设的弱项，理应加强重视[3]。在积极推进档案信息化建设这一政策宗旨推动下，我国国家档案局和各级各地档案部门积极开展了国际、国内、行标以及地方标准的制订与修订工作，出台了不少规范档案信息化的标准，如《电子文件归档与管理规范》。综上可见，国家重视档案信息化建设并有相关政策鼓励推动，外部环境是有利于标准体系的构建的。

档案信息化标准体系既涉及档案类标准，管理类标准，还涉及了技术类标准、信息化标准,这些领域的标准状况就构成了标准体系的内部环境。简而言之,就是通用标准与专业标准的整合互通。通用标准包括信息化建设的总体性、框架性、基础性的标准规范[4],专业标准则是符合档案专业具体情况、具体指导规范档案信息化建设的标准,二者关系图如下:

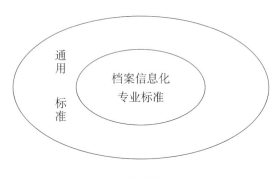

标准环境图

我国档案学科发展历史较短,信息化建设更是进程缓慢,档案信息化相关的专业标准虽然有一定数量基础,但是整个档案领域标准缺乏通用性、相容性、共享性,标准运行模式不够科学完善。通用标准主要是指可供档案信息化标准体系借鉴的管理领域以及技术应用领域的标准规范,通用标准的基础比专业标准基础要扎实得多。首先是技术应用领域。档案信息化作为社会信息化的一部分,必然离不开各种技术的应用,从网络设施到操作系统,从数据库到资源共享,从元数据到编码保管,这些都需要技术的支撑。这一领域出台的标准有《城市空间信息网格基础数据规范》、《信息系统安全测评规范》、《信息化技术标准和管理规范》等。其次是管理领域,档案工作具有管理性,档案信息化中的前端控制、前程管理、追踪管理显得尤为重要,关乎到信息化建设整个工程的真实性、完整性。管理领域的标准规范已经形成了体系,有计划管理体系、质量管理体系、财务管理体系等等。档案信息化标准体系的构建可以考虑借鉴技术领域和管理领域的标准规范。

2. 标准现状

从整体以及趋势上来说,我国档案信息化标准体系是呈建立健全逐步完善的态势,但现状有待于改善。首先,我国档案信息化标准体系有待整合完善。当前我国标准体系存在应急性、盲目性、被动性,缺少总体规划和监督管理,国际标准、国内标准、行业标准、地方标准同时存在并且各自为政的局面极大阻碍了标准体系的构建,影响着标准规范的功能发挥。其次,我国自主研发能力不足,无法掌控重要技术和标准的自主权,容易处于被国外标准规范牵制的境地,这对我国的信息化建设是极为不利的。最后,我国档案信息化建设综合人才、专业人才匮乏,没有形成专有的人才队伍。因此建设一支专业扎实、技术精良、综合素质高的人才队伍对信息化建设迫切需要[5]。

从我国不断学习借鉴国外标准经验就可得知,国外的信息化标准体系还是比较健全的,有自身各方面的优势。为了保障信息化建设的有序持久开展,国外颁布了一系列法规标准对信息化建设的各个方面进行统一规范,消除标准孤岛,防止各部门单位各自为政,标准混乱。但是任何标准规范的出台都是经过了层层验证,通过各种方式确保了标准的可操作性、可适用性,方才在领域内推广使用[6]。因此,我国档案信息化标准的制订需要进行深入的具体的分析研究,结合我国国情,综合考虑我国信息技术标准现状,如此建立的标准体系才能真正规范信息化工作。

3. 体系构建

档案信息化标准体系涉及很多方面,我们可以从横向纵向两个视角进行探析,解剖标准体系结构。横向方面即建立档案信息化标准体系模型框架;纵向方面即全面分析各个层次的标准类型,挖掘不同标准的功能意义。档案信息化标准体系的构建不是一朝一夕的事情,需要综合考虑国内外标准水平、标准体系环境,使标准尽可能地符合国情行情;还需要深入剖析标准体系内部结构,全面掌握标准运行的各个方面。

档案信息化标准体系有着自身的结构框架,为了更形象地表现出标准体系的各个部分,笔者根据印度魏尔曼最早提出的标准体系三维结构思想,结合所学理论,参照国内其他领域现有标准体系框架模型研究成果的基础上,构思了以下档案信息化建设标准体系模型:

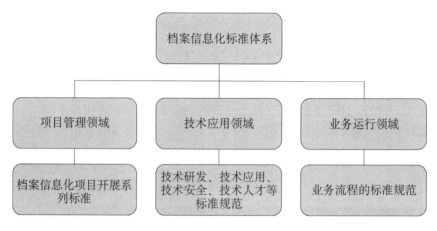

横向标准模型图[7]

关于这个模型的具体阐述如下：

在这个档案信息化标准体系模型中，项目管理、技术应用、业务运行贯穿这个信息化过程，每个领域的标准侧重点不同，但最终目的一致，那就是确保每个领域科学有序长久开展，共同支撑起档案信息化这项复杂工程。项目管理为档案信息化建设提供科学管理模式，进行全程监控；技术应用为档案信息化建设提供科技保障，一定程度上决定了信息化建设的广度和深度，推进信息化的关键就是技术的科学应用，技术应用程度代表了信息产业的发展水平；业务运行是具体化微观化的项目活动，将项目管理模式和各项技术落实到整个工程。这三个领域是相辅相成、互相促进的辩证关系，只有站在标准化、规范化的基础上，三者方能发挥最佳效果，创造最大整体效益。

（1）项目管理领域

档案信息化建设工程中的项目管理领域主要是指整个信息化建设的总体规划、前端控制、全程监控、绩效反馈以及项目改进完善。整个过程需要标准的指导规范，这个领域的标准更多的是宏观性质的标准。必须是对档案信息化建设总体性、框架性、基础性的标准，如档案信息化标准体系表、电子文件名词术语等等。

当前我国档案信息化的项目主要有电子政务、数字档案馆、档案信息资源整合，这些项目的管理主要涉及网络环境、物理环境、信息服务三个层次的运营管理,项目管理标准就是为确保档案信息化建设各个项目运行质量的标准,为项目提供应用规范。

（2）技术应用领域

技术应用领域所探讨的不仅仅是狭义的技术,还包含了技术的各种外延,有技术的研发、资源管理、信息安全、软硬件系统、人才培养以及信息化基础设施。信息技术涉及范围很广,不仅是关键技术,还有每个运行流程中具体的技术操作。在电子时代,档案信息依然具备真实可靠性,主要就是依赖于档案信息管理流程的可靠性,规范化的业务流程保证了各种档案信息的完整性和真实性。信息化环境下的档案管理同样是基于文件生命周期理论、文件连续体理论,技术上的应用为这些理论的践行提供了条件。

技术应用领域的标准主要是档案信息化建设所需的各种技术规范。当前我国技术方面的标准大多实行拿来主义,即参照借鉴国外先进标准体系,拿来主义存在一定利弊。能够在短期内解决各种技术低水平、技术标准混乱等现实问题,但并非长远之计,引用国外标准很有可能导致标准控制权的丧失。因此核心技术的自主研发、技术人才的培养成为我国信息化建设的重中之重,只有这样,我们才会真的创造属于我国的技术领域。

（3）业务运行领域

这里的业务运行领域是指在信息化环境下的档案业务,而非传统意义上的档案管理。信息化环境中基本环节并没有发生变化,同样有收集整理、保管利用等环节,只是各种技术的应用进一步拓展了档案业务的范围,大大提升了管理效率,更深层次挖掘了档案信息的价值。电子时代的前端控制思想、全程管理思想将文件管理与档案开发紧密联系在一起,最终业务运行可细分为管理规划与前端控制、归档、整理、存储与保管、利用、处置、过程记录与统计分析[8]。

业务运行领域中的标准应该包括电子文件交接、鉴定、统计等各种规范,不同的业务环节有不同的标准规定,共同保证业务流程的顺畅有序。

档案信息化标准体系是一个动态发展的过程,需要与时俱进,不断补充完善体系内容,档案信息化标准体系同样是涉及多个领域的复杂结构,既要关注科学技术的更新发展,同时也应注意管理理论与档案实践的结合,使标准体系符合国情行情,真正推动档案信息化建设。

以上模型三个领域共同形成的空间就是标准实行的范围,在这个范围内,从纵向分析,我们还可以得出标准的层次性、多样性,这些标准在每个领域模块都涉及。主要有总体标准、信息资源标准、应用系统标准、信息安全标准、基础实施标准以及其他管理标准[9]。这些纵向的具体的标准,相对于横向研究凸显整个信息化建设工程的复杂以及横向模型的抽象复杂而言,更能体现标准体系的层次性,这些具体类型的标准也易于人们拟定施行。我国制订的总体标准有《档案信息化标准体系表》《电子文件名词术语》《数字档案馆名词术语》等;信息资源标准有《关于电子文件的统一标示符规范》《各种元数据规范》《机读目录格式》等;应用系统标准有《档案管理系统开发与设计指南》《档案管理系统评估标准》《档案数字化系统功能规范》《电子文件管理系统文件接口规范》等;信息安全标准有《档案信息安全管理规范》《数据加密算法》《电子签章和水印使用方法》等;基础设施标准则有《档案馆信息化基础设施建设规程》;其他管理标准有《电子文件管理业务统计规范》《电子文件交接、鉴定规范》等。综上,在纵向方面,我国各类标准规范较完整齐全,横向方面标准应用不是十分规范,纵向层次的标准未能发挥应有的功能。只有标准体系建构成功,不同的标准整合为一个科学有序的整体,发挥的功能效果将远远超过零散标准的运行结果。

三　档案信息化标准体系的运行

档案信息化建设中标准的运行可以从两个方面进行分析,分别是业务标准运行和技术标准运行。业务运行主要是分为对人、对物的规范;技术运行则是关于信息化平台搭建的系列规范。如图所示:

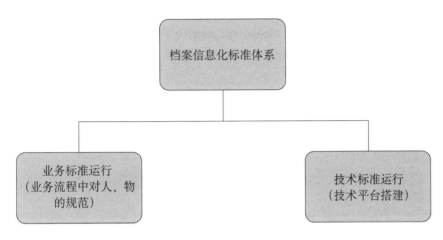

运行视角分析图

这个关系图的视角是档案信息化建设的具体部门操作,以部门为行为主体对业务流程、技术应用的规范。档案信息化建设中的各种标准是国家档案局、档案馆等档案部门与技术部门、企事业参与单位共同协商拟定,而在实践操作中,最主要的还是档案管理部门根据已有标准进行相关业务规范和具体规定。业务标准运行中,只有对人和物都进行了充分到位的指导规范,才能确保各项业务的准确无误。技术标准的运行推动档案信息化中技术平台的搭建,技术的进步会促进各种业务管理模式的创新发展,业务的发展反过来又会对技术应用提出更高要求从而使技术不断完善。

标准体系的构建依赖于档案信息化建设的不断推进,标准的实施有利于实现信息化中业务和技术的精益求精,业务和技术发展到一定程度势必要有配套的更完善的标准,可见信息化建设工程就是在这种互相促进、互相要求的过程中不断运行。

标准体系的建构仅仅是开始,标准的宣传贯彻等后续工作做好做足才能体现标准体系的价值。因此,各地方各单位应全力做好标准化基础工作,加强宣传及贯彻力度。各地各单位在总体标准、通用标准的基础上,再适当结合本地本单位具体情况,做到标准渗入各个业务环节,规范各个环节。综合文章中的内部外部环境分析、横向纵向结构分析以及运行视角的研究,可以得出以下档案信息化建设标准体系大框架:

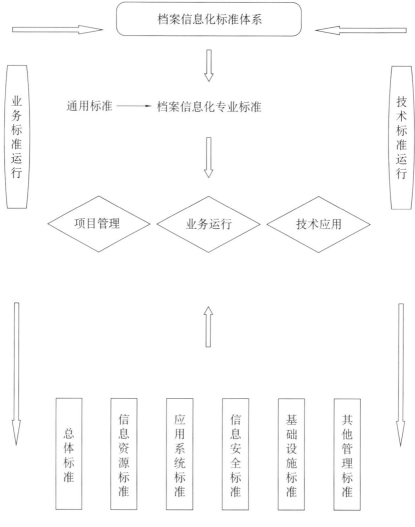

档案信息化专业标准

　　我国档案信息化标准体系构建应进一步融入信息化建设这个大背景,坚持贯彻"早期介入、积极跟踪、自主制订、适时出台、及时复审"这个政策,善于借鉴科技领域、管理领域的最新知识经验,时刻关注国际信息化标准建设动态,各部门既合作又分工,全面做好档案信息化标准化工作,积极推动档案信息化建设。

参考文献：

[1] 吴志刚. 我国信息化标准体系建设的思考[J]. 标准化研究,2005(8)：50—55.

[2] 赵传玉. 论档案信息化标准体系的构建[J]. 湖北档案业务纵横板块,2009(1—2):37—39.

[3] 赵传玉. 论档案信息化标准体系的构建[J]. 湖北档案业务纵横板块,2009(1—2):37—39.

[4] 吴志刚. 我国信息化标准体系建设的思考[J]. 标准化研究,2005(8)：50—55.

[5] 张曼琴. 档案信息化标准研究综述[J]. 政务办公商务办公,2011(8)：27—28.

[6] 黄鹏. 国外信息化发展战略比较研究[J]. 2004 年中国电子学会电子产业战略研究分会第 11 届年会:63—70.

[7] 吴志刚. 我国信息化标准体系建设的思考[J]. 标准化研究,2005(8)：50—55.

[8] 冯建周. 关于我国档案信息化标准体系框架的思考[J]. 北京档案,2009(10):20—22.

[9] 冯建周. 关于我国档案信息化标准体系框架的思考[J],北京档案,2009(10):20—22.

医院档案信息化建设研究

上海交通大学医学院附属仁济医院档案室　刘　春

摘　要： 通过对医院档案管理信息化现状分析，及现代档案管理的需求思考，认识到医院加强和推进档案信息化建设的必要性和重要性，进一步展望医院档案管理前景。

关键词： 医院　档案　管理　现状　思考　现代化　信息化

医院档案是医院在工作活动中形式的公文、电报、簿册、图表、书信、日记、录音、录像、盘片等各种门类和各种载体档案，它是医院的宝贵财富，加强对这一信息资源管理对医院领导决策科学化和医院现代化建设极为重要，同时也为国家积累门类齐全、结构合理的档案史料。以前由于受医院职能特殊性的限制和不同种类档案作用特点的表现形式的影响，致使许多重要的珍贵的文件资料分散在各个部门、各个科室，甚至损坏丢失，给医院工作带来诸多不利。

随着医疗改革的不断深入，医疗业务不断地扩大，医院档案作为医院发展、建设历史以及医疗工作、管理的真实记录越来越体现它的重要性。医院档案信息化管理还比较落后，由于管理手段的单一以及档案利用率不高，造成医院档案具有很多不安全因素及弊端。所以，当务之急必须高度重视医院档案的归档率、完整率和准确率。通过档案信息化建设工作，杜绝不利于医院档案管理的因素。

一　医院档案信息化建设现状分析

1. 对医院档案信息化建设重视不够或不到位

医院中心工作是医疗,在医院的管理工作中重视医疗而轻视档案的观念是较为普遍的。目前在国内的医院中,计算机应用已经成为不可缺少的一部分,从最简单的管理信息系统和财务系统到完善的医院信息系统、影像存档和通讯系统、放射科信息系统、实验室信息系统以及局域网管理、OA 系统等等,都已经在医院实施和运行。但很大一部分医院还不能充分认识到档案信息化建设的作用和迫切性,致使很多医院在信息化建设过程中未将档案信息化建设纳入同步考虑和实施。

2. 缺乏科学统一的管理规范和制度

在医院管理中,各级医院制订了适用于本院的、较为健全的医院医疗、人事、行政、后勤管理制度,而涉及档案管理的制度却较少。在医院目标管理考核方案中,一般也没有将档案管理纳入目标考核中,或者执行乏力,这样一系列不规范的因素,造成档案收集效率不高、档案不齐全。随着科学技术的进步,社会的发展,档案的内涵和外延都在发生变化,各级医院在管理档案时,由于还没有统一的管理标准和规范,根据自己的理解和实践进行管理,使许多应该纳入管理的档案没有纳入管理,造成档案管理水平参差不齐。

3. 档案管理手段落后、综合查询利用不便

在我国由于历史和现实的多种原因及档案材料的特殊性,档案工作形成了封闭性、半封闭性的管理方式,这样的管理手段比较落后,基本处于经验管理和手工操作的状况,档案管理和利用水平较低。医院档案资料的收集、整理、立卷、装订都靠人工操作,程序繁琐,人工劳动量大。在建立档案检索工具上,费时费力进行人工编制,查询利用档案时要靠对档案材料、索引目录的熟悉程度人工翻阅检索,花费大量的时间还可能漏查或者信息不全、不及时,效率低下,不利于档案信息的综合利用。

4. 对档案开发利用意识不够

对档案管理工作的认知还比较淡薄,很多单位可能认为档案管理工作在医院行业中并不重要,医院主要的职责还是治病救人,从而认识不到档案工作在医院管理中的重要性和必要性。由于对档案的重视程度不够,档案信息资源开发不足,造成档案利用率不高。

5. 档案现代化管理设施匮乏

近年来,随着科学技术的进步,计算机、各类软件及网络技术在医院综合管理中的广泛运用,而运用计算机及网络技术管理档案的却较少。档案管理设备陈旧,管理技术落后,很大程度上制约了档案事业在医院行业的发展。一些档案工作还停留在手工收集和检索阶段,现代化管理设施的匮乏不利于档案的收集、利用和开发。

二 医院档案信息化建设思路

1. 充分认识医院档案管理工作的重要性和必要性

医院档案管理是医院历史进程中的原始记录和权威凭证,是医院管理不可分割的重要组成部分,是医院工作计划和决策的可靠依据,是指导并协调各项工作正常运行的参考文献,加强医院档案管理在医院管理中有着非常重要的意义。同时,随着医学科技技术快速发展和不断更新,对医院档案管理的科学性要求也越来越高,仅靠管理者的个人经验和传统的管理模式,已经远远不能满足现代化医院档案管理的需要,不能适应医院现代化发展的步伐。因此,医院档案管理现代化已成为医院现代化建设和发展的必然,加强医院档案的规范化和标准化也成为档案管理本身意义之所在。

2. 建立健全医院档案标准规范体系

档案管理部门的工作涉及与形成档案的各部门和个人之间的关系,这就需要建立健全医院档案标准规范体系,对相应的关系以及管理手段加以调整。例如,针对档案原始性难以辨认和判断的问题,医院就应该结合工作实际,从管理层面、业务层面和技术层面建立档案信息管理的标准规范体系,以保证档案信息的采集、制作、分类、存储等方面有制度可依,进而保证档案信息的真实、准确、规范和统一。因此,医院管理层也应该增强档案意识,熟悉档案工作,在《档案法》的基础上,结合医院档案管理的实际,建立健全的档案标准规范体系,使医院的档案管理工作有制度可遵循,从而促进医院档案管理工作的良性发展。

3.加强医院档案基础设施建设

档案基础设施是档案信息资源建设以及各项档案应用系统建设的基础和前提,关系着档案信息化建设的成败和整体水平。档案信息化基础设施建设整体规划包含了档案信息化建设的整个硬件平台和网络。要想实现医院档案管理的现代化,就必须满足办公条件,保证办公资金,如配备扫描仪、数码相机、刻录机等,为档案管理工作提供便利的条件,使档案资料不仅有文字、照片,甚至有光盘,有利于档案的永久保存。

4.加快医院档案信息资源建设

档案信息化的核心问题是档案信息资源的建设,没有可提供利用的档案信息资源为基础,档案信息化的速度和效率就无从谈起。医院档案信息资源包含电子病历、财务数据、收费系统、辅助科室检查数据、影像检查数据库、病案、统计等多个部门或者其中数个部门的电子数据库,因此必须整合信息资源,在保证数据安全保密的前提下实现统一管理、资源共享。在整合信息资源的基础上构筑一个档案信息查询平台,使档案查询更加便利,并且不受时间、空间限制,实现网络查询、远程查询,变实物档案室为虚拟档案电子室等等。

5.加强医院档案人才队伍建设

档案工作人员自身的素质与档案信息化密切相关。因此,一是要重视档案工作人员的素质培养,为广大档案工作人员提供良好的学习条件,安排他们接受有关计算机技术、网络技术、数字化技术、信息管理技术和现代化技术等知识的培训。二是要制订信息化建设的中长期规划和短期目标,吸引和培养医院档案管理专业型的人才,做好人才储备工作,打好档案管理工作的基础。三是要关心和爱护档案工作人员,从职称晋升、工资待遇、评优等方面给予与医院主系列专业人员同等的待遇和机会,让他们安心工作。四是作为档案工作者,也要顺应时代的潮流,努力学习和掌握信息管理知识。现在档案事业面临的挑战非常紧迫,电子档案的出现、信息技术的应用、新型档案载体的保管等等,都亟待档案工作者去认识、去解决问题,把它们与实际工作联系起来,更好地为医疗工作服务。

6. 档案信息资源管理系统的建设

要将医院现有纸质档案转变成电子档案以后,电子档案需要一个规范化的、网络化的专业档案信息资源管理系统来对这些档案实现档案的收集、管理、存储及利用。医院的档案信息资源管理系统建设主要从建设档案标准规范体系、档案信息资源的规范化管理和网络化利用的角度出发,通过专业档案管理软件公司档案信息资源管理软件进行个性化的开发,使传统的档案管理方式变成为科技化、网络化。档案信息资源管理系统是基于网络的档案平台,系统中结合了 OCR 识别工具、格式转换工具以及全文检索引擎等组件。该系统帮助医院改善了传统的档案管理方式。

三 仁济医院档案信息化建设成果分析

1. 网络化的系统部署方式

从目前上海医疗行业档案系统的部署方式来看,一般都采用 C/S 架构系统或者单机版系统,而仁济医院开创性地采用了 B/S 架构的档案信息资源管理系统。不仅为档案信息资源的网络化管理和利用奠定了基础,同时也为医院总部与各部门之间档案信息资源的异地利用创造了条件。

2. 支持的档案类型齐全

由于该系统遵循了国家档案局的分类原则,预置了各类档案的类型。并且作为用户,我们可以根据自己的需要修改或者定制档案类型。

3. 灵活的检索方式

该系统能够提供多种的检索方式,包括一体化检索、按条件检索、高级检索等等。确保仁济医院用户能够及时高效地查找所需要的档案资料。

上海交通大学医学院附属医院(以下简称"仁济医院")建于1844年,是上海开埠后第一所西医医院。医院目前已是一个学科门类齐全,集医疗、教学、科研于一体的大型综合性三级甲等医院。档案室在晋升科技事业单位档案工作目标管理国家一级的基础上,逐步修改完善制度,加大硬件投入,规范业务建设,加强档案管理,使档案工作步入了惯性运行的轨道。

随着档案管理科学化、信息化的要求不断提高,需要存储和传播的信息量越来越大,档案室在1998年使用的档案信息系统已十年之久,因无法在原系统上继续进行维护、开发和升级,对医院实现文档一体化管理带来极大的困难。

2008年,在院领导和院办的大力支持下,对档案管理信息系统软件进行升级和二次开发,由原来的单机版升级网络版,档案软件的操作界面有了新的改变,新增了很多功能,对档案实现计算机网络管理迈出了一大步。

2009年为了便于各职能部门及临床科室对档案的查找和利用,档案室用了两年多的时间基本完成医院库存档案卷内目录级著录。目录级档案的检索、调卷比以前传统手工检索大大提高了管理效率,节约了人力和时间。做到了目录级数字化管理。

为了便于档案的查找和利用,档案室对导入到档案管理软件丢失的1990—2001年的党政档案数据1728卷及时补录,同时将我院各类档案的数据信息3131卷录入恢复至计算机,医院档案已基本完成卷内目录级著录。

1948—1989年前共1450卷党政档案由于年限太长,造成一些档案破损,我们对这部分档案进行重新整理、装盒、编码及档案信息全部录入至计算机。

实现机读目录:案卷级:24225条;文件级:215984条;电子全文:215984件。

库存档案内容全部录入计算机进行管理,把原来处于人工管理的方式转变为以信息技术辅导的规范化管理模式。依靠先进的计算机网络技术实现在医院局域网上检索和阅览档案资料,促进档案信息资源共享。

2012年始,档案室将医院各门类档案尤其是对历史久远及珍贵档案材料进行数字化处理后,数字化管理档案使传统的以纸质为载体的档案信息对象转为机读档案。实现在医院局域网上检索和阅览档案全文,促进档案信息资源共享,为医院各方面提供了方便、快捷、优质、安全的档案信息服务,明显地提高了工作效率。为院领导实现共享,为领导决策提供有效依据。

对于数字化处理后的档案实物原件则永久封存,不再翻阅档案原件,无疑是对档案更好的保护。另外,通过档案的数字化处理后,防止了部分档案篡改的行为。将纸制档案转变为数字化电子档案后,档案的使用更加安全。

通过该系统的应用,做到了档案的集中、统一、有效、动态地管理以及高效的档案检索利用。

4. 档案信息资源管理系统与 OA 系统的数据接口

在对历史档案进行数字化处理的同时,新档案产生后的档案管理工作也不能马虎。在现有的 OA 系统中,会产生很多基础档案数据,比如公文、合同、科研论文等等。而这部分数据因为系统的局限性,无法导入到档案信息资源管理系统中。在考虑开发档案信息资源管理系统同时,建立了与医院现有 OA 系统的数据接口,使 OA 系统中的基础档案数据能够通过技术手段导入到档案信息资源管理系统中,实现了档案信息资源的整合和档案管理工作的统一。

5. 外网的应用使系统操作更便捷有效

为了使医院部门档案员的操作使用方便,方便条目录入、电子档案的挂接、查询利用等操作,在确保档案的安全性前提下,在外网上安装准入控制设备,使电子档案管理系统融入了医院 OA 系统中,既能够在医院外网上畅通使用档案管理系统,同时也保证档案的安全性。

四　医院档案管理工作的展望

1. 档案数字化的工作必须持之以恒

档案数字化工作是一项长期的系统工程,医院应该从档案管理工的全局出发,从档案综合利用需求出发,从档案管理工作整体发展需求出发,综合考虑,科学、合理、务实地制订出近期目标和长远规划。

医院的档案,无论是声像档案、文书档案还是图像档案等,将随着医院的历史发展轨迹不断地增加,对未来极具参考和应用价值。

所以,我们在医院的档案管理工作过程中,需要不断推进档案数字化的工作,结合国家档案主管部门先后制订的《纸质档案数字化技术规范》以及《电子文件归档与管理规范》,通过数字化处理设备实现纸质档案转变为电子档案,这是医疗信息化的核心。

2. 实现档案信息资源收集的统一规范

医院的信息系统多种多样,包括日常办公系统、设备管理系统、医院信息管理系统(HIS)、临床信息系统(CIS)、医学影像信息系统(PACS)、检验信息系统(LIS)、ICU 监护系统等等。这些系统在日常的诊疗及管理中,将产生越来越多的档案数据,而这些数据分别以孤岛的形式存在各自的系统中。当用户需要某些数据的时候,需要打开相关的系统才能查看,数据与数据之间无法形成关联。所以,我们通过档案信息资源管理系统,实现与 HIS 及其他业务系统的接口,实现电子病历等信息直接归档,使档案信息资源管理系统建设能够成为一套满足文书档案、科研档案、设备档案、财务档案、声像档案、病历档案、医保档案等综合档案管理平台。

3. 加强档案信息资源安全保密意识

信息技术给医院档案管理带来了全新的方法,提高了医院档案管理的效率和速度,但是给医院档案管理带来了保密性上的不足,电子文件容易丢失或者被通过非法手段谋取利益等隐患。因此,医院上到领导下到基层职工,应该加强档案信息化管理的安全保密意识。针对保密性,医院应该严肃档案管理的工作纪律,严禁涉密的计算机连接网络,限制在涉密的计算机上使用移动存储设备,加强档案管理人员保密意识,提高档案管理人员的技术水平,适当运用加密功能,正确处理好档案资料保密和利用的关系,防止泄密现象的发生。针对电子档案文件容易丢失,医院在使用新系统新设备之前,需要加强对档案管理人员的培训,使档案管理人员了解到软件版本的不兼容性和不可读性、存储器容易损坏等 IT 方面的常识,在日常工作中,档案管理人员应该注意防潮、防高温、防辐射、防病毒工作,认真做好电子档案的备份与维护工作,正确处理电子档案与纸质档案的关系,确保档案资料的安全完整。

医院档案信息化建设是一个长期而艰巨的工作。医院的档案管理涵盖了病例档案、医保信息档案、医院自身历史发展的档案、文书档案等,根据医院的建设和业务发展,档案的门类也将越来越多,这也为我们医院档案信息化建设提出了更高的要求。我们要不断探索创新,使医院档案信息化建设更加科学、更加完善。

参考文献:

[1] 张凌志.医院档案信息化管理与电子病历概述.民营科技,2011,(6).

[2] 初锦绣.关于如何加强医院档案管理工作的思考.管理科学,2011.

[3] 张朝艳.建立医院档案管理系统的必要性.中国科技信息,2011,13:115—115.

[4] 温力伟.论医院档案信息化及档案信息化管理.齐齐哈尔大学学报:哲学社会科学版,2009(6).

[5] 张淑娟.浅淡医院档案管理系统建设.基层医学论坛,2008,增刊.

[6] 杨洋.医院档案管理的改革与创新.中国新技术新产品,2011,(8).

[7] 吴哈丽.医院档案管理中存在的问题分析及对策研究.中国新技术新产品,2011,(13).

高校 OA 系统电子文件的归档及其方法探讨

华东理工大学档案馆　　陆宪良　　陈晓宁　　冯　玮

摘　要： 针对国内高校纷纷开始推广使用 OA 系统，对其产生的大量电子文件的归档方式、流程及具体处置方法做了阐述和探讨；对 OA 系统与档案管理系统之间的数据专用转换程序设计和电子、纸质文件实行双套制同步归档的思路也做了交待。

关键词： 高校　档案　OA 文件　归档　方法

"十一五"期间，信息化建设已成为我国各级政府机构、各类企事业单位发展的关键抓手和重要任务。数字化校园建设，尤其是办公自动化（以下简称 OA）的实施为高校的管理工作注入了前所未有的活力，并取得了极大的成效。然而，伴随着 OA 电子文件的大量产生，其后期的归档工作如何应对和运作，无疑为高校档案部门提出了新的挑战性任务。

高校 OA 电子文件的归档，涉及许多以前纸质文件时代从未遇到过的难题，归档的对象、处理文件的方式包括管理人员等均发生了变化：原来纯粹是纸质文件，现在是电子加纸质，且以电子版为主；原来由兼职档案员负责本部门文件材料的积累、保管，现在是行政秘书即时操作（由于各种原因，两者有所脱节）；原来是手工流转、承办并整理、组卷归档，现在是网上流转、承办并要求将电子文件直接在网上予以归档；原来是拟写卷标题、敲页码、装订、移交归档，现在是如何将 OA 系统中已有的文件著录信息、阅处意见及全文与对应的纸质材料同步归档。要妥善、有效地处理好这些问题,高校档案部门必须借助适合高校发展的新一代档案管理系统来实现,并在归档思路、流程、模式上有所创新、有所突破。

一　OA 电子文件归档方式及流程

OA 电子文件采用物理归档还是网络在线归档,决定着以后电子档案的有效管理和快速利用问题。物理归档,方式简单、直接,不需要前期很大的投入和专门系统的支撑,直接将数据拷贝到光盘等物理载体上,便可完成归档。但物理归档后的电子文件,由于没有了原来系统的支持,再要实现快速查询和即时利用,几乎是不可能的,而只能将其作为原始数据的积累和备份,或通过一些简易的二次开发,对此进行查询和利用。OA 电子文件采用网上在线归档,效率高,能适应不断增加的电子文件的管理和利用,但前期配套工作复杂,既需要档案管理系统的支撑,又需要党办、校办和信息中心、网络中心等部门的配合和支持。从我国高等教育事业长远发展的要求和档案工作的重要性考虑,后者是必由之路,早晚得实施,而且是早实施,早得益,越晚实施,问题越多,难度也就越大,所以高校档案部门最好在学校推广使用 OA 系统的同时,一并将网上在线归档问题予以解决好。

OA 电子文件网络归档的流程,需要结合高校的实际情况来确定。若把收发文登记和档案信息的著录、编目等工作全部整合在文档一体化的“OA 系统”中,这种办法比较适合政府部门,并已得到广泛应用。但作者认为高校不可全盘仿效,因为高校要归档的材料不只局限于文书性材料,还有大量的教学、科研、财会、出版等专门性材料;高校兼职档案员也不一定全都是收、发文件的管理员或 OA 系统的操作员;高校档案管理系统也不可能仅与 OA 系统相融合,而还要考虑大量纸质卷宗的管理,所以档案信息的著录和编目等工作不宜一同设置在 OA 系统中进行。仅将OA 系统作为学校的一个业务管理系统来对待,利用专用接口程序将其处理完毕的各种数据事后定期迁移到档案管理系统中来,然后由各部门的兼职档案员和档案馆(室)的收集指导人员共同在档案管理系统中来完成归档操作的办法是比较可行的。即先有兼职档案员对本单位等待归档的 OA 文件进行检查、判别，并按档案管理的要求补充必要的档案著录项后再做预归档，待一个部门处置完了需要预归档的全部文件后，专职档案员再对该部门的预归档信息进行审核，正确无误后正式接收归档，并按照预先设定的编目方案自动生成档号等即完成网上归档任务。与 OA 系统电子文件相对应的纸质文件，采用相同档号来处置并实施归档。

二　专用接口程序及归档内容

归档流程确定后，将 OA 系统中形成的各类文件信息截取并迁移到档案管理系统中来，需要开发一个专用的信息转换程序来完成这项工作，并对相关信息要做选择性的约定和对接，即哪些信息档案管理系统中要选用，如何选用，如何匹配。与此同时，还要确定好另外添补的著录项内容。

OA 系统一般建立在 LOTUS 环境下，是一种基于文件型的管理系统。OA 系统运作的最基本功能至少包括三大块：即发文、收文、呈文管理。发文从拟稿、修改、会签到审定、签发、流转、打印输出都在网上进行；收文（纸质来文），目前通常的做法是由党办、校办（两办）秘书统一将其数字化、上传并加著相关信息后在网上完成传阅、批示、办理等；呈文为校内工作请示和工作报告，由各部门在网上完成拟稿、会签、提交、审核和领导批阅（处）。除了电子全文和上述流转处理信息外，0A 系统中还记载了各种文件的记录信息，有些是系统自动产生的，有些是文件管理员手工录入的。

OA 电子全文、流转处理信息和文件记录信息三部分数据构成了 OA 电子文件需要归档的主要内容，其中文件记录信息起着描述、关联文件所有信息的作用，电子全文和流转处理信息从属于文件记录信息，两者间有一一对应的关系。

档案管理系统一般采用数据库型管理系统，其操作系统、管理机制、数据结构等方面与 OA 系统运行的环境和要求有本质性差异。OA 文件归档数据转换接口,其任务就是要将 OA 系统中的上述三类信息内容转换为数据库系统中能识别的档案数据记录及关联附件。这种转换既要考虑 OA 来源系统的信息构成状况,还要考虑档案系统采用的管理平台与数据结构,两者遥相呼应。设计人员就是要根据各类文件的字段信息,设计出合理、可靠的数据对接或转换关系,完成两个系统之间数据的平稳迁移。

OA 系统中的文件记录著录项大多与档案系统中的数据著录项有重叠,可以通过接口程序自动引用过来,既免去归档人员的重复输入,又确保数据的原始性和准确性。两系统间可以共享的数据有:文号、文件题名、主题词、归档单位(拟稿或收文承办单位)、责任者(文件制发者)、文件形成时间、密级等。档案系统中另外还需要增加档号、归档日期、保管期限、排架号(或盒号)、文件页数等,其中有些可以在归档过程中由系统自动生成,有些由档案人员来添加。与每条文件记录所对应的电子全文以及文件处理信息单,一并由接口程序自动跟踪过来,其中文件处理信息单包含有文件的来源、流转过程、领导批示或处置、办理意见等。另外,转换过来的电子全文必须保留原 OA 文件的格式和布局,且要设置为不可编辑,保证纸质与电子文件内容相一致。

三　以件归档及相关模块功能介绍

OA 电子文件的归档是在网上实现的,若采用传统的纸质文件组卷方式归档,无疑对接口转换程序以及档案管理系统中的接收、归档模块的设计带来巨大困难,其复杂性和归档工作量都将难以逾越和无法接受。在实践中,作者单位尝试了将 OA 电子文件采用"以件管理"的归档模式,能较好地解决以上难题。其主要思路是:将 OA 归档文件分为"发文",用"OA11"分类号代之;"收文",用"OA12"分类号代之;"呈文",用"OA13"分类号代之,依此类推。如此考虑,既遵循了 OA 系统文件本身的分类方案,符合接口程序对数据实行分类导入的思路,大大简化了程序设计的难度;又方便了归档人员检查、核对文件的数量、文件的办理信息和全文的完整性等,省去了文件的整理、组卷步骤,归档工作效率大为提高;还满足了档号的统一编制和自动生成。

根据归档流程、归档内容和以件分类归档的思路,档案管理系统中的OA归档模块可以设计成"未归档文件管理"、"预归档文件管理"、"已归档文件管理"、"不归档文件管理"四部分,并在模块主界面上设立"年度"、"归档单位"等搜索栏目,便于档案人员按年度、按单位进行归档操作。同时系统还在统计栏目中自动显示各部门转换过来的OA文件数据及操作统计信息等,可以及时掌握归档工作的进展情况。

在"未归档文件管理"界面中,兼职档案员可以对本部门的OA电子文件进行浏览、编辑及确定是否归档。如前所述,由于系统已将各类OA文件的著录信息都转换了过来,所以只要检查一下并将空缺的信息补全,就可以逐条完成预归档工作。在"预归档文件管理"界面中,档案馆人员可以按部门依次审核预归档文件的著录信息和电子全文是否准确、完整,如果发现有错误或疏漏,则可以将该文件退回到未归档状态,并说明原因,通知兼职档案员重新处理,否则,就可以将该单位的所有预归档文件做正式归档,并由系统自动为每个文件赋予档号和归档日期。按归档单位和时间依次操作,可以使同一单位的OA归档文件排列在一起,便于后续编目和日后查询。在"已归档文件管理"界面中,档案人员可以为每一个OA归档文件自动、批量赋予排架号,并打印制作文件的封面,其信息有档号、题名、页数、归档单位、归档日期、保管期限、排架号等。

四 纸质文件同步归档

OA系统运行后,所有对应的纸质文件实际上不再流转,但按规定也要与电子文件一起实行双套制同步归档。纸质文件归档原则是跟电子文件走,即同一著录、同一档号,以件、依次集中编号、装盒和上架。具体做法是:归档前兼职档案员到两办去领回各自的收文(按OA系统中第一承办单位区分),到校文印室去领回各自的发文(按OA系统中的文号区分),呈文由各单位自行从OA系统中打印出来并签字、盖章。然后,兼职档案员要为每一个归档纸质文件打印一张含有领导签阅意见和流转、承办等信息的文件处理单,与该纸质文件一并归档。

OA 纸质文件归档过程中也会遇到一些特殊情况,如跨年度办理的文件,按传统做法是要等办理完毕后再归档的,但现在就做不到了;又如收文与办文结果也不一定放在一起;还有主要材料上了 OA 系统,但辅助材料没有或没法上 OA 系统,等等。对此,档案人员要特别予以关注,不能由于归档方法的改变而疏漏了重要纸质材料的归档。另外,遇到这些特殊情况,一定要在 OA 归档文件记录的"备注"栏中加以标注,以便查考。

高校 OA 系统电子文件的归档及其相关工作,是一项极为艰巨而富有挑战性的工作,高校档案人员既要解放思想、大胆探索,又要实事求是、谨慎对待,以发展的眼光、紧迫的使命和科学的方法来面对我们遇到的实际难题,靠智慧、动脑筋、博采众长、迎难而上,相信在全国高校同仁的共同努力下,这项工作定会取得更好的进展。

对高校档案远程服务的几点思考

同济大学档案馆　孙　洁　朱大章

近年来,远程服务逐渐成为档案界讨论的热点之一。一些地方和单位进行了非常有益的探索,积累了一些很有价值的经验。高校作为教学科研的重要场所,承担着文化传承与创新的重要任务,同时具有很多具有各类专业背景的人才,因此高校档案工作在远程服务方面也应该走在全社会的前列。但是,由于档案远程服务是一个新鲜事物,高校档案工作还有一些自身的特点,因此需要不断地探索,才能适应高校档案工作发展的需要和利用对象的需求。结合同济大学档案工作的实际,谈谈对高校档案远程服务的几点思考。

一　为什么高校档案要提供远程服务

任何事物的出现,都有其内因和外因。从内因来看,提供远程服务是高校档案工作自身发展的需要。档案工作要提高在高校各项工作中的地位,必须不断地提高服务能力和工作水平。所谓"有为才有位,有为未必有位,无为一定无位,有位才能更有为",非常辩证地阐明了档案工作与其地位关系的深刻哲理。而提供远程服务正是档案工作提高服务能力和工作水平的重大举措。高校档案馆完全可以通过远程服务的方式为师生校友提供更为便捷、更为迅速的服务来进一步体现档案工作对中心工作的重要支撑作用和贡献,从而提升档案工作在学校各项工作中的影响力。

从外因来看,主要有两个方面。一是信息化时代对档案工作的倒逼;二是档案利用者提出了远程服务的需求。信息技术的发展,使互联网逐渐成为人们日常生活的一部分。国家统计局 2013 年 2 月 22 日发布的 2012 年国民经济和社会发展统计公报显示,互联网上网人数 5.64 亿人,其中宽带上网人数 5.30 亿人。互联网普及率达到 42.1%。70 后、80 后、90 后几乎都是网民,而高校档案的利用者主要覆盖了这一年龄层次,被利用的高校档案大多数与他们相关。信息技术高速发展必然要求各项工作效率的提高。同时信息技术的发展也为档案工作远程服务提供了可能。从利用对象来看,特别是校友,毕业后分布在祖国各地,如果需要利用档案,需要专门请假或委托他人,花费的时间较多,他们迫切需要学校档案馆能够为他们提供远程服务。

二 高校档案远程服务的特点

要做好高校档案远程服务工作,首先必须分析高校档案远程服务的特点,才能够有针对性地制订远程服务的具体措施。

首先,从高校档案的特点来看,特别是有利用价值的档案,或者说利用频率最高的档案,都是民生档案,与师生校友的切身利益密切相关。特别是涉及学历、学位、成绩等,都关乎师生校友职业发展或进一步深造等切身利益。

其次,从服务对象来看,高校档案服务对象文化层次较高,他们具有较高的信息化能力和水平,通过互联网更加容易实现远程服务。他们对远程服务这种服务方式也最容易接受,也最容易获得他们的支持。

再次,高校档案工作提供的服务都与校友相关。无论档案证明材料的直接需求者是校友本人或相关组织(如单位、学校等),都是涉及校友个人的利益的。校友对学校具有非常深厚的感情,是学校发展的重要资源,通过远程服务提高工作效率,为他们提供方便,能够进一步深化他们对学校的认同,加深他们对母校的感情,使他们更加愿意回报母校。

三 高校档案远程服务的身份认证问题

档案远程服务首先必须解决的一个问题是身份认证。由于高校档案的特殊性,很多档案只能对特定的对象开放。比如同济大学档案馆规定,成绩单只对本人开放,学历学位信息只对本人和任职单位开放。那么档案利用者是不是这份档案的可利用对象,是需要认证或鉴别的。传统的窗口服务中,是通过人工核查证件或证明来鉴别的,主要鉴别两个方面,一是查阅者(利用者)是不是本人或委托人或用人单位,二是来人者是否有权限利用相关的档案。远程服务由于利用者并不到窗口来,证件无法核查,身份如何认证是必须要解决的一个问题。

区县档案馆在远程服务上已做了一些很有意义的探索,但是高校档案远程服务与区县档案馆有一定的差异。区县档案馆的远程服务是建立在相互协作和数据共享的基础上的,主要解决的是城市发展而导致的居住地跨区变动的问题,仍然需要到窗口认证身份,然后跨区出证。高校档案远程服务最主要的就是要解决利用者不到窗口也能利用档案的问题。因此高校档案的身份认证也是远程的。这是与区县档案馆远程服务的最大区别。

可是怎么解决远程身份认证的问题呢? 通过实名注册提供必要的材料可能是一种有效的解决办法。同济大学档案馆提出的办法是,所有的远程利用者首先必须实名注册,个人用户必须上传身份证扫描件,利用成绩或学历、学位档案必须同时上传毕业证和学位证扫描件,这样就可以基本确定是其本人了。与窗口利用不同的是,远程服务不再接受档案利用者的委托人来办理,必须是其本人的证件扫描上传。二对于单位用户,要求上传单位的营业执照或组织机构代码证。一旦注册成功,用户凭用户名和密码即可提出利用档案的要求,视为其本人操作。

四 高校档案远程服务的类型

高校档案远程服务主要可以包括以下几种类型:一是通过授权远程

查阅开放档案用于研究,这种形式在很多高校都已经实现,很多商业化的基于网络的档案管理软件已经具备相关的功能,因此不是本文关注的重点。二是出具书面证明。有很多利用者还是需要出具书证,比如用于求学深造的学历学位证明和成绩证明等,可在接收到利用者的申请后按照一般业务流程出具后按照利用者选择的方式递送。三是网上反馈信息,即有的利用者并不需要出具书面证明,只是希望了解结果,可通过网络直接反馈(包括发电子邮件和系统直接反馈两种形式)。四是数据库自动认证。类似于学信网,有庞大的数据库支撑,可以直接认证学历学位的真伪。但这种服务需要大量的数据支撑,还需要功能强大的管理系统软件。

五 高校档案远程服务的业务流程

高校档案远程服务的基本流程包括用户注册与登录、提出申请、档案馆初审与反馈、用户付费、档案馆业务处理、结果网上反馈、用户反馈确认、出证、递送等环节。

用户注册与登录是指用户必须按照系统的要求实名注册,在注册过程中要按照系统提示提供相关证件的扫描件,设置登录名和密码,提供电话、通信地址、电子信箱等基本信息,然后按照设置的登录名和密码登录系统;

用户提出申请是指用户通过系统提出需要办理的业务需求,并根据系统的提示上传相关材料的扫描件;

档案馆初审与反馈是指档案馆工作人员接收到用户的申请后进行初步的核查,检查用户提供的材料是否齐全,是否可以办理,并将这些信息反馈给利用者,利用者可通过登录系统查阅档案馆的反馈意见;

用户付费是指档案馆反馈用户可以办理后,系统自动计算出相关费用,用户通过网上支付平台支付或者汇款;

档案馆业务处理是指档案馆收到利用者支付的费用后按照工作规程予以办理;

结果网上反馈是指档案馆办理完成后将结果(如书面证明等)通过系

统反馈给用户，请用户检查；

用户反馈确认是指用户对档案馆反馈的结果进行检查后反馈档案馆，结果有误或无误，若有误，档案馆检查后再次反馈，直至用户确认或档案馆确认无误为止；

出证是指将利用者确认后的结果或者档案馆确认的结果打印出来，出具书面证明；

递送是指根据用户选择的方式，将相关的结果递送给利用者，具体可包括窗口取件、邮寄、快递等。

收费问题可能是制约远程服务效率的一个瓶颈。因为涉及财务的支付系统，如果没有相应的网上支付平台，必须通过汇款方式的话，效率还是会很难提高。当然可以通过第三方支付的方式，但是其财务风险和违纪风险较大。

在远程服务的系统开发上，除了要关注业务流程、关注收费环节以外，还应该考虑权限管理和内部统计等功能以及工作系统与数据库的对接。

总而言之，高校档案远程服务作为一个新鲜事物，在实施中可能还会有一些意想不到的困难和问题出现，因此，还需要不断地探索和努力。

高校档案馆网站的定位新思考及建设实践

华东理工大学档案馆　　陆宪良　　冯　玮

摘　要：随着现代信息技术与互联网技术的迅猛发展，网站建设的水准和要求也"水涨船高"。本文就如何建设好高校档案馆网站，使之跟上形势、彰显特色、发挥作用做了思考和阐述。

关键词：高校　档案馆　网站　建设

现代信息技术与互联网技术发展日新月异，并已渗透到社会各个领域，大量信息的发布、获取以及转移储存，越来越多地要借助于网络这一大众媒介来实现，这也为档案工作发挥作用提供了新的舞台。

一　高校档案馆网站建设的定位

建好高校档案馆网站，目标定位很重要。首先要根据高校馆藏档案资源的实际，了解和掌握哪些信息是学校内部需要并可以提供的，哪些信息是社会公众期望获得并可以公开的，哪些信息是富有学校建设发展特色的，并对整个社会具有一定的影响力。以此为依据，通过分类盘点和逐项梳理，将其发布到高校档案馆网站上去，为学校和全社会提供信息服务支撑。

1. 大学内部管理需要档案馆建立网站。高校档案馆的职能主要是管理与服务。前者涉及如何做好档案工作法规制度宣传、档案工作业务规范指导、归档材料源头信息采集、整理和存储等，后者涉及如何面向档案馆以外的内部机构和社会公众，提供能够直接进行信息资源的访问和查获，以满足用户的各种需求。在整个高校档案工作中，有很多业务规范、操作要求，都可以借助档案馆网站来向机构内的相关人员做传达和布置，以此提高工作效率。另外，根据信息公开的有关规定，档案馆掌握大量的机构内部的工作管理规范等信息，也需要在一定范围内予以发布出来，方便学校各部门的查找和使用，增加高校办学的透明度和公正性。

2. 海内外校友需要高校档案馆建立网站。一方面，大学为社会培养和输送了大批人才，使国家的建设和发展得到了有力保障；另一方面，绝大部分校友都与母校特别有感情，始终会关注母校的建设和发展。如何主动做好校友的服务工作，校友办（联络处）果然重要，但从近年来的发展形势看，档案馆也与校友的需求有着千丝万缕的联系，如他们需要档案馆长期地为其出具学籍证明材料，提供校友间的相互联系信息等。档案馆一旦建立了网站，这些工作做起来就变得非常便捷。校友得到母校的帮助后，不但会感激母校和为社会多作贡献，更会以自己的力量来为母校出谋划策或提供各种支持和帮助。

3. 公众权益保护需要档案馆建立网站。随着我国高等教育大众化进程的加快，高校中的各种信息资源也普遍受到社会公众的关注。高校档案馆网站也不例外，它早已不再局限于高校内部的工作管理需要，还承担着向社会发布一些应该发布的信息的义务，以满足信息化社会发展的需要。放在 10 年或 5 年前去看，高校可以没有档案馆网站，但现在恐怕已不能"半遮半推"了。现代大学管理体制机制需要档案馆建好网站，信息化社会、互联网时代更需要高校建立档案馆网站，一所颇具规模的大学没有档案馆网站，将会成为社会的一大"诟病"。所以，建好高校档案网站可以说是"责无旁贷"。

4. 大学文化传播需要档案馆建立网站。高校档案资源中蕴含着大量丰富、翔实的史料文化底蕴，需要档案人员来发掘、整理和研究，然后通过档案馆网站将其发布出去，供师生员工和社会公众了解大学的发展历史，传承大学的优秀文化，推进社会文明进步。特别是大学里培养出来的名人、大师和著名校友,他们其实是整个社会的共同财富,他们的奋斗历程和为社会所作出的贡献,可以大力宣传,以鼓舞公众热爱学习,崇尚知识,追求积极向上、健康和谐的生活方式。

二　高校档案馆网站的建设思路

高校档案馆网站可以通过以下几个层面的规划与设计,来实现信息量覆盖面广、查询利用率高、社会公众满意度好的目标。

1. 首页资源具有信息目录导航的功能。每个网站的首页是一个网站的门面,条理清晰的导航目录是必须的,可以体现出既可扩大信息提供量又简洁而不杂乱,使网站访问者能迅速抓住网站特色重点,找到需要的信息。档案馆网站首页还应体现档案厚重的历史元素,运用合理的仿古色调,彰显档案特色。同时首页上应具有档案管理及档案工作实际方面的栏目元素,增加反映高校风貌及特征的标志性信息,如校门、重点代表性建筑、特色标志物等。

2. 建立后台信息发布管理平台。档案馆网站上的信息分类栏目很多,静态的有:机构设置、法规制度、业务指导、利用指南、各类资料下载等;动态的有:工作快讯、活动交流、会议通知等;专业的有:科研项目进展、优秀论文发布、史料研究成果、学科建设讲堂、最新科研动态等学术与技术交流栏目等。后台信息发布管理平台,采用动态网页技术实现前台信息的展示,后台数据库管理信息的工作模式,可以灵活管理这些目录信息,并快捷地将信息呈现在受众面前。建立信息所属的后台目录数据库后,可完成信息的编辑、上传,前台以相对固定的栏目和版面,动态显示数据库中需要发布的各类信息。前台版面结构固定,内容随着数据库的更新自动轮换,提高了信息发布的效率和规范性,降低了信息维护的工作量。

3. 增加照片、视频等多种媒体展示方式。高校档案馆网站增加图片和视频等多媒体展示,可以极大地丰富网站历史特色,"有声有色"的信息,使人们获得更大容量、生动直观的所需资讯,同时也增加了网站的吸引力。

以图片为主的内容，可以通过网上展览或虚拟展厅等形式，揭示馆藏图片资源，在展现高校历史、人物活动、校园风景等方面，起到了文字无法比拟的效果，使人们能够直观地感悟历史，增长知识。视频则具有完整地还原历史原貌的特性，增加了网站的信息量，也为档案编研、史料考证提供第一手资料。视频文件格式多、容量大，对网站的存储和传输带宽提出了较高要求。

4. 建立馆藏目录等信息的配套发布。基于"数字资源正逐渐成为档案信息传播的主要载体形式，这有利于打破传统档案信息传播环境下档案用户被动利用档案信息的状况"[1]，档案目录信息及编研信息发布功能的建立，既有利于信息被广泛利用，也提高了档案服务的主动性，但要确保安全保密的原则。

高校馆藏档案种类繁多，著录信息到数据库的工作量非常庞大，所以，引用档案数据库或嵌入档案系统的查询端口，实现档案信息的网站实时发布，可以避免信息的重复录入，为用户利用提供便捷的一站式服务。

档案史料编目信息，可以使松散的档案信息形成专题，内容更有条理、更为集中，档案馆网站增加档案编目信息的发布和查询，可满足用户对特定领域信息的整体需求，也能将档案文化在不受时空限制的领域广泛传播。

5. 建立"人—机"互动交流平台。互动交流平台的建立，能使档案馆网站提供个性化服务，实现与用户实时互动和征集档案史料的目的。档案馆的服务职能及史料征集，需要与服务对象及被征集者进行交流，档案馆网站建立相应的交流平台，可以使这些工作突破地域限制，向更大范围的网络化方向拓展。

交流互动平台的建立对技术要求较高，是网站的又一个独立子系统。该系统应设置用户的统一认证、资料的上传或下载确认功能，并要有良好的用户界面，如公众问答、档案征集、业务论坛等，还应具备充分的安全保障，能屏蔽恶意、低俗、敏感的词语等功能。

三　高校档案馆网站的功能拓展和维护模式

根据高校档案馆目前的工作实际与运作现状,应该研究选择,采用合适的研发和维护模式,对档案馆网站建设的成功与否起到相当关键的作用。

1. 网站设计与建设需要多方协同配合。网站的建设离不开整体框架设计、各类模块的信息采集与管理、网站系统软件的编制、计算机服务器和终端等硬件系统的配置及日常维护和安全运行保障等工作。例如网站的前台需要平面布局设计、多媒体动画与视频制作处理;网站后台需要程序开发、数据库应用;当然还有文字信息的撰写、编辑,流量检测、检索推广等工作,并且随着互联网 WEB2.0 等新技术的高速发展,还需要不断地改进更新功能。高校档案网站的建设涉及档案学、管理学、现代计算机信息科学等综合领域,需要有各方面技术人才的协同配合来实现。

2. 高校档案馆网站建设需要经费保障。高校档案馆网站建设需要软件与硬件的更新保障,以财力和物力来说,也依赖高校机构组织的大力扶持和经费资助。网站是面向社会乃至全世界的信息服务平台,同时多人在线的概率较多,而网站浏览速度和网页稳定性是考量一个网站建设成败的关键因素。因此,需要不断地增加软、硬件方面的必要经费投入,改善软件运行环境,提高硬件设备性能,使系统运行更稳定,功能发挥更强大。

3. 拓展建设和运营维护模式选择。根据以上分析,高校档案馆网站建设拟采用这样一种模式:网站在初始建站或全面升级时期,档案部门制订建站目标规划和功能需求,加大软、硬件方面的投入,同时利用高校人才资源或引进专业机构外包来协助完成,这样,网站在专业性、安全性、观赏性等方面都可以达到较高的水准,建站周期也可以大大缩短。而网站建成后的运营维护、信息发布,可以由高校档案馆的相关人员来承担,使网站的维护和完善变得灵活而便捷。这种常态性工作,需要一定的经费支持、强大的技术力量、完备的管理制度等[2],才可确保档案馆网站内容更新及时,运行安全可靠。

四　高校档案馆网站的人才配备

做好档案馆网站的设计与建设工作,保持创新性与前瞻性,向国内一流水平的档案馆网站靠拢,需要引入具备复合型知识的人才队伍和档案管理专业人才的数量来作保证。

1. 引入具备多学科技术的人才。档案馆网站建设涉及多学科技术,离不开计算机信息技术、计算机网络技术、互联网技术、影视技术和多媒体技术以及现代档案管理技术等,许多技术属于高科技领域,是当今发展最快速、应用最广泛、渗透性最强的先进科学技术。所以,有条件的高校档案馆应适当引进这种具有多学科知识的高层次人才,来充实自己的队伍,满足工作发展需要。

2. 发挥档案学专业人才的作用。档案学专业人员熟悉档案管理和信息利用工作,具备档案馆网站建设需求分析的能力,能够提出相关网站建设的信息模块和采集内容。但是,档案学专业人员普遍存在只具备档案业务知识,而计算机领域知识相对不足的现象,这对档案工作的发展形成了瓶颈。对此,档案人员要树立终身学习的观念,不断提高自身的综合素质。同时,档案部门应采取在职培训等手段,加强培养内部人员的专业技能,使档案工作队伍整体结构能顺应时代的发展,推动高校档案事业朝着现代化管理的方向不断迈进。

参考文献:

[1] 谢海洋.高丽华.卞昭玲.我国档案垂直网站的发展现状及其在档案信息传播中的作用分析[J].档案学通讯,2012(1):p77—80.

[2] 郝伟斌.我国档案网站的顶层设计[J].档案学研究,2011(3):p59—62.

微信在高校档案利用服务中的应用探析

上海理工大学档案馆　　刘子侠

摘　要： 微信在用户群体、宣传效果、查询利用、在线咨询以及经济成本五个方面给高校档案利用服务提供了可能性。高校档案部门可以借此契机，在利用服务、拓展服务以及二维码扫描三个层面尝试微信在档案利用服务中的应用，从而提高高校档案利用服务的能力。

关键词： 微信　档案利用　传播

微信是腾讯公司 2011 年 1 月推出的一种通过网络快速发送语音短信、视频、图片和文字，支持多人群聊的手机聊天软件。[1]超强的功能以及超低的通讯成本，使微信迅速成为当下年轻人交流沟通的新宠。截至 2013 年 11 月注册用户量已经突破 6 亿，是亚洲地区最大用户群体的移动即时通讯软件。

中共中央办公厅、国务院办公厅印发的《关于加强和改进新形势下档案工作的意见》（中办发［2014］15 号）中提出，建立健全方便人民群众的档案利用体系，并在其中进一步提出，创新服务形式，强化服务功能。为响应这一号召，顺应群众需求，各地的国家综合档案馆采取各种形式，积极打造档案利用服务升级版。例如，嘉兴市档案局就推出"掌上档案"建设纪实，利用一部手机实现"小平台、大舞台"，为群众提供更优质、更贴心的服务。[2]

尽管一些国家综合档案馆陆续开通了公众微信平台[3]，然而在高校档案提供利用服务的过程中,微信还没有得到很好的开发利用。现行的高校档案利用服务仍停留在传统的方式上,例如,档案利用服务观念落后,提供档案利用方式滞后等。重视服务是社会发展、档案利用者需求变化对高校档案利用工作提出新的要求。高校档案利用的服务宗旨、服务意识需抓紧抓牢,服务理念、服务机制、服务内容、服务手段却应因时而动,不断创新。因此,依托微信平台,创新服务途径,提升服务能力,是高校档案利用服务工作面临的时代契机。

一 微信应用于高校档案利用服务的可行性分析

1. 强大的用户群体

微信作为时下最热门的社交信息平台,也是手机移动端的一大入口,通过网络或者数据流量都可以进行使用,经济方便。高校档案利用服务的对象主要是学生、教师以及毕业的校友,这部分群体文化程度较高,他们对微信的使用程度也比较高。档案属于机密甚至是绝密的文件,经常会给别人一种神秘感,很多学生以及教师对档案馆一点也不了解。例如,在上海理工大学每年一度的"职能部门满意度评价"中,相当比例的选项是"不熟悉"。微信支持查找微信号、查看 QQ 好友添加好友、查看手机通讯录、扫描二维码等七种方式进行"添加好友",可以很好地解决高校老师、学生对档案馆"不熟悉"的问题。微信拥有如此庞大稳定的用户群,添加好友方便,如果高校档案馆开通微信功能,无疑是老师、学生等了解档案的绝佳机会。

2. 便于宣传高校档案及校史文化

高校档案一直蒙有一种神秘色彩,如何让学生、教师、校友们了解档案,真正走进档案,无疑需要更多的宣传。很多高校还兼有负责校史馆的功能,让学生、老师了解学校的校史文化,起到校史育人的作用,也是高校档案馆的重要职责之一。微信在此可以发挥巨大的作用。微信公众平台,是微信提供的功能之一,它可以帮助高校档案部门发布个性化、有趣的档案校史信息,并且可以以文字、音乐、图片、视频等形式传播,信息时效性比较长,关注账号者无论何时何地登录微信账号,都可以查看到相关信息。面对高校档案特定的利用群体,可以把相关档案法规、校史知识、校友名人轶事进行编辑,以一种更新潮的方式让利用者接受。

3. 在线查询、方便利用

高校档案馆的利用服务与公共档案馆的最大不同之处在于其服务对象主要是学生、老师和毕业校友。现行高校档案利用服务主要包括为学生提供学籍查询、中英文成绩单查询及打印、毕业生档案去向查询、研究生答辩决议查询、专利及科研项目查询,教师对科研项目的查询,校内各部门对自身归档材料的查询,以及外界公司、公证部门对毕业生信息的核实工作。学生尤其是已毕业校友可以先通过档案馆开通的公众微信平台查看一些自己的基本信息,当档案馆提高利用时可以利用这些基本信息快速查到相关材料,以此节约时间,提高办事效率。

4. 在线咨询、实时互动

传统的高校档案提供利用服务时基本上都是处于被动的地位,利用者往往需要亲自到现场咨询才能解决问题,发邮件等也不能得到及时回应。微信可以改变这种传统的档案利用方式。档案利用者可借助微信平台随时随地向高校档案部门提出信息需求,而高校档案部门接收到用户咨询业务后,可及时进行确认及处理,最后借助移动通信平台向用户进行精准、生动的在线反馈。正是因为微信具有"即发即送,即送即达"的优势,高校档案利用部门可做到全天候的即时信息反馈。通过这种快捷、生动的反馈,可大大改善档案利用服务反馈滞后的现象,在提高档案利用效率的同时,也改变了利用者认为利用档案困难的心理。

5. 经济实惠、成本低

对于高校档案部门这样的服务机构来说,投入大量资金进行开发功能更加齐全的服务平台几乎是不可能的事情,微信服务的低成本无疑是解决这个问题的不二选择。微信更新快,版本新,不需要高校档案部门额外增加很多的开发费用。微信可以使用手机流量或无线网络发送信息,现在高校几乎都实现网络全覆盖,所以通讯费用则几乎可以忽略不计。《关于加强和改进新形势下档案工作的意见》(中办发[2014]15号)中还提到：简化利用手续，免除利用费用，最大限度满足利用者需求。因此，高校档案馆作为高校的辅助机构，不再能产生任何经济效益，并且自身经费有限，所以利用微信向利用者传播信息、提供服务，可谓是最佳选择。

二　微信应用于高校档案利用服务的功能性分析

在当今网络化、信息化的时代，很多的商家都把自身的业务推向移动互联网，微信成为这种推广的一个极好的平台。根据网上调查显示，很多的高校档案馆都拥有自己的网站，但是浏览量非常有限，而且网站上都是简单的图片和文字显示，互动性极不明显。结合以上微信应用于高校档案利用服务的可行性分析，本文尝试构建了微信在高校档案利用服务的功能模式，如图所示。

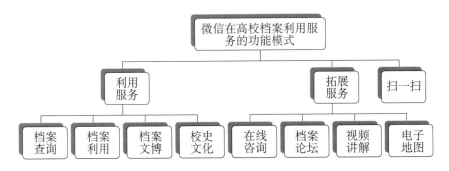

微信在高校档案利用服务的功能模式

1. 利用服务

传统的档案查询和档案利用仍然是高校档案利用服务的主要工作。因此这两点是公众微信平台必不可少的功能。这就需要实现与档案网站或数据库的对接，实现微信检索档案基本信息的功能。当档案用户通过档案微信公众平台进行档案查阅时，可以通过对接工作，直接向用户发送高校档案网站链接，提示用户转向网页浏览，从而获取相关信息资源或者通过访问高校档案馆的数据库查阅档案信息。这种方式不仅能够使档案利用者获得更为详细的档案信息资源，而且实现对高校档案网站资源的充分利用，督促高校档案馆及时更新网站信息资源，促进高校档案网站的建设。

公众微信平台设计是实现信息推送和提供服务的前提和基础。微信有两种方式的菜单定义,一种是编辑模式,一种是开发模式。在开发模式中,微信的功能得以开发和强化。开发模式可以根据客户对菜单进行自定义的设置,并通过高级接口上传图片、文字、视频等素材。在已开通的公众微信平台中,大多数平台设计采取了针对客户需求的开发模式。既然强调服务功能,高校档案馆也可采取针对客户需求的开发模式,可以进一步对微信平台的功能进行较为全面的开发,以更好地满足自身需求。

微信强调"微服务",因此高校档案利用服务的公众微信平台可以进一步做到细致入微,例如,档案查询可以"查档须知"、"自主查档"、"预约查档"等几个子选项,这样基本上就可以满足利用者的各种需求。而档案文博和校史文化则必须通过微信的推送功能来实现。档案中有名的建筑、名人轶事被编辑成图片、文字、视频等,从而以一种学生、老师更容易接受的方式进行推送。高校档案部门可根据自身具体情况,选择推送时间和次数。这样一方面可以达到档案宣传的作用,另一方面也可以促进高校档案的编研工作。

2. 拓展服务

高校档案馆可以充分利用微信强大的功能,开展以往档案利用服务所不具有的功能服务:在线咨询、档案论坛、视频讲解、电子地图。用户进入微信平台界面,有了更多的选择,既可以浏览微网站获取资讯、观看微视频、在社交媒体发表评论等,又可以体验微信平台提供的个性化服务。档案利用者可以利用微信的在线咨询功能,通过文字或语音等形式向档案馆咨询相关问题。微信公众平台对档案用户咨询问题的回复可以有自动回复,亦可以是人工回复。自动回复,即在微信界面中预设好一系列常见问题,当用户发送相关问题时,会自动发送相关档案信息。而人工回复则是高校档案管理人员收到用户具体询问或者档案未开放时,人工予以解答,高校档案馆可以做到 12 小时或 24 小时内进行回答,时效性极强。除了传统的文字信息,用户还可以用语音、表情的方式来与档案馆互动,表达各种意见、建议、投诉等,这样完全实现与档案利用者互动,对咨询者或高校档案工作者来说都大大增加了便利程度。微信群聊功能则可以更好地实现档案论坛的功能。

很多学生在校几年也不知道学校的档案馆位置所在,尤其是毕业许多年的校友来查档案总是找不到档案馆所在地,那么微信可以实现与学校的电子地图对接,从而达到准确定位,迅速找到档案馆所在地。此外,高校档案馆还可以通过微信发布档案校史知识问答比赛,来增加学生多校史的了解。还可以发布一些档案征集公告,收集一些老校友有关学校的珍贵资料,丰富档案馆藏。

3．"扫一扫"

微信二维码是腾讯开发出的配合微信使用的添加好友和实现微信支付功能的一种新方式,是含有特定内容格式的,只能被微信软件正确解读的二维码。"扫一扫"正是利用手机对微信二维码进行扫描的一种功能描述。二维码已经深深融入到人们的日常生活中,在报纸、电视、网络中,都随处可见,这个神奇的方块已经无处不在。高校档案馆开通的微信也可以设计二维码功能,把二维码粘贴在学校的各个部门、学生活动中心、教学楼的有关位置;在新生开学时,可以在新生报到处粘贴二维码,可以使新生了解自己的学生档案情况,同时也对档案和校史知识进行宣传;在学生毕业离校时,可以把二维码贴在毕业生的宿舍楼内,让他们及时了解自己的档案去向;高校档案馆门口和大厅内也可以设置二维码,档案利用者可以先扫描二维码,查出自己保留在学校的一些基本信息,可以方便档案工作者更方便、快捷地查出利用者的相关档案材料;二维码可以嵌入高校档案馆网站,从而更好地达到高校档案网站和手机微信功能的一体化。此外,学生、老师以及其他档案利用者还可以通过扫描二维码查看档案馆的平面地图,平面地图上清晰地标出档案馆各个科室的布局,以及利用窗口、洗手间、安全通道等服务点的信息。

尽管微信作为目前的新生事物,尚具有一定的不稳定性,例如微信公众平台获取条件相对比较高,年龄较大的档案利用者对智能手机使用的局限性等,但是凭借高校档案馆对微信的合理利用,必然会给档案利用者带来全新的体验和感受。高校档案馆对微信的应用尚处于起步探索阶段,还有待深入和拓展。高校档案馆可以以此为契机,推进高校档案利用服务的不断创新,进一步扩大高校档案馆的影响力,提升高校档案利用服务的能力。

参考文献:

[1] 张楠,边丽梅.微信在图书馆信息服务中的应用探析[J].图书馆研究,2013,(5).

[2] 慈波.小平台　大舞台——嘉兴市档案局"掌上档案"建设纪实[J].浙江档案,2014,(11).

[3] 宋鑫娜.档案公众微信平台应用模式探析[J].中国档案,2014,(11).

[4] 孙洋洋,徐晓莎.微信技术应用于档案信息服务初探[J].档案时空,2013,(10).

[5] 魏斌,曹佳瑜.档案局(馆)应用微博、微信情况的调查分析[J].兰台世界,2014,(26).

[6] 王保成,邓玉.微信公众平台在国内图书馆服务中的应用实践研究[J].图书情报工作,2013,(20).

[7] 武龙龙,杨小菊.基于微信公众平台的高校移动图书馆服务研究[J].图书馆学研究,2013,(18).

第三编　档案编研与传播

高校烈士人物群体传记相关问题研究

——以《上海高校英烈谱》为例

复旦大学新闻学院　周桂发

摘　要：通过对上海高校 142 位烈士传记的分类统计和数据分析，简要梳理 20 世纪上海乃至全国高校烈士人物传记与相关研究的若干特点。

关键词：高校烈士　人物传记　述评

1986 年，根据中央民政部门和组织部门统计，全国有姓名可查的烈士和家属受到优抚待遇的烈士，总数有 370 余万人。其中：在北伐战争、土地革命战争和抗日战争时期，在战场上牺牲的有 76 万余人，烈士中共产党员占了将近二分之一，从 1927 年至 1932 年，在刑场上牺牲的共产党人和革命群众，人数达 100 万人之多。[1]

2012 年 4 月 5 日，上海市烈属座谈会暨《上海市烈士英名录》首发仪式在市政府召开。中共中央政治局委员、市委书记俞正声为该书作序。《上海市烈士英名录》以时为序，以区县为单位。在 1982 年版《上海市革命烈士英名录》基础上，综合本市各级民政部门从不同渠道汇集来的烈士档案信息、《热血丰碑——解放上海烈士英名谱》等书籍资料记载的烈士信息，以及各烈士陵园安葬的烈士信息，共计 33321 条。通过比对、核实、甄别、合并，最终收录了自辛亥革命以来 15085 位烈士的英名及其相对完整资料。[2]

上海是一座有着悠久革命传统的城市，也是中国高等教育最早发展和较为发达的地区之一。100 多年来,上海的高校中涌现出许许多多为了国家强盛、民族独立和人民幸福而英勇献身的革命先烈。上海高校也历来重视烈士校友资料的收集和烈士精神的弘扬工作,复旦大学[3]、上海交通大学[4]、同济大学[5]等高校都曾将各自学校的烈士校友事迹整理出版,展示了上海高校烈士风采,充分体现了上海高校"爱国民主奉献"的精神内涵。2011 年,为纪念中国共产党成立九十周年和辛亥革命一百周年,以此为基础,在上海市教委的支持下,上海高校档案界就高校英烈的事迹进行了集中调研和整理,最后形成了由笔者主编的《上海高校英烈谱》。[6]同时,还举办了"上海高校英烈事迹巡展",142位英烈的光辉事迹成为对当代大学生进行革命传统和爱国主义教育的极好素材。

一　上海高校英烈的基本情况

将一个地区高校的英烈事迹加以系统发掘、整理、编撰成书,在全国来看,还不多见。在材料收集过程中,我们尽可能将烈士与相关学校的关系都搞清楚,以充分反映上海高校对烈士成长的影响。在撰写过程中,我们努力挖掘烈士的闪光点,增加文章的可读性,使烈士对于现在的读者来说仍是可亲、可敬。除肖像以外,配有大量学籍档案、手迹、著作、牺牲地等照片,图文并茂,可读性较强。在编排上,我们特地将烈士按牺牲时间的先后排序,使牺牲于同一历史事件的烈士事迹相对集中,纵览全书,仿佛就是一部缩微版的中国近代史。

根据统计,上海高校 142 位英烈,牺牲地在上海的有 34 人,占 24%,牺牲在上海以外地区的有 108 人,占 76%。其中,以中共党员居多达 94人,占 66%,团员 6 人,占 4%,民主党派 6 人,占 4%,其他 36 人,占26%。在校牺牲为 20 人,占 14%,离校后牺牲为 122 人,占 86%。

表一 上海各高校烈士统计(重复计算)

学 校	英烈数
复旦大学	42
上海交通大学	28
华东师范大学	22
上海大学	22
同济大学	19
上海理工大学	16
上海立信会计学院	4
上海师范大学	2

表二 上海高校英烈牺牲时年龄统计表(唐炳榕出生时间不详,未予统计)

牺牲时年龄	英烈数	百分比
年龄≤20 岁	6	4%
20≤年龄<30	75	53%
30≤年龄<40	39	28%
40≤年龄<50	15	11%
年龄≥50	6	4%

表三 上海高校英烈牺牲时间

牺牲时间	英烈数	百分比
第一次国共合作之前(1911—1923 年)	4	3%
第一次国内革命战争时期(1924—1927 年 4 月 11 日)	9	6%
第二次国内革命战争时期(1927 年 4 月 12 日—1937 年 7 月 6 日)	30	21%
抗日战争时期(1937 年 7 月 7 日—1945 年 8 月 15 日)	37	26%
解放战争时期(1945 年 8 月 15 日—1949 年 9 月 30 日)	25	18%
新中国成立以后(1949 年 10 月 1 日—)	37	26%

二 上海高校英烈的历史发展进程

在牺牲的上海高校烈士中,不少是我们今天耳熟能详的名人,其中还有夫妻烈士、叔侄烈士、同窗烈士,还有很多烈士在同一时刻殉难。

1. 夫妻烈士

陈耀庭(1931—1970),江苏吴江人。1949年参加革命,1961年毕业于复旦大学生物系。1962年,陈耀庭、谢聚璋夫妇由江西瑞金大学调至赣南医学专科学校任教。"文化大革命"开始后,他反对林彪、江青反革命集团的倒行逆施,写了十多万字的文章和信件,对一系列事关党和国家命运、前途的重大问题表明了自己的看法。在当时的历史条件下,陈耀庭敢于坚持真理的行为被定为"677反革命"案件。1967年12月被捕,1970年3月20日,陈耀庭为捍卫真理英勇献身。1980年10月,中共江西省委为陈耀庭平反昭雪。

谢聚璋(1936—1971),又名谢焱、谢炎,江苏南通人。1961年毕业于复旦大学生物系。1962年,陈耀庭、谢聚璋夫妇由江西瑞金大学调至赣南医学专科学校任教。"文化大革命"开始后,她面对"文革"产生的灾难,冷静思考,与丈夫陈耀庭一起写下了十多万字的文章和信件,对这场运动提出反对意见。在当时的历史条件下,该行为被定为"677反革命"案件。谢聚璋于1968年2月被捕,1971年7月11日,被迫害含冤而死。1980年10月,中共江西省委为谢聚璋平反昭雪。

2. 叔侄烈士

郑文道(1914—1942),广东香山人,中共党员。1933年与侄儿郑香山一同考入同济大学附属高级工业职业学校,在进步同学的影响下,与侄儿一同参加班级里的"读书会"(实际为共产主义研究小组)。抗战爆发后,他在青岛参加中共领导下的游击队,打击日寇。1938年参加华东人民武装抗日会。9月,调至中共中央特科,参加我党在上海的地下情报工作。1940年,化名程和生,打入日本情报机构"满铁上海事务所"。1942年7月,被日本警视厅特务和宪兵逮捕。遭受严刑折磨,坚贞不屈,同月29日壮烈牺牲。

郑香山(1916—1941),广东香山人。1933年考入同济大学附设高级工业职业学校。1935年积极响应北平"一二·九"运动,与叔叔郑文道随同2000余名上海学生赴南京请愿,并驾驶火车,要求政府出兵抗日。

1937 年夏参加中共青岛地下党领导的游击队,投身抗日斗争。1938 年,去陕北参加三原安吴训练班。1939 年加入中国共产党。之后,参加八路军,进入山东沂蒙山区,负责军工部,修理机械。1941 年秋,在日军突然袭击中,为掩护民众撤退,壮烈牺牲。

3. 同窗烈士(1927 年同济大学德文补习科)

殷夫(1910—1931),原名徐白,又名白莽,浙江象山人。1924 年开始创作诗歌。1927 年 9 月入同济大学德文补习科,学业优异,被推选为学生代表,经常宣传革命道理,同年加入中国共产党。1928 年参加"太阳社",1929 年任共青团中央宣传部干事,曾任团中央机关刊物《列宁青年》的主编、青年反帝大同盟的刊物《摩登青年》主编之一,1930 年参加中国左翼作家联盟。殷夫曾先后四次被捕入狱,但他革命意志坚定,在严刑拷打面前始终不曾动摇。1931 年 2 月 7 日被秘密杀害于上海龙华,为"左联五烈士"之一。

陈元达(1911—1931),浙江诸暨人,中共党员。1925 年秋至 1926 年春在同济大学机师科学习,由于参加反"誓约书"斗争,离校转学广东大学工科。1927 年夏奉组织派遣从广州回到上海,再次考入同济大学德文补习科学习。1928 年秋遭敌人追捕而转移去浙江象山,担任小学教师。1929 年春重返上海,一面参加工人运动,一面从事写作、翻译。1931 年 7 月 25 日从事联络工作时,遭逮捕。他在狱中坚贞不屈,视死如归。8 月 5 日被反动派秘密杀害于龙华。

王三川(1911—1945),又名顺芳,上海人,中共党员。1925 年考入同济大学机师科,1926 年春离开学校转学入广东大学工科,他一面勤奋学习,一面从事革命活动,1927 年 8 月奉组织派遣,重新回到上海,再次考入同济大学德文补习科。1934 年,由于叛徒出卖,被捕入狱三年。出狱后,在浦东从事游击斗争。1942 年,王三川受党组织派遣,打入余姚地区。1945 年 5 月 1 日,遭反动派杀害。

4. 同难烈士

根据烈士牺牲或在同一时间地点,或因同一案由等情况,分别制表如下:

同难烈士（一）

烈士姓名	就读或毕业或任教	案　由	牺牲时间	牺牲地点
杨亮成	1944 年就读重庆国立交通大学工业管理系	1949 年 1 月 10 日在河南商丘自忠中学被捕	1949 年 1 月 11 日	在南京郊外凤凰山旁的瓜埠镇被敌人枪杀
汪廷豫	1944 年就读重庆国立交通大学运输管理系	1949 年 1 月 10 日在河南商丘自忠中学被捕	1949 年 1 月 11 日	在南京郊外凤凰山旁的瓜埠镇被敌人枪杀

同难烈士（二）

烈士姓名	就读或毕业或任教	案　由	牺牲时间	牺牲地点
郭莽西	1946 年大夏大学中文系任副教授	1949 年 5 月 10 日在上海被特务诱捕	1949 年 5 月 20 日	在上海闸北宋公园被枪杀
穆汉祥	1945 年夏考入重庆国立交通大学电讯管理系	1949 年 4 月 30 日在上海虹桥路被捕	1949 年 5 月 20 日	在上海闸北宋公园被枪杀
史霄雯	1945 年夏考入上海交通大学化学系	1949 年 5 月 2 日在电车上被军统特务发现逮捕	1949 年 5 月 20 日	在上海闸北宋公园被枪杀

同难烈士（三）

烈士姓名	就读或毕业或任教	案　由	牺牲时间	牺牲地点
聂汝达	1931 年考入大夏大学法学院	1945 年 10 月 16 日,被国民党贵州省党部秘密逮捕	1949 年 11 月 11 日	在贵阳市纪念塔附近
戴绍民	1946 年秋考入大夏大学法学院经济系	1949 年 8 月 19 日,被逮捕	1949 年 11 月 11 日	在贵阳郊区马家坡

同难烈士(四)

烈士姓名	就读或毕业或任教	案　由	牺牲时间	牺牲地点
胡有猷	1938 年 4 月考入贵阳大夏大学教育心理学系	1948 年 4 月 17 日,因叛徒出卖在北碚被捕	1949 年 11 月 14 日晚上	在重庆渣滓洞附近的"中美合作所"电台岚垭被集体枪杀
石文钧	1938 年高中毕业,先后进入中华大学、复旦大学学习	1948 年 5 月,在四川云阳太平乡被捕	1949 年 11 月 14 日晚上	在重庆渣滓洞附近的"中美合作所"电台岚垭被集体枪杀
陈以文	1942 年秋考入复旦大学理学院化学系学习	1948 年 12 月,因叛徒出卖不幸被捕	1949 年 11 月 14 日晚上	在重庆渣滓洞附近的"中美合作所"电台岚垭被集体枪杀

同难烈士(五)

烈士姓名	就读或毕业或任教	案　由	牺牲时间	牺牲地点
周均时	1910 年入上海高等实业学堂(上海交大前身)	1949 年 8 月,被国民党军统逮捕,因于重庆"白公馆"	1949 年 11 月 27 日	在重庆渣滓洞看守所被敌人集体杀害
艾文宣	1945 年 10 月入复旦大学教育系学习	1948 年参加中共地下组织发动的武装起义,不幸失败被捕	1949 年 11 月 27 日	在重庆渣滓洞看守所被敌人集体杀害
何柏梁	1939 年复旦大学经济系毕业	1949 年 1 月 6 日不幸被捕	1949 年 11 月 27 日	在重庆渣滓洞看守所被敌人集体杀害
胡作霖	1941 年考入复旦大学新闻系,1945 年毕业	1947 年 6 月被捕,后经报社保释出狱。1948 年 6 月,第二次被捕	1949 年 11 月 27 日	在重庆渣滓洞看守所被敌人集体杀害

（续表）

烈士姓名	就读或毕业或任教	案　由	牺牲时间	牺牲地点
胡其芬	1939 年入复旦大学新闻系学习	1948 年 4 月被捕	1949 年 11 月 27 日	在重庆渣滓洞看守所被敌人集体杀害
唐慕陶	1941 年秋入复旦大学经济系学习，1945 年毕业	1948 年 6 月被捕	1949 年 11 月 27 日	在重庆渣滓洞看守所被敌人集体杀害
张永昌	1940 年入复旦大学史地系学习	1948 年 4 月因叛徒出卖，被敌人逮捕	1949 年 11 月 27 日	在重庆渣滓洞看守所被敌人集体杀害
薛传道	1942 年考入重庆交通大学	1949 年被捕	1949 年 11 月 27 日	在重庆渣滓洞看守所被敌人集体杀害

5. 同案牺牲烈士

烈士姓名	就读或毕业或任教	案　由	牺牲时间	牺牲地点
赵寿先	1947 年国立上海高级机械职业学校任教	1948 年 10 月 31 日因利群书报社案被捕	1948 年 11 月 24 日	从国民党淞沪警备司令部稽查处第一大队（威海卫路成都路口）楼上，为保护同志，跳楼牺牲
郑显芝	1947 年 9 月国立上海高级机械职业学校应用力学系任教	1948 年 10 月 18 日因利群书报社案被捕	1949 年 5 月 9 日晚	浦东杨家渡戚家庙
周宝训	1948 年 10 月，经组织安排，到立信补习学校任教	1948 年 10 月，因路过黄河书店，以利群书报社案被捕	1949 年 5 月 7 日	在上海浦东杨家渡戚家庙被秘密杀害

（续表）

烈士姓名	就读或毕业或任教	案　由	牺牲时间	牺牲地点
吕飞巡	经组织安排,到立信会计学校读书	1948 年 10 月 25 日因利群书报社案被捕	1949 年 5 月 7 日	在上海浦东杨家渡戚家庙被秘密杀害
黄秉乾	1946 年经组织安排,晚上到立信会计学校求学	1948 年 10 月 25 日因利群书报社案被捕	1949 年 5 月 7 日	在上海浦东杨家渡戚家庙被秘密杀害

6.同船牺牲烈士

烈士姓名	就读或毕业或任教	案　由	牺牲时间	牺牲地点
孙龙昌	1946 年考入国立上海高级机械职业学校机械科甲班	1949 年 12 月 6 日,国民党两架飞机轰炸"长沙舰"	1949 年 12 月 6 日下午 1 时许	国民党飞机轰炸南京下关合记公司码头的"长沙舰",在护舰战斗中不幸中弹牺牲
蒋传宗	1946 年 8 月,考入国立上海高级机械职业学校机械科丙班	1949 年 12 月 6 日,国民党两架飞机轰炸"长沙舰"	1949 年 12 月 6 日下午 1 时许	国民党飞机轰炸南京下关合记公司码头的"长沙舰",在护舰战斗中,不幸腿部中弹受重伤牺牲

三　高校英烈人物传记研究的若干特点

1. 名校英烈人物传记研究成果多,一般学校英烈人物传记研究相对偏少

以上海地区高校为例,一些百年老校从上世纪八十年代开始,先后编辑出版了本校的有关烈士人物传记书籍。例如,"复旦大学历来重视校友工作,在 1985 年出版的《复旦大学志》第一卷和 1995 年出版的《复旦大学志》第二卷的编写过程中曾收集了若干烈士校友的事迹,加以宣传。近年

来,复旦大学档案馆又陆续查证多位烈士为复旦(含原上海医科大学)校友,使得烈士校友人数达 38 位,较以前所掌握的增加了一倍有余,故萌生了为复旦烈士校友著书立传的念头。复旦大学档案馆 10 多位同志承担了烈士校友传记的撰写工作。他们深入图书馆、档案馆、纪念馆查找相关线索和资料,走访烈士家属、战友,了解烈士鲜为人知的故事,拜谒烈士陵园,拍摄资料照片。经过一年多的努力,大家克服了时间紧、任务重等困难,按期完成了书稿的撰写工作。"[7]最后在 2010 年"七一"前夕,出版《复旦英烈传》,该书收录了 38 位英烈校友。同济大学早在 1997 年就出版《同济英烈》,"作者通过深入调查访问,收集了许多珍贵的历史资料,并以纪实的笔法,展示了 21 位同济英烈的光辉思想与英雄业绩"。[8]上海交通大学在 2005 年编辑出版《青青犹在》一书,辑录"在我国民主主义革命和社会主义建设时期交大师生中涌现出的 24 位革命烈士的个人传略"。[9]而其他学校单独编辑出版成书者,则不多见。

2. 著名英烈人物传记研究多,一般英烈人物传记研究相对较少

仅以笔者主编的《上海高校英烈谱》[10]为例,共收录 142 位烈士。我们从《二十世纪中国人物传记资料索引》[11]中查到 78 位烈士有记载,占 54.9%。一些耳熟能详的著名英烈人物传记研究较多,据统计,有 13 位烈士在 11 篇以上记载的,占 16.67%,其中研究瞿秋白烈士的文章最多,有 207 篇,且时间跨度从 20 世纪 50 年代初,一直到 2000 年,几乎涵盖对瞿秋白烈士的个人生平、文学艺术、政治思想、在党史的地位和作用等方面的深入研究。还有一些在中共党史上具有重要地位的高校著名英烈人物,如蔡和森烈士,邓中夏烈士,分别有 46 篇研究文章;恽代英烈士,亦有 44 篇研究文章;张太雷烈士,有 22 篇研究文章。还有一些在中国近代史上具有重要地位的高校著名英烈人物,如蔡锷烈士,有 36 篇研究文章;邹韬奋烈士,有 66 篇研究文章;费巩烈士,有 16 篇研究文章;李公朴烈士,有 19 篇研究文章;郑振铎烈士,35 篇研究文章。而对一般英烈人物传记的研究,则相对较少。如对白毓崑、樊毓秀、陈虞钦、陈俊、李征风、沙文求、游雪程、袁佐龙、罗石冰、王海萍、陈德华、陈黄光、崔真吾、夏采曦、黄君珏、郑文道、丁基、黄天、蒋文华、陈伯康、王朴、戴绍民、陈以文、周均时、

艾文宣、胡其芬、薛传道、黄心源、朱守忠、沈霁春 30 位烈士研究的文章分别仅有 1 篇记载,占 38.5%;对安体诚、余泽鸿、刘湛恩、王进、钱素凡、吴祖贻、郑太朴、郑显芝、周宝训、吕飞巡、黄秉乾、史霄雯、何柏梁、胡作霖、唐慕陶、张永昌 16 位烈士研究的文章分别仅 2 篇记载,占 20.5%;黄仁、陈亮、侯绍裘、张似旭、杨潮 5 位烈士研究的文章分别仅 3 篇记载,占 6.4%;对尹景伊、刘华、糜文浩、董亦湘、陈昭礼、林基路、赵寿先、穆汉祥 8 位烈士研究的文章分别仅 4 篇记载,占 10.26%;对何秉彝、郭伯和、殷夫 3 位烈士研究的文章分别有 5 篇记载,占 3.85%;而对陈耀庭、谢聚璋烈士夫妇研究的文章分别有 5 篇记载,占 2.57%;对姚名达烈士研究的文章有 7 篇记载,占 1.28%。

与此同时,有 64 位烈士在《二十世纪中国人物传记资料索引》检索中,未能查到相关文献资料,占 45.07%。究其原因,主要是《二十世纪中国人物传记资料索引》所收文献时间在 2000 年以前,之后的烈士人物传记研究成果还未能及时反映。

3. 单个学校英烈人物传记研究多,一个地区高校英烈人物集中研究较少

从全国高校来看,有许多高校比较注重对本校英烈人物的收集整理和研究,编辑出版了一批本校英烈人物传记研究成果。根据笔者手头掌握的资料,从成书时间来看,相对较早的研究成果,是由中共厦门大学委员会党史编委会编,于 1989 年 5 月出版的《永恒的浮标》一书。该书收录了"罗阳才、杨世宁、黄淑、董云阁、祖晨、翁泽生、陈松生、陈康容、王助、林松龄、……应家骥等"20 位"烈士的英名和业绩,在厦大师生心中树立丰碑,激励人们为祖国繁荣富强建功立业。"[12]

北京大学早在 1991 年编写出版《战斗在北大的共产党人》一书,该书汇集了从 1920 年 10 月到 1949 年 2 月的北京大学地下共产党员的概况,讲述了 74 位革命烈士的英雄业绩,广大党员艰苦卓越的斗争。[13]随后,从 1992 年开始,北京大学党史校史研究室先后编辑出版三辑《北大英烈》,其中 1992 年 11 月出版的第一辑《北大英烈》,收入党的创始人之一李大钊和党的早期活动家邓中夏、何梦雄等 26 位同志的传略和他们为共

产主义事业光荣献身的悲壮事迹。[14]1994 年 6 月,编辑出版了《北大英烈》第二辑,"共收入 30 位烈士的传记。其中包括中共'一大'前入党的革命先驱高君宇、张太雷;……;解放战争时期的烈士有潘琰、李鲁连、闻一多、齐亮、刘国鋕等 12 人。"[15]随后又经过若干年的艰苦收集资料,1997 年 3 月北大党史校史研究室编辑出版了《北大英烈》第三辑,"本辑共收录了黄显声、郭钦光等 33 位烈士的革命传略。全书由邓力群同志作序,烈士的战友和亲属执笔,北大党史校史研究室主编辑。全书生动地描述了烈士们的战斗历程和光辉业绩,歌颂了他们为革命英勇献身的大无畏精神"。[16]这样,经过 8 年多的收集整理,三辑《北大英烈》共收录了 89 位北大烈士校友的英雄事迹。

1994 年,清华大学校史研究室编辑出版《清华英烈》,"本书所撰写的 39 位英烈的光辉事迹,就是他们战斗经历的忠实记述。"[17]

1993 年,由《云南大学志》编审委员会编辑出版《云南大学志——英烈传》,收录 63 位烈士的革命事迹,"我校 60 余位英烈用鲜血创下的彪炳千秋功业,永远值得我们骄傲"。[18]

2002 年北京师范大学在百年校庆之际,编辑出版《人生丰碑——北京师范大学英烈传》,"本书共收录了 50 位烈士的事迹,描述了他们为祖国的革命事业和教育事业作出的重要贡献。"[19]

2007 年,中国农业大学档案与校史馆编辑出版《农大英烈》一书,"本书通过真实的图片和大量的史料,生动再现了这 15 位烈士的战斗历程和革命事迹。"[20]

2011 年,由党跃武、陈光复主编的《川大记忆——校史文献选辑(第 4 辑川大英烈)》是四川大学档案馆在 1998 年四川大学校史办编辑出版的《川大英烈》基础上修订完成的,有大量的图片和档案资料,并且补充了原四川大学龙鸣剑、缪嘉文、艾文宣和原华西医科大学的余宏文、毛英才等烈士的英雄事迹。该书主要介绍四川大学百年来的马克思主义先驱王右木、巴蜀播火人杨闇公、歌乐山上为祖国解放而献身的英烈、十二桥边洒热血的学子等六十多位川大英烈的事迹,以隆重纪念中国共产党成立九十周年,缅怀曾在四川大学学习和工作的为了中华民族而无私奉献的革命先烈们,激励现今川大人更加努力学习和工作,努力为国家为民族作贡献。[21]

从全国来看,将一个地区高校英烈人物集中研究的成果还不多,目前能看到的仅有两种,分别是:

2005 年,由北京大学原党委书记王学珍主编的《北京高等学校英烈(上下)》,洋洋 1732 页。"本书收进的 273 位英烈,是曾经在北京(北平)高等学校就读过的学生和工作过的教职员工,是从'五四'运动到解放战争时期牺牲的烈士。他们都是我们党和人民政府正式认定为烈士的。个别同志虽因各种原因未被党和人民政府正式认定为烈士,但经过有关方面、有关地方政府的认证,确是在革命斗争中牺牲的,其事迹页列入本书。我们希望本书成为北京高等学校英烈比较完整的记载辑录。在编写过程中,我们尽可能从各高等学校和有关文史档案中进行收集,其中有的是征得同意从已有出版物转载的,如清华大学、北京大学、北京师范大学的英烈和'三一八'惨案中牺牲的某些英烈的事迹,大多数转载自己初步的《清华英烈》、《北大英烈》、《人生丰碑——北京师范大学英烈传》和《"三一八"惨案始末》。"[22]

2011 年 7 月,为纪念中国共产党成立 90 周年和辛亥革命 100 周年,上海市档案学会高校档案专业委员会组织编撰的《上海高校英烈谱》,由复旦大学出版社出版。该书全面展示了 142 位上海高校烈士的群像风采,充分体现了上海高校"爱国民主奉献"的精神内涵。该书也是一本在发掘、整理一个地区高校英烈事迹基础上编撰而成的党史读物,是上海高校档案部门为纪念建党九十周年而进行的通力合作之举,该书的出版必将对高校师生进行爱国主义教育起到积极的推进作用。[23]

4. 部分英烈为多所高校《英烈传》收录

在高校英烈人物群体中,有一种特殊现象,因为有些英烈生前曾经在多所学校学习、生活或工作过,因而他们的革命英雄事迹亦被多所学校记载。

例如,中国抗日战争时期第一个勇赴国难、壮烈殉国的教授——姚名达烈士,抗日战争期间任江西中正大学教授,组织师生战地服务团,亲赴前线,在新干县与日寇搏斗中英勇牺牲。姚名达曾于 1923 年中学毕业后入南洋大学(上海交通大学前身)肄业。1925 年 7 月考入清华大学国学研究院,1928 年从清华国学院毕业。1934—1937 年,曾任复旦大学历史研究法教授。是中国现代史上著名的史学家、目录学家,史理学创始人。其一生勤勉刻苦,著述宏富,在中国史学、目录学界,以忠诚正直,学有创见而享誉。著《目录学》等书 16 部。姚名达烈士事迹因而先后被清华大学的《清华英烈》[24]、上海交通大学的《青青犹在》[25]、复旦大学的《复旦英烈传》[26]等收录。

又如,我国著名数理学教育家周均时,在 1949 年 11 月 27 日,重庆解放前夕,为新中国诞生,英勇殉难于重庆歌乐山麓“中美特种技术合作所”集中营松林坡。1904 年,周均时随父经商到重庆,进入正蒙公塾读书。两年后随父去上海,在中国公学就读,继考入南洋大学船政科学习毕业。辛亥革命后,返回成都考入德国留学。1920 年学成回国,经上海返渝。1922 年夏,再次赴德国考察,在柏林工业大学跟从娄耶教授专研相对论,并直接听过爱因斯坦讲学。当时朱德也在德国,与他结为好友。1924 年,他归国后,以科技兴办工业,当走实业救中国道路的理想破灭后,转为从教。先后执教暨南大学、南京中央大学、重庆大学;还担任昆明同济大学、上海吴淞商船专科学校校长。著有《高等物理学》、《弹道学》教科书,颇受学生欢迎。是一名享有盛名的学者。他在不断探索救国途径中,终于找到了真理,并为真理而献身。1946 年参加了民革,从事推翻蒋介石独裁政权的斗争。1949 年夏天,参加建立民革川东分会地下组织和策反工作,确定“保川拒蒋,迎接解放”工作方针。由于打入民革内部的特务告密,周均时 8 月 20 日被捕,次日转移到白公馆。在狱中,敌人对他诱降不成,刑讯不屈,铁骨铮铮,坚持气节,11 月 27 日英勇殉难于重庆歌乐山麓“中美特种技术合作所”集中营松林坡。重庆解放后,遗体经党和人民政府收殓,遵照家属意见,葬于重庆市南岸区凉风垭坡上。鉴于周均时烈士曾先后在上海交通大学、同济大学学习、工作过,因而他的英雄事迹先后被上海交通大学的《青青犹在》[27]、同济大学的《同济英烈》[28]等收录。

四　有待进一步研究的问题

1. 为加强地区和全国高校烈士的传记资料研究,是否首先成立一个上海高校烈士研究专业委员会,或研究中心。这个研究机构,可以依托中共党史学会,或者相近学会,作为二级学会。以此来推动这一领域的人物传记资料的搜集整理与研究,包括档案资料、文字、图片、实物,以及音像资料等。

2. 是否每两年举办一次上海高校烈士传记资料研究的学术讨论会,以交流彼此的收获与研究成果,请还健在的英烈亲属及后人共同参与。通过出版学术研讨会的论文集来推动对高校烈士传记的研究。

3. 组织人力,搭建班子,编纂出版一套"上海高校烈士传记资料丛书"。

4. 可否在上述研究的基础上,经过若干的努力,以"上海或全国高校烈士传记资料的整理与数据库建设研究"为主题,申报国家社科基金重大项目。把搜集到的全部传记资料做成全文数据库,供中外学术界共享这一丰富资源的宝库。

(注:作者原为复旦大学档案馆馆长,现为复旦大学新闻学院党委书记)

参考文献:

[1]《全国革命烈士统计数字》.《革命人物》,1986 年,(3).

[2] 杨金志.《〈上海市烈士英名录〉首发　收 1.5 万余名烈士资料》.新华社,上海 2012 年 4 月 5 日电.

[3] 桂永浩主编.《复旦英烈传》.复旦大学出版社:(上海),2010 年 6 月.

[4] 王宗光主编.《青青犹在》.上海交通大学出版社:(上海),2005 年 5 月.

[5] 屠听泉、陈铨娥主编.《同济英烈》,同济大学出版社:(上海),1997 年 5 月.

[6] 周桂发主编.《上海高校英烈谱》,复旦大学出版社:(上海),2011 年 6 月.

[7] 桂永浩主编.《复旦英烈传》——后记,复旦大学出版社:(上海),2010 年

6月.

　　[8] 屠听泉 陈铨娥主编:《同济英烈》——序,同济大学出版社:(上海),1997年5月.

　　[9] 王宗光主编.《青青犹在》——序,上海交通大学出版社:(上海),2005年5月.

　　[10] 周桂发主编.《上海高校英烈谱》,复旦大学出版社:(上海),2011年6月.

　　[11] 复旦大学历史系资料室编.《二十世纪中国人物传记资料索引》,上海辞书出版社:(上海),2010年4月.

　　[12] 中共厦门大学委员会党史编委会编.《永恒的浮标》——烈士园碑文(代序),厦门大学出版社:(厦门),1989年5月.

　　[13] 王效挺、黄文一.《战斗在北大的共产党人》,北京大学出版社:(北京),1991年6月.

　　[14] 北京大学党史校史研究室.《北大英烈》(第一辑)——编者的话,北京大学出版社:(北京),1992年11月.

　　[15] 北京大学党史校史研究室.《北大英烈》(第二辑)——编者的话,北京大学出版社:(北京),1994年6月.

　　[16] 北京大学党史校史研究室.《北大英烈》(第三辑)——内容提要,北京大学出版社:(北京),1997年3月.

　　[17] 清华大学校史研究室.《清华英烈》——编者的话,清华大学出版社:(北京),1994年4月.

　　[18]《云南大学志》编审委员会编.《云南大学志——英烈传》——前言,云南大学出版社:(云南),1993年4月.

　　[19] 王晓明,王淑芳主编.《人生丰碑　北京师范大学英烈传》——内容提要,北京师范大学出版社:(北京),2002年5月.

　　[20] 中国农业大学档案与校史馆编.《农大英烈》——序,中国农业大学出版社:(北京),2007年8月.

　　[21] 党跃武、陈光复主编.《川大记忆——校史文献选辑(第四辑)(川大英烈)》,四川大学出版社:(四川),2011年6月.

　　[22] 王学珍主编.《北京高等学校英烈(上、下)》——前言,北京大学出版社:(北京),2005年7月.

　　[23] 周桂发主编.《上海高校英烈谱》——后记,复旦大学出版社:(上海),2011

年 6 月.

［24］唐纪明.《姚名达（1905——1942)》,清华大学校史研究室.《清华英烈》,清华大学出版社:(北京),1994 年 4 月.第 139—142 页.

［25］但申.《为国名达 为人显微——姚名达烈士抗日战场生涯十三日》,王宗光主编.《青青犹在》,上海交通大学出版社:(上海),2005 年 5 月.第 57—79 页.

［26］严玲霞.《一代名师捐躯沙场 爱国教授正气长存——记姚名达烈士》,桂永浩主编.《复旦英烈传》,复旦大学出版社:(上海),2010 年 6 月.第 75—83 页.

［27］但申.《爱国学者 民主斗士——记周均时烈士》,王宗光主编.《青青犹在》,上海交通大学出版社:(上海),2005 年 5 月.第 189—200 页.

［28］陈种美、郝敏真、屠听泉.《为革命英勇献身的教育家——周均时烈士传略》.屠听泉、陈铨娥主编.《同济英烈》,同济大学出版社:(上海),1997 年 5 月.第 129—136 页.

老科学家学术成长资料采集工作对高校人物档案编研的启示

东华大学档案馆　张　燕

摘　要： 2010 年起,中国科协联合中组部、教育部、科技部等 12 个部委组织实施老科学家学术成长资料采集工程,对以院士为代表的老科学家进行专项的学术成长资料采集与研究。作为一项学术规范强、技术要求高的系统工程,该项工作对于高校人物档案编研在组织设计、实物采集、研究定位、资源共享、权益保护等方面均有一定的借鉴意义。

关键词： 采集工程　高校　人物档案　编研

自 2010 年起,中国科协联合中组部、教育部、科技部、财政部、文化部等 12 个部委启动"老科学家学术成长资料采集工程"(下简称"采集工程")。截至 2012 年底,采集工程已开展了近 250 名老科学家(主要是院士)的学术成长资料采集工作,采集工程丛书的首批院士学术传记也于 2013 年 6 月正式出版。高校是院士的荟萃之地,院士也是高校备受瞩目的学术精英群体。笔者结合一年多来参与化纤专家郁铭芳院士学术成长资料采集工作的体会,探讨采集工作对高校人物档案编研的启示,并与同仁们交流。

一　老科学家学术成长资料采集工程实施背景

老科学家见证和参与了我国科技发展史上的重大活动和成果,是我国科技发展史的"活档案"。2009 年,著名学者季羡林、任继愈、钱学森的相继去世,引发了对老科学家个人资料抢救与保护的关注。中国科协向国务院报送的《老科学家学术成长历史资料亟待抢救》报告受到高度重视。经国务院批准,由中国科协牵头,联合 12 个部委成立老科学家学术成长资料采集工程领导小组,下设挂靠中国科协的采集工程领导小组办公室,委托各管理方进行分片管理。[1]对于高校,根据隶属关系归口管理。其中:部属高校采集工作由教育部管理,地方高校采集工作划归地方科协管理。

由于老科学家人数众多,采集工程分期进行。第一期工程计划用三年时间,以每年百名的进度,对约 300 名老科学家的学术成长资料进行采集。本着抢救优先的原则,采集对象重点为年龄在 80 岁以上、学术成长经历丰富、身体明显欠佳的两院院士,或虽非院士但贡献突出且身体明显欠佳的老科技工作者。采集内容包括三类:一是对老科学家本人及相关人员开展口述史访谈形成的直接及间接口述资料;二是以传记、证书、信件、手稿、档案、著作、报道、图纸等为内容的实物资料;三是旧有的以及本次采集工作中形成的各类音像资料。[2]采集工作成果最终表现为每位老科学家的学术成长资料全宗、不少于 15 万字的学术成长研究报告。采集工程在北京理工大学图书馆设立集中统一保管老科学家学术成长资料的馆藏基地,今后将据此开展有关资料的数字化利用和相关展览展示。

二　老科学家学术成长资料采集工作的特点

某种意义上,采集工作可视为针对特定人物的全面深入的人物档案建档与编研工作。因是采集工程的一部分,它又具有自身的特点。

1. 项目合同制管理

不同于常规人物档案编研工作多为内部自发或学校层面组织进行,采集工作是以国家工程的项目任务形式下达到学校,采用的是自上而下的管理模式,并具体以项目合同的形式进行运作管理。采集工作原则上由院士人事隶属关系所在单位负责组织进行,以人设组,一位院士成立一个采集小组(成员可交叉)。为确保项目质量,项目负责人及一名小组成员必须参加相应的采集工作培训,获取由采集工程领导小组办公室颁发的《老科学家学术成长资料采集工作人员资质证书》。因是项目合同制管理,采集工作有严格的任务和标准要求,需进行项目中期评估,并经专家终期评审通过后方能结项。

因校情各异,各高校的项目管理模式也不尽相同。有以工作任务形式组织的,有以单纯科研项目形式组织的,有以委托外包形式组织的。东华大学采取了"党委主导、项目运作"的组织方式。学校发文成立以党委副书记、副校长为组长,党办、宣传部、人事处、科研处、档案馆及院士所在学院相关负责人为组员的采集工作领导小组,下设工作组具体负责采集工作。在注重采集工作任务导向的同时,学校也充分考虑到项目的学术性,将项目纳入教育部纵向科研项目进行管理,并设立专项配套经费。

2. 学术要求高

与高校人物档案侧重于档案规范不同,采集工作具有较强的"学术"特色。这体现在两个方面:一是资料的学术特色。采集工作要求以老科学家学术成长经历为主线,重点采集能够反映院士求学历程、师承关系、学术成就、学术成长中关键节点和重要事件的口述资料等,以及反映老科学家学术思想、观点和理念产生、形成、发展过程的实物资料和音像资料等。所采集资料突出"学术成长"。二是成果的学术特色。采集工程接受中国科技史学会的学术指导,科技史专家为采集工程的专家组成员。采集工作中要运用口述史的学术规范采集整理口述资料,要运用史学尤其是科技史学术规范撰写院士年表与学术成长研究报告,探求院士学术成长的规律、特点。研究报告还要能体现院士所属学科、行业的科技发展史及院士在其中的作用和地位。这也离不开对院士相关学科的学术把握。

3. 技术规范强

因着眼于未来的利用与开发,采集工程制订了详细而严格的采集标准,以《采集工作流程》《采集工作规范》等一系列基础文件作为采集人员的工作指南。采集操作文本对各类资料的采集、整理、存储、使用作了详尽规范,并规定了明确的技术指标要求。从采集工作实践来看,采集工作的技术指标是相当高的，如广播级的视频录制、高分辨率的数字化加工、RAW 格式的数码照片拍摄。特别是视频录制这方面工作，多数高校的采集小组采取了技术外包的形式，与中央电视台、地方电视台等合作，引入专业摄录团队。

4. 资料全面系统

采集工作是对老科学家学术成长资料的全面深度采集，全部资料形成完整的一个全宗。它具有几个特点：一是种类多样，包括传记、手稿、信件、档案、著作等实物资料，口述形成的文字、音像等口述资料，照片、光盘、磁带、磁盘等音像资料；二是主题突出，所有资料均为围绕老科学家的学术成长经历采集所得；三是数量众多，因采集对象和采集小组工作具体情况不同，采集资料的数量相差较大，但整体保持较大规模，数以千计；四是时间性强，所有资料在不同类别下基本依照时间顺序整理。

三　采集工作对高校人物档案编研的启示

1. 加大人物档案编研的组织设计

这包括宏观和微观两个层面。

从宏观层面看，采集工作采用项目制进行管理。由于档案编研力量有限，高校开展有关人物档案编研时，常有时力不济之感。项目制可以很好地动员和引入各方面力量的参与。有条件的高校可以考虑将人物档案编研工作纳入学校校园文化项目或其他各类项目规划中，甚至单独立项，档案部门做有关项目的设计者、组织者和推动者。

从微观层面看，可实行采编合一的运作形式。对于众多采集小组而言，小组分工和运行形式不一，有从任务类别上设定小组分工的，如资料采集人员、资料整理人员、报告撰写人员；有从任务主题上划分的，如院士学术成长的不同阶段、不同研究领域等。就笔者参与采集工作的体会，资料采集和报告撰写宜"采编合一"。从采集角度，这有利于发挥撰写人员学术研究的优势，把握采集重点；从报告撰写角度，这有利于发挥采集人员熟悉资料内容和采集渠道的优势，灵活资料运用和补充。由于采集工作点多量大,不可能一揽到底,但必要的双面参与可以实现双向的互动。各高校人物档案管理情况不一,对于增量人物档案,人物档案编研完全可以将采集与编研结合进行。

笔者之所以用采集而非档案界常用的征集,"采集"更有主动的成分。人物资料往往散存在各处、各地,有些甚至可能流落到旧书网甚至废品回收站。采集工作中各采集小组需要深入到院士家乡、各阶段求学单位、曾经的各个工作单位、家庭、亲朋好友处,采用的是地毯式搜寻。限于经费和人员条件,人物档案编研未见得需要如此,但这种主动式的采集思想是可取的。

2. 加强人物有关资料采集

人物档案编研成果除了落于文字的书面研究成果,展览、专题片等直观、生动的传播形式也不容忽视。在注重资料史料价值的同时,有必要兼顾采集一部分更有"看点"的资料。在采集时要注意重点采集四类资料:

一是口述资料。这是最具个性化和活力的资料,具有其他各类资料不可比拟的优势。对于许多书面资料难以言道或有错讹之处,当事人的记忆有助于还原历史的全景。二是高龄资料。受社会政治形势影响,加之各人资料保存意识不一,早期资料留存不易。正如高龄老科学家成为采集工程的重点,这些"高龄"资料也是采集的重点。这与档案学界"高龄档案应当受到尊重"思想也是一致的。三是特色实物资料。这是能够突出体现人物研究、工作领域和成果的实物资料,相当于人物的"标识",如手术刀之于医学专家、化学纤维之于化纤专家。笔者所在小组在采集院士资料时,我们很惊喜地找到了 20 世纪 60 年代的聚酰亚胺纤维实物,泛黄的包装纸下纤维亮丽如新,一如"黄金丝"的美誉。这也是郁铭芳院士曾经获全国科学大会奖的有关成果。此外,我们还找到了有关纤维生产设备上代表性的零部件如喷丝板、喷丝头等。四是代表资料。包括:反映的活动、成果的代表性;人物本身的代表性,即能体现人物个性化风格的实物如系统性的日志记录,带有明显个人印记的代表性工作生活用品。

3. 坚持人物档案编研的史学价值追求

笔者以为,采集工作归根结底是项史料的积累和研究工作。这与人物档案编研是类同的。史学价值追求始终是人物档案编研的重要基点。

这体现在两方面：

一是史料背景信息的多角度著录。采集工作中在资料整理上是简化的，以件整理，分类流水编号，但在资料著录上是强化检索的，设有详细的著录项目。如信件类包括题名、写信人、收信人、信件摘要、书写人、书写用笔及纸张、创建日期、是否原件、原件保存地、载体、存放路径等。笔者所在采集小组就据此整理形成院士学术成长资料长编（学术成长脉络图），并形成有关年表。

二是研究成果的史学内涵。采集工作最终要形成严谨、科学的院士年表、学术成长报告。某种意义上，它是一项兼具史料挖掘和科技史研究的学术性工作。人物研究离不开一定的背景考察，这一背景包含政治经济环境背景、从事行业学科技术发展背景、所属地域背景、所属单位背景。人物档案编研也有必要努力提升史学研究内涵，加强人物个人历史与教育史以及相关领域的科技史、行业史等的融合研究。人物档案编研由此也需要注意吸纳具有相关学科背景和史学背景的人员参与。

4. 构建人物档案信息资源库

入选采集工程的院士在很多方面存在共性。这一批院士多数出生于上世纪 20 年代，人生经历中有共同的关键词：抗日战争、新中国建设、文革、科学大会、科技创新……，学术成长经历中在求学学校、科学共同体、科学发展史方面也有不少交叉点。一些高校的人物曾经在其他高校学习或工作过，加强资源共享成为可能和必要。上海高校档案协会现有上海高校人物档案数据库的探索，期待进一步深化和推广。还可考虑与有关资源库进行整合，包括今后的"老科学家学术成长资料数据库"。像东华大学图书馆目前在承担教育部研究项目"纺织史资料数据库建设"，这类数据库对于研究纺织学科的人物就极具参考价值。今后可考虑提供相关链接，不仅是建设单个数据库，更是构建一个综合性的导航和信息平台。

5. 加强人物档案编研的权益保护

采集工程严格规定了相关知识产权的归属，并制订有专门的《采集工程知识产权协议》作为合同附件。人物档案编研中也必须关注相关的权益保护。在公民法治意识提升的背景下，这既是对人物档案编研对象的

权益保护,也是对人物档案编研工作者的权益维护。其中涉及的权益主要有以下四方面:

一是档案所有权。这是最根本权利,其他权利多由其派生而出。我国档案所有权有国有、集体、个人等形式。随着采集范围的扩大,人物档案中有部分资料原先的所有权是归属于个人的。这部分档案即档案学界所指的私人档案。出于档案对个人的意义和感情,不是所有私人档案都会以捐赠的形式实现所有权的转移。笔者就遇到有人员表示定期寄存身后捐赠的意愿。

二是知识产权。这部分集中在有科技成果内容的档案和享有著作权保护内容的档案。诚如采集工程严格限定了知识产权归属,人物档案编研工作中也应尽量明确相关的知识产权归属,便于将来的开发与利用。值得注意的是,所有权的转移并不意味着知识产权的必然转移。

三是隐私权。采集工作中在口述史访谈、查阅人事档案中往往会涉及人物及相关人员的个人隐私或对他人的评价。有鉴于此,人物档案编研工作中一定要树立隐私保护意识,防止不必要的法律纠纷。

四是档案公布权。采集工作中一些资料从各级各类档案馆中获取。对于人物档案编研,也可能会遇到类似的问题。对于从档案馆收集的资料利用必须符合有关档案法律法规,遵守利用范围,特别是不得侵犯档案公布权,不得擅自公布公开。

目前,采集工程作为国家层面的一项系统性、开拓性工程,正处于探索阶段。对于内涵有交叉的人物档案编研工作,他山之石,可以攻玉,人物档案编研工作势将成为高校档案编研的一大亮点。

参考文献:

[1] 胡其峰. 中国老科学家学术成长资料采集工程近日启动. http://www. chinanews. com/cul/news/2010/06—10/2335463. shtml. 2010—6—10.

[2] 中国科协调研宣传部. 中国科学技术协会老科学家学术成长资料采集工程基础文件(未刊稿),2011.6—7.

论纪实节目对档案资源编研开发利用的几点启示

——以北京卫视《档案》栏目为例

上海政法学院　方乐莺

摘　要：本文通过分析北京卫视《档案》节目入手,简析历史纪录片对于档案资源的利用对档案编研开发利用的几点启示:要善于紧紧抓住社会关注点和大众兴趣点,同时最大程度上发挥产品载体的独特性,并充分契合不同媒体平台宣传的特点。

关键词：历史纪录片　档案编研　档案资源开发利用

档案工作的最终目的是为了记录历史,而对于历史的回忆和呈现则倚重于对档案资料的编研和展示。随着国家对档案资源的开放度逐年提高,各级文化部门对历史档案资源的研究开发利用程度也在逐年提高,公众对于档案资源的关注度和利用频率也越来越高。以往公众接触和使用档案基本是以走进档案馆为概念的,而历史类纪录片对于档案信息的再利用为公众接触和了解历史档案提供了一种全新的方法——以电视节目为平台,公众可足不出户、低成本、方便快捷地触摸过去,观赏历史,有时甚至能看到一些非常珍贵的历史资料。以北京卫视《档案》栏目为例,自2009年开播以来迅速走红,收视率逐年上升,到2011年由周播改为日播,单期最高收视率曾达 4.7%①。此类纪录片对于故事题材的叙述和分

---

① 徐春艳. 从北京卫视品牌节目《档案》谈档案的社会文化价值. 黑龙江档案, 2012.04.

析很大程度上倚靠丰富的历史档案资源,善于紧紧抓住社会关注点和大众兴趣点,同时最大程度上发挥了电视媒介的独特性,并充分契合不同媒体平台宣传的特点,取得了较大的成功。本文以《档案》为例,简要分析纪实节目对档案资源编研开发利用的几点启示。

一　紧扣社会关注点

纪实类电视节目基本有以下几种主题:战争、历史、人物、社会、生活、野外生存探险、自然动物等。《档案》题材选取主要集中于前面四种,选题广泛涉及古今中外,通过分析与揭秘,探寻解读各类历史或热点事件的缘由脉络以及人物的传奇经历等。可以想见,此类题材的纪录片对于档案资料的倚重是毋庸置疑的。长期以来,由于档案工作的行政指导性,战争、历史、人物、社会题材的档案资料相对保存得比较完整,为节目的制作提供了丰富的资源,也为历史细节的精致剪接、人物心理的细致分析提供了可行性。

出于收视率的考量,《档案》在这四类题材范围中对于具体事件和人物的选择,极大程度上是以社会普遍关注的历史疑点、盲点,社会热点事件,传奇人物等为主体的。笔者统计了《档案》自 2013 年初至今的 143 期节目,按时代划分,与中国近代史相关有 50 期,二战题材有 17 期,中国古代史相关 14 期,建国史相关 17 期,现代社会时事热点事件相关的有 45 期,约占了三分之一。按性质划分,政治类题材有 47 期,社会类题材有 40 期,人物类题材有 56 期,人物类题材中又有 11 期是与社会时事热点相关的。可见,社会关注热点事件是《档案》选题的主要方向之一。如春节前后,《档案》连续制作七期与春晚幕后相关的人物纪录片。邓文迪与默多克离婚消息传出不久,《档案》"邓文迪与默多克:轰动世界的离婚背后"节目就搬上荧屏,适时为观众揭开事实真相,清除"相遇"谣言。在电视剧《甄嬛》热播之际,播出了"清宫中妃嫔争斗的真与假"和"清朝那些事之甄嬛的前生今生"等节目。

历史总是惊人的相似,当热点突发事件发生之时,人们总是第一时间寻求以往经验的借鉴和指导。档案资料的编研利用要做到吸引大众,在题材方面就要善于结合社会关注的热点事件,深入挖掘现有档案资源,以达到观众的观看(阅读)期待与历史资料的最佳契合点。当然,根据社会舆情的关注热点的周期长短不同,档案编研的重点和周期也要随之发生变化。如突发的社会热点事件周期比较短暂,可重点针对相似事件进行资料挖掘,以总结经验为主,速度要快。也可结合周期较长的热点进行资料编研,如结合建党、建国或本单位周年庆等重要历史时间节点,做好档案的编研利用,重点在于材料的严谨、详细和准确,以最大程度发挥信息资源的文化价值。全国新一轮的修史编志工作已经拉开大幕,正是档案史志工作人员认真思考、周密策划档案编研产品的良好契机。

二　挖掘大众兴趣点

人类历史中无数悬而未决的秘密强烈地吸引着人们与生俱来的好奇心。历史大案、战争风云、名人轶事等题材也对大众有着强大的吸引力。大众在心理上对于近代题材的历史有一种天然的接近性。从统计资料看,《档案》节目对于近代史相关的题材关注度是很高的,以中国及世界范围近代战争为背景的节目有 67 期。当然,历史事件无法完全从历史人物身上剥离出来。因此,大部分历史事件的叙述基本是以人物的经历、心理剖析等为线索展开。节目对近代战争背景下的人物的选择大部分集中于著名人物:有政治军事家,如纳粹领导人、蒋宋家族成员、知名将领,有命运多舛的传奇人物(如末代皇帝),还有文艺界知名艺术家等。中国古代史相关题材仅涉及清朝,大多关注慈禧、溥仪等大众耳熟能详的人物。这些选题在很大程度上迎合了大众的兴趣点。

在节目的具体制作上,制作团队也尽力以大众的兴趣点作为切入点。近代的历史资料保存完整,许多历史细节有案可考,可使故事情节丰满生动,但同时也留有很多历史疑点,有很多悬疑可以在叙事中加以利用,为节目吸引收视率打下良好基础。在叙事过程中,节目尽可能寻找"小"细节来解读"大"人物的心理,或者为"大"事件的发展埋下伏笔。即使是宏大的战争题材也不例外,如《一个婚礼半个葬礼　恶魔末日 36 小时》中,片子以希特勒与爱娃举行婚礼入手,描绘了恶魔最后失败灭亡的结局。档案盒是节目常用到的一个道具。当主持人戴着白手套从档案盒里取出两人的结婚证和身份证时,节目对于这一场匪夷所思的婚礼的叙述有了极强的可信度,引发了观众对于节目的强烈兴趣。随后主持人对于怪诞的婚礼现场的详细描述,爱娃的"豪饮",希特勒穿梭于婚礼应酬和修改遗嘱之间,两人手上还戴着"从惨死在集中营的犹太人手上扒下来的戒指"。片子同时回忆了希特勒与爱娃平淡温情的交往,虽然没有正面呈现纳粹集中营的残酷和柏林的战争,但这种强大反差的叙述,一方面深刻而讽刺地刻画了希特勒强烈扭曲的人格和残暴不仁,另一方面也从中看出二战期间的德国遭受的种种奇怪而残酷的统治。诸如此类能体现希特勒的残酷心理的细节很多,如片子花了不少笔墨介绍希特勒与他的爱犬"布隆迪"之间的感情,他多次称它为"最忠诚的伙伴",而它最后的结局只是在他轻描淡写的一句话后成为毒药的试验品,希特勒"看了它一眼,就回到了自己的房间"。

　　可见,充分挖掘大众兴趣点,选取大众感兴趣的角度和细节讲述历史,是进行档案文化产品的编研、吸引读者阅读或观看的有效手段。中国文化绚丽多彩,档案编研完全可以创新性的角度、丰富的形式以吸引读者。河南大学陈宁宁编《黉宫圣殿——河南大学近代建筑群》一书,通过发掘、整理、研究近代建筑群的历史文化脉络、设计建造理念等,图文并茂地"揭示大学精神、民族文化、民族心理的培育、传承与优秀校园文化的创建以及环境育人之间的关系"。[①] 该书图文并茂,锻词造句,装帧精致,值得档案编研人员学习和借鉴。

三　利用载体独特点

　　《档案》成功尝试了一种"史实"蒙太奇的故事讲述手法。"同一历史

---

①　陈宁宁.档案编研创新的尝试与再思考.档案学通讯.2010,02.

时间,不同的历史人物和事件,通过某一个原因进行平行勾连,会产生很多意想不到的效果。"①如《烧毁的圆明园》开篇,用一个监狱里囚犯的遭遇与咸丰帝的处境进行平行勾连,既在第一时间抓住了观众的注意力,又很巧妙地将故事转向宏大的战争背景。

同时,《档案》充分利用电视载体的特点,真实再现了历史资料,最大限度还原历史场景。如《邓文迪与默多克:轰动世界的离婚背后》,在开篇的几分钟里,主持人站在酒会的背景前,背景昏暗的灯光下,模糊的剪影以"情景再现"的方式还原了邓文迪与默多克戏剧性相遇的"桥段"。这种以类似场景再现历史的方式在《档案》里被使用得十分纯熟。主持人经常游走于"历史场景"、沙盘区、幻灯区与放映区等若干场景之间,极大地调动了影像、图片、实物、道具以及解说等各种元素相互补充、相互配合,最大程度地增强历史的现场感。这在很大程度上增强了节目的生动性和可视性。

这是纪录片充分运用影像媒介的独特点,最大程度地发挥出影像媒介的叙事优势,取得良好的传播效果。档案资料在影像叙事中以历史照片、文字图片、实物照片、影像资料甚至电影资料等方式展现出来,既保留了档案资料的权威真实性,又增强了视觉效果。在纪录片中,档案资料不再是沉默的照片,也不再是冗长的文字,更不是发黄的会议记录,在主持人的行走放映间,档案成了生动的动态影像。历史不再是遥远的、冰凉的,在主持人的冷静讲述中,历史成了曲折离奇的故事,有温情脉脉,也有惊心动魄。

当然历史不仅仅是故事。档案编研成果形式多样,有档案出版物、音像出版物(如电视纪录片或专题片、各种讲述类节目等)、历史展览等。不同的载体有不同的特点和优势,档案编研成果也要立足于成果自身的载体形式,充分发挥其优势特征。如档案编研出版物,优势在于可反复翻阅,其内容就要完整、翔实、准确。编写手法要依据出版物的性质而定,在确保真实准确的同时增强可读性。如人物传记类,可具体突出人物的性

---

① 黄瀛灏.《档案》节目外包漫谈.中国电视(纪录).2010.06.

格、心理特征讲述他的故事，以生动的情节描绘来吸引读者。而史志汇编类出版物则重在详细、完整、严谨、准确。音像出版物则要充分利用影像、声音生动形象的独特优势，最大可能地还原历史真貌，给观众一个愉悦的观赏过程。档案展览等除了图文展示外，可充分发挥实物档案的特长，运用实物或模拟影像、仿造实物等手段，给人们留下深刻的视觉印象。

四　找准宣传契合点

《档案》本身是电视节目，虽然天然地具有电视媒体的平台优势，但是它同时也需借助其他媒体进行宣传推广。除了北京卫视一日若干次数的节目预告，节目组不定期在各平面媒体、网络媒体、官方微博上发布节目预告。无论是电视预告片还是文字预告内容大都设下悬念，吸引观众准时收看。

档案编研成果如果不注重宣传，其传播效果和文化价值同样大打折扣。档案部门可与电视台、影视制作公司等联合开发影视产品，借助媒体或传媒公司的营销渠道，提高档案编研成果的传播覆盖面。出版物可借助出版发行公司、媒体评论、活动推广等方式加强宣传。展览展示等活动可借助定期或不定期的活动加强推广。如 2013 年复旦大学结合 6 月 9 日"国际档案馆日"活动，向公众展示了部分独具历史价值和文化意义的馆藏精品，吸引了众多市民、师生前来参观。

当前网络微博发展迅猛，有学者提出利用微博开展档案知识宣传和资料利用。微博具有即时、碎片化传播的功能，对于习惯了节奏缓慢、严谨详细地对档案资料进行编研的研究人员来说确实是一个全新的模式。利用微博开发利用档案资源有如下优势：（1）化繁为简。140 个字的微博可碎片化传播档案内容，相比于大部头的文献、汇编以及分散的原始史料等比较起来，可提供给读者更加轻松、简单的阅读体验。（2）即时迅速。档案资源可结合时事热点事件挖掘相似历史事件，即时传播相似经验，充分体现档案的借鉴、参考价值。（3）"深"入"简"出。挖掘深埋于历史宝库的珍贵信息，以网络语言简单阐释，解密释惑，增加读者的阅读兴趣，充分发挥档案的资源价值。(4)互动服务。微博可与读者进行互动,有助于开拓网络服务平台,满足读者信息需求,也可获知读者对于档案服务的意见与建议。

档案资源开发利用与社会是双向互动的过程。一方面,档案资源通过图文、影像、出版物或实物等形式展出,满足了观众了解历史档案的需求,实现了档案信息的社会共享,提高了档案资源的文化价值;另一方面,档案资源的各种形式传播,无形中提高了大众的档案意识,提高档案部门的社会影响力,为档案部门进一步征集档案资源打下良好基础。

詹姆斯·B·罗兹先生说:"档案的首要作用是它作为整个国家的历史记录,能使一个社会立足于过去经验的认识,去理智地计划未来"。①档案资源是人类社会的重要文化宝库,既反映了人类社会宏观的发展历史,又在细节处反映出社会微观生活的点滴,是社会集体记忆的宝贵资源。研究开发档案资源,通过多种形式多种途径,面向社会推而广之,不仅满足公众了解历史以及信息公开的需求,更深层次的意义在于,以史为鉴、以史为镜,推动社会进一步良性发展,推动民族精神、民族文化、民族心理的培育、传承,从而推动人类社会的和平稳定发展。

---

① 中国档案学会外国档案学术委员会.《〈文件与档案管理规划〉报告选编》.档案出版社.1990:227。

陈寅恪入复旦公学年月及是否毕业考

复旦大学档案馆　杨家润　孙瑾芝

摘　要：一代学人陈寅恪上世纪 50 年代后期沉寂后，于 80 年代悄然热起，至今未息。自 1981 年蒋天枢所著《陈寅恪先生编年事辑》出版以来，20 余年间，研究陈寅恪的文章、专著不断面世。然而尽管陈氏生活的年代离我们不远，但有些事却已现扑朔迷离之状。如其入学复旦公学的年月、毕业与否等，几乎没有一部研究专著所述与史实完全相符的。细加分析可知，绝大部分专著中相关资料均来源于《事辑》，但颇令人遗憾的是，《事辑》所载恰恰是错误的。笔者根据复旦大学馆藏档案及其相关史料，细加分析研究后，对上述问题作出考订和论证，还原了历史面貌。

关键词：陈寅恪　复旦公学　入学年月　毕业与否

曾被誉为"教授之教授"的一代学人陈寅恪，上世纪 50 年代沉寂后，虽被文化界有大力者数数拈提姓名，但那是需要而已，沉寂是铁定了的。想不到的是 80 年代时却热了起来，且一发不止，直至如今。研究他的文章、专著不绝如缕，以致被人戏称为"陈氏显学"。

一个已故世近 40 年的学人，仍能赢得人们如此长久持续的关注，这在中国大陆或可说是屈指可数的吧。究其原因，除了人们对这位史学大师的人格、品性的景仰外，可否说亦是国人对学术人格尊严的反思与觉醒呢。

纵观研究陈寅恪的文章、专著（到目前为止），感到某些叙述与历史事实相出入处颇多。也许是著者疏于考证，也许是考而未得，故每有人云亦云之处。考而未得的原因很多，其主要原因恐怕在于无法见到原始史料，特别是档案。历史研究缺乏作为第一手原始史料的档案作基石，历史的真实性是难以保证的，所建的学术大厦亦难稳实。由于无奈，人们常常转求于第二手、第三手资料，人云亦云或属不得已而为之吧。以诗证史的研究方法，倘无陈寅恪那样的学养功底，以及娴熟各朝掌故文物的能耐，是无法做到的。况且还有诗无确诂之说呢。因此，如何真正实现开放档案的开放，以及确定档案利用与档案公布间的可操作界限，是档案界应当着重解决的问题。

一　研究文章、专著对相关内容的叙述

以下就陈寅恪何时入学复旦公学，是否毕业的问题来看看研究者是如何说的（就笔者所见，按出版顺序先后为序，一一列举）。

1. 蒋天枢著《陈寅恪先生编年事辑》。"光绪三十一年乙巳（1905），先生十六岁，在日本。疑本年寒假先生与兄衡恪、隆恪俱返南京。先生患脚气病，须异地疗养，遂回国，在家休养年余"（1967 年第 7 次交代稿）①。"光绪三十二年丁未（1907），先生十八岁。先生插班考入复旦公学，似在本年春"。第 7 次交代底稿（笔者注：指陈寅恪"文革"中被迫作的交代材料。以下均同）："插班考入上海吴淞复旦公学高中程度）"。② "光绪三十四年戊申（1908），先生十九岁。读书上海吴淞复旦公学"。"宣统元年己酉（1909），先生二十岁。复旦公学毕业。""秋先生经由上海赴德"。③ 第 7 次交代稿："由亲友资助赴德，考入柏林大学"。④

2.《清华校史丛书人物志》黄延复文《陈寅恪事略》。"1907 年插班考

---

① 《陈寅恪先生编年事辑》蒋天枢著，上海古籍出版社，1981 年 9 月第 1 版，p24、25.

② 《陈寅恪先生编年事辑》蒋天枢著，上海古籍出版社，1981 年 9 月第 1 版，p26.

③ 《陈寅恪先生编年事辑》蒋天枢著，上海古籍出版社，1981 年 9 月第 1 版，p28.

④ 《陈寅恪先生编年事辑》蒋天枢著，上海古籍出版社，1981 年 9 月第 1 版，p29.

入上海复旦公学。1909 年毕业,秋赴欧洲留学,读于德国柏林大学。"①

　　3. 陆键东著《陈寅恪的最后 20 年》。"1904 年陈寅恪第二次赴日本,进入东京巢鸭弘文学院读高中,次年秋因脚气病回国,旋入上海复旦公学攻读。1909 年复旦公学毕业,即再次远游,赴德国柏林大学攻读语言文学。"②作者于此注云:均引自陈寅恪 1956 年 5 月 21 日所填《干部经历表》(笔者注:经查中山大学原档案,无复旦公学毕业字样)。这类表格属个人档案中的一部分,人们通常称之谓人事档案。按规定,个人简历应由本人填写。陈寅恪因目疾失视,故由其夫人唐筼代填(蝇头小楷),但内容为陈氏所口述。陆氏此著,1995 年 12 月出版后,很快引起了学术界及社会的关注,成为畅销书,未及半年便再次印刷。其原因除陈寅恪热效应外,关键点在于该著所引史料来源可靠,内容原始性、真实性高。全书530 余页,引文即有 500 余处,而出自档案者竟达 200 余条,这在以往的传记类书刊中是绝无仅有的。但在引用档案时,作者未注意对可能引起麻烦处而做必要的处理,结果惹起司法纠纷,被判决原版不得重印。这是人们应当在引用档案时引起重视的。

　　4. 汪荣祖著《陈寅恪评传》。"光绪三十三年(1907),寅恪考入吴淞复旦公学,为插班生,系高中程度。"③"宣统元年(1909 年)寅恪自复旦公学毕业后,即由亲友资助赴德国留学。"

　　5. 刘以焕著《国学大师陈寅恪》。"光绪三十三年丁未(1907)春先生考插班生入上海复旦公学就读。""先生在复旦公学就读三年(从光绪三十三年,即 1907 年,至宣统元年,即 1909 年),于乙酉(笔者注:应为己酉)(1909)毕业,是年二十岁。"④

　　6. 叶新著《近代学人轶事》。"1907 年,他插班考入复旦公学(复旦大

　　① 《清华校史丛书人物志》黄延复文,清华大学出版社,1983 年 4 月第 1 版,p169.

　　② 《陈寅恪的最后 20 年》陆键东著,生活·读书·新知三联书店,1996 年 5 月第 2 次印刷,p14.

　　③ 《陈寅恪评传》汪荣祖著,百花洲文艺出版社,1996 年 12 月第 3 次印刷,p29.

　　④ 《国学大师陈寅恪》刘以焕著,重庆出版社,1997 年 6 月第 2 次印刷,p88.

学前身）。1909 年,他赴欧洲留学,先后在德国柏林大学、瑞士苏黎世大学学习,1913 年春入巴黎大学。"①

7. 汪荣祖著《史家陈寅恪传》。内所述陈寅恪入学复旦公学年月及毕业于复旦公学,与其所著《陈寅恪评传》所述内容完全相同②。

8. 潘益民著《陈方恪先生编年辑事》。1907 年条谓:"是年,寅恪回国,进入上海吴淞的复旦公学就读。"③1909 年条无复旦公学毕业说,唯有"秋,衡恪回南昌西山谒祖父母之墓并祭扫前妻范孝嫦之墓。是时,寅恪'得亲友资助',去德国柏林大学"。④

9. 王川著《学界泰斗》。"1907 年,他在上海,插班考入复旦公学。"⑤"1909 年,寅恪从复旦公学毕业。"⑥

10. 刘克敌著《陈寅恪和他的同时代人》。"1902 年春,年仅十三的陈寅恪与大哥陈衡恪赴日本自费求学,成为一位少年留学生。两年后,陈寅恪利用假期回国,与二哥(笔者注:指陈隆恪,按陈家大排行应称五哥)一道考取官费,再次东渡日本。可惜仅仅一年左右,便因患上严重脚气病被迫归国。之后,他插班考入上海复旦公学,并于 1909 年毕业。"⑦

11. 刘斌等著《寂寞陈寅恪》。"陈寅恪回国后,在家调养了一年多,于 1907 年插班考入上海复旦公学,系高中文化程度,同班同学中有后来著名的气象科学家竺可桢和留学德国获海德堡大学史学博士的徐子明。""1909 年,陈寅恪从复旦公学毕业。"⑧

---

① 《近代学人轶事》叶新著,百花文艺出版社,2005 年 1 月第 1 版,p188.

② 《史家陈寅恪传》汪荣祖著,北京大学出版社,2005 年 3 月第 1 版,p28、29.

③ 《陈方恪先生编年辑事》潘益民著,中国工人出版社,2005 年 12 月第 1 版,p28.

④ 《陈方恪先生编年辑事》潘益民著,中国工人出版社,2005 年 12 月第 1 版,p30.

⑤ 《学界泰斗》王川著,广东人民出版社,2006 年 8 月第 1 版,p26.

⑥ 《学界泰斗》王川著,广东人民出版社,2006 年 8 月第 1 版,p27.

⑦ 《陈寅恪和他的同时代人》刘克敌著,文化艺术出版社,2006 年 9 月第 1 版,p4.

⑧ 《寂寞陈寅恪》刘斌等著,华文出版社,2007 年 1 月第 1 版,p44.

二 《事辑》所述相关内容之依据及分析

以上所举 11 例中,9 例肯定陈寅恪 1907 年考入复旦公学,2 例未明确年月。关于 1909 年复旦公学毕业说,9 例作肯定,2 例未述及。上举各例中,成书最早为蒋天枢所著《事辑》①,1981 年出版。最晚为刘斌等所著《寂寞陈寅恪》,2007 年出版。从分析可知,例中关于陈寅恪与复旦公学的资料绝大部分引自于《事辑》。推究其原因:一、蒋氏所著《事辑》乃海内第一本全面披露陈寅恪身史之专书。作者为陈寅恪任教清华国学研究院时期的学生,毕业后师生间鱼雁常通,联系不断。建国后,蒋天枢曾二下广州访师问道,未改程门立雪之虔诚与恭敬。可以想见,于陈氏身史,自当比他人知之为详。且获乃师信赖,托付以藏山事业。有陈寅恪"拟就罪言盈百万,藏山付托不须辞"的赠诗可证②(蒋天枢没有辜负老师的托付,终于在20 世纪 80 年代初完成了一套七种九册的《陈寅恪文集》的整理编辑、付梓工作)。二、蒋天枢是位极为严谨的学者,《事辑》所有条目、内容,他都力求资料来源有可靠依据,并为之尽了最大的努力。因此《事辑》极具权威性,为后来研究者广为引用,属情理中事。然而,蒋天枢很清楚该书的不足处,他曾明言:"今兹所辑录《事辑》,仅限于见闻,阙略特甚。忆及昔年去广州时,曾请师追述往事,从旁记录。师谓将来拟自撰文,因而未敢再请,追悔曷及。"③可见,蒋天枢最终未能见到陈寅恪的自书身史材料。

若就见闻论,亦或有因时空之关系,而不一定完全与事实相符的。古有三传曾参杀人,慈母投杼而走的故事。再者,撰是书时,各大学皆无档案馆建制,亦无开放档案之说。那时档案利用,于个人而言,实在是一个无法跨越的禁区。因此,蒋天枢根本无法得见中山大学所藏档案,亦没法见到复旦大学所藏档案,也就不可能将见闻与档案相互印证。故《事辑》

---

① 《陈寅恪先生编年事辑》均简称,《事辑》。
② 《蒋天枢传》朱浩熙著,作家出版社,2002 年 11 月第 1 版,p183.
③ 《事辑》p175.

不免有缺憾处,如其中对于陈寅恪入学复旦公学年月及毕业与复旦公学的叙述即是。

尽管《事辑》作者于 1907 年陈寅恪插班入复旦公学条下有据"1967年第 7 次交代底稿"的注,但这显系陈寅恪忆误,难以为凭(这与他 1956年自填简历相矛盾)。此种情况,在回忆类文字中常见之。周谷城先生晚年回忆,说他是 1942 年到复旦执教的,但档案中清清楚楚记载着,到校时间为民国三十二年九月(他当年自填教员登记表)①。《事辑》于陈寅恪1909 年复旦公学毕业条下未注出处。蒋天枢下此断言,恐怕是合理推测所致吧。因为当年的复旦公学为高等学堂,毕业生的学业程度为"大学预备"(稍高于高中程度,不少人毕业后或赴欧美留学,或考国内大学,如1909 年毕业的张彝赴美国留学,1910 年毕业的金问洙考入北洋大学)。既然陈寅恪入学时已有高中程度,就读两年后,理当属毕业离校了。纰漏恰恰就出在推测上,据档案记载,陈寅恪所在的丁班,毕业时间应为 1911年。当年复旦公学未行学分制(时国内学校尚无学分制吧),也无跳级之规定,章程中却有学业成绩不合格留级的条款。1908 年夏季期考,陈寅恪平均成绩为 94.2 分,列丁班第一名②。但仍按常规,秋季升入丙班。如依 1909 年毕业说,他必须连跳二级升入甲班才行。因此,1909 年毕业不可能,亦无依据。

三 档案对相关内容的记载

1.《复旦公学章程》③第二章、分斋及学级。(一)本公学遵高等学堂定制,正斋(学科为二类:一,政法科、文科、商科大学之预备;一,理科、工科、农科大学之预备)三年毕业。惟我国行学未遍,程度不齐,故于正斋前另立备斋二年。第三章、学科程度。(二)正斋第一部(政法科、文科、商科

---

① 历史档案第 2494 卷,复旦大学档案馆藏.

② 历史档案第 2 卷《复旦公学等第名册》(戊申夏季期考甲乙清册),复旦大学档案馆藏.

③ BK·82《复旦公学章程》,复旦大学档案馆藏.

大学之预备)学科程度如左:伦理学,国文,英、法文,英、法文或德文,历史,地理,数学,伦理,心里,理则,法学,簿记学,体操,音乐,拉丁文。(三)正斋第二部(理科、工科、农科大学之预备)学科程度如左:伦理学,国文,英文,法文,英、法文或德文,数学,物理,化学,地质,矿物,动物,植物,测量,图画,体操,音乐,拉丁文。第五章、入学程度。(二)凡欲入正斋者,应有中学毕业程度,或所学科目稍有欠缺,亦可通融插班。惟须自认于卒业限内,能补习完备为合格。(三)凡考取者,各就其所学程度插班,不限先后资格。第八章、考试升班及卒业。(七)凡评定分数均以一百分为极则。学年总分数在六十分以上者方得升级(一学年为一级)。(八)凡未能升级者,下学年仍重习该学级之学科。

根据有关资料披露,陈寅恪留学日本期间以习日文为主①。故考入复旦公学后按程度插班,未能入正斋,而入备斋之初级。当年与他同班同学有数人还是附生(清代秀才)。

2. 宣统元年复旦公学厘订章程取消了正斋名称,改称大学之预备,学制三年。所学课程已较深,如第一类学科第三年的课程为:伦理(摘讲宋元明诸儒学案),经学(讲钦定八经),国文(练习各体文学兼考究历代文章流派),英文(文学史、古文),德文或法文,拉丁文,法学(国际公法、民法、宪法史、政治史任习两种),体操。备斋则改为附设中学,学制五年。中学第五年课程为:伦理(摘讲五种遗规、读有益风化古诗歌),经学(周礼),国文(读文、作文、兼讲中国历代名家大略),历史(欧洲中古及近世史),英文(高等说部、修词学、作论),算学(立体几何、平三角),物理(普通),动物或植物学,体操②。

3. 1908年春,复旦公学在校学生有甲、乙、丙、丁、戊、己、庚七级,共241人。甲、乙、丙三级为正斋生,丁、戊、己、庚为备斋生。陈寅恪、竺可桢、夏传洙、钱智修等38人为丁班生。学生姓名册内设有姓名、年龄、籍

---

① 《陈方恪先生编年辑事》潘益民著,中国工人出版社,2005年12月第1版,p24.

② 历史档案第3卷《宣统元年复旦公学釐订章程》,复旦大学档案馆藏.

贯、住址、三代(曾祖、祖、父)姓名、入学年月等详细栏目。

如:"陈寅恪 十九 江西义宁 伟琳 宝箴 三立 南京中正街 乙己七月

高丙炎(嵩山) 二十四 江苏丹徒 士洪 同庚 汝楫 扬州苏唱街 丙午正月

钱智修(经宇) 二十六 浙江嵊县 宏道 谟楷 崇鼎 长乐镇 乙己七月

竺可桢(烈组) 十九 浙江会稽 宏毅 大冈 嘉祥 东关镇 戊申正月

任传鹤(守梅) 二十 江苏震泽 振勋 酉 兰生 同里镇 丁未七月"①

这里清楚地记载着陈寅恪入学复旦公学年月(乙己七月)。己酉秋季(1909年)学生名册中已不见陈寅恪,同班的高丙炎、钱智修、任传鹤均在册②(竺可桢则于1908年秋即离校去北方)。是时,丁班已由丙班升乙班,该班于1911年夏季毕业。

4.辛亥革命前,复旦公学先后有四届毕业生(第一届1908年,第二届1909年,第三届1910年,第四届1911年),计57人。其中有与陈寅恪同学的高丙炎、钱智修、任传鹤等,但无陈寅恪③。

5.陈寅恪自填《本人简历》"1904春起,1905秋止,在日本东京巢鸭弘文学院高中读书,因脚气病回国。1905年秋起,1909年秋止,在上海吴淞复旦公学读书"。④ 这与复旦大学所藏档案记载的入学年月与离校年月完全吻合。

从陈寅恪的游学经历可知,他并不看重文凭、学位。他游学欧美,入柏林大学,进巴黎大学,到哈佛,游英伦,为的是求取知识,研究学问,不在于毕业文凭与学位。故前后留学15年有余,未拿任何学校毕业文凭,也未取任何学位。却精通十数国语言文字,文史哲古今中外贯通,学界景仰为大师,与文凭学位可说无甚关系。他们那一代学人,游学而不为文凭者

---

① BK·77《1908年秋、1909年秋复旦公学学生名册》,复旦大学档案馆藏.

② BK·77《1908年秋、1909年秋复旦公学学生名册》,复旦大学档案馆藏.

③ 历史档案第2669卷《1913年至1922年复旦公学、复旦大学同学录》,复旦大学档案馆藏.

④ 中山大学档案馆藏档案.

大有人在,且后成为学术界重镇者,亦在在可举。

四　考证结论

1. 根据以上档案,综合分析后可确定陈寅恪入复旦公学的确切时间为 1905 年秋。1907 年入学说不正确。

2. 陈寅恪离开复旦公学的时间为 1909 年暑假后。

3. 陈寅恪复旦公学未毕业,毕业离校说不正确。

4. 陈寅恪在复旦公学就读时间为 1905 年秋至 1909 年暑假,整整 4 学年。

《复旦学报》社科版 2005 年第 3 期封二载丁雁南短文《国学大师——陈寅恪校友》,笔者将档案所记载相关处转告之。此信息确实在该文中有反映,但似未引起研究者注意。在 2006 年、2007 年出版的研究陈寅恪的专著中,相关涉及处仍未见有更改。为此笔者特作此文,祈有裨益于后来者。亦意在尊重事实,恢复历史原貌。

复旦大学学生参干纪实

复旦大学档案馆　陈超群

摘　要： 朝鲜战争爆发后，加强国防力量显得越来越迫切，中央人民政府人民革命军事委员会和政务院发布了《关于招收青年学生、青年工人参加各种军事干部学校的联合决定》。各高校纷纷响应号召，掀起了报名参干的热潮。本文详细描述了复旦大学学生参干的整个过程。

关键词： 抗美援朝　军事干校　参干　宣传教育

一　历史背景

1950 年 6 月 25 日，朝鲜战争爆发。6 月 27 日，美国总统杜鲁门派遣第七舰队入侵台湾海峡。10 月，以美国为首的联合国军突破三八线，把战火烧到中朝边界鸭绿江边。面对这一形势，新成立的中华人民共和国政府作出了"抗美援朝，保家卫国"的决策，组成中国人民志愿军赴朝参战。11 月 4 日，中国共产党和各民主党派发表联合宣言，在全国范围内开展抗美援朝、保家卫国的群众运动，并成立了抗美援朝总会，尽可能地动员全国人民支援战争。

随着朝鲜战争形势的发展，加强国防力量显得越来越迫切，部队需要大量既有顽强的战斗意志，又有一定文化水平的青年。这样，大城市中具有一定文化程度的青年学生和掌握一定技术水平的青年工人就成了一支重要的可吸纳力量。

1950 年 12 月 1 日，中央人民政府人民革命军事委员会和政务院发布了《关于招收青年学生、青年工人参加各种军事干部学校的联合决定》（以下简称《决定》）。《决定》指出："凡年在十七岁到二十五岁，思想纯洁，身体健康，具有初中二年级以上的文化程度的青年学生，及具有高小文化水平的青年工人，均可报名参加。各省市（专署）、县地方政府，应根据上级政府的具体指示，吸收当地教育行政领导机关、新民主主义青年团组织、学生联合会、工会及其他有关方面，即行成立'军事干部学校招生委员会'，负责进行当地的招生工作。各地'军事干部学校招生委员会'负责制订所属学校、工厂的'军事干部学校学生保送委员会'。保送委员会由各学校、工厂、新民主主义青年团组织、学生会、工会及教育工作者工会共同组成，负责办理本单位的报名手续，并负责初步审查报名学生的政治条件及身体条件"。

《决定》发出后，各级青年团、学生会、工会都迅速响应号召。12 月 2 日，青年团中央和全国学联发出号召，"青年团员、爱国学生行动起来响应祖国号召，参加军事干校"。中央教育部也发出《关于胜利完成各种军事干部学校招生计划的指示》，要求各级人民政府教育部门、各学校必须协同有关方面，按规定的条件与名额，胜利完成此项招生计划。各高校纷纷响应号召，其中复旦大学报名的就达 800 余人，经批准参加军事干校的有学生 283 人、教员 3 人，是全市各高校中参加人数最多的。

参加军事干校活动的延续时间不是很长，共分成两次（三期）。第一次是在 1950 年底到 1951 年初（共分二期），主要招收青年学生（初中二年级、17 岁以上）和工人。第二次是 1952 年的 6 月—7 月，主要招收的是学生，其中更多的是中学生。第一次招生时，在抗美援朝运动动员较好的地区及老区，工作开展较快，历时较短。"如北京一、二两期动员工作只用了 20 天左右；河北全省从布置到完成为 14 天；石家庄市只用了一个星期。在抗美援朝运动开展较迟的地区及新区，工作开展较慢，历时较长。如西南及华东、中南的大部新区，皆历时一个月以上，工作多结合抗美援朝运动与教会学校反诽谤反侮辱的反美爱国运动而进行"。[1] 由于有了第一次作基础，第二次招生普遍"比上一次做得好些，完成得也更迅速"。[2]

二　活动过程

1. 宣传教育阶段

宣传教育在动员学生参加军事干部学校运动中的作用是巨大的。当时新中国刚刚成立,很多人担心参加抗美援朝会影响祖国建设和个人前途。一些学生、知识分子中还有亲美、崇美、恐美的思想。因此,青年团针对这一现象进行了广泛深入的"抗美援朝,保家卫国"的爱国主义教育,逐步激发学生的爱国热情,提高学生的政治觉悟。11 月 7 日,复旦大学在纪念十月革命节大晚会中,邀请华东高教处处长徐平羽作了讲演,分析当前形势,会末通过"全体复旦人坚决拥护各民主党派宣言的宣言"。全校自经济系开始开展控诉运动,外出宣传。当时就有同学提出参加志愿军,农艺系就有王绍岱、邢祖颐、王继曾、杨振玉、李彭年、洪绂曾、阙更生、李友尧、顾慰连、徐善良、刘魁梧、陈豹略、张文宏、王秀全、陆欣来、林冠伦等 16 人。各系纷纷召开大会、组织座谈会、控诉大会等,以实际行动支持抗美援朝。11 月 13 日,复旦大学 3000 人集会控诉美帝罪行。此外还组织读报小组,搞好时事学习和宣传运动。[3] 11 月 16 日,复旦大学组织 23 个访问队到光华大学、育才中学等 83 个学校访问。通过座谈、小组讨论、控诉、朗诵等方式宣传,一致喊出"不看美国电影,不听美国之音"。11 月 24 日,复旦大学抗美援朝工委会改组,成立"中国人民保卫世界和平反对美国侵略复旦大学工作委员会",分设主席团、秘书处、宣传部、学习部及安全部。11 月 27 日本校教职员工反对收听"美国之音"。11 月 30 日,全校掀起捐献热潮,各系修订爱国公约。[4]

之后,复旦大学开展了全面的号召与宣传运动。12 月 4 日,复旦学生会与团委会号召大家"大胆地暴露思想,严正地和正确地考虑自己的态度",组织青年团员以分支为单位展开讨论,也邀请非团员同学参加。各分支委会在召开支部大会前就先进行了讨论,起了重要的推动作用。例如,数理系分支部书记黄顺基同学就是一个典型的例子。他是全校出名的用功学生,数理系功课最好的同学之一。他原来的理想是当一名数理学家,开始时思想有很大的矛盾,但最终他想通了:"如果美帝侵占了我们的国家,我还有什么科学研究呢? 即使在科学上有出色的成就,这种成就还不是美帝用来残害善良的人民吗? 目前正需要我们有科学技术知识基础的知识分子去参加国防建设,青年团员更应当起好带头作用。"当他把自己的思想变化在学校的大会上向全体同学汇报了以后,引起了强烈共鸣,他的话就像一把钥匙,打开了很多和他有着类似矛盾思想的同学心中的锁。[5]

复旦大学的教育工作者也对此号召表示热烈拥护。"祖国已在庄严地号召了,我们一定要保证完成动员的任务,鼓励我们最心爱的同学投向祖国的怀抱!"但最初也有一些思想上的分歧,"政府大概是动员中学生去吧,不会要大学生的!""大学生顶好让他们成为专家,参加军事干校不能发挥专长,未免可惜。""目前斗争虽很紧张,但和平建设的可能性还是很大,和平建设还是最根本的。"12 月 4 日晚上,教职员团支部邀请各院教授分别举行扩大小组会。通过这次讨论,进一步明确了当前形势和自己责任,涌现了很多动人的典型。胡寄南教授就在会上表示自己带头参军,做教育俘虏的工作。周纪伦先生说明了自己经过思想斗争怎样鼓励妹妹赴朝鲜前线工作。12 月 5 日下午,工委会召开全校教员座谈会,对目前形势交换了意见,鼓励教员要尽到人民教师的责任,支持同学们参加军事干校,并在座谈会上通过了《为拥护军委会、政务院动员青年学生参加军事干校的号召告同学书》。[6]这次座谈会后,各系教授纷纷商讨具体的行动步骤。农艺系的教授决定全体参加同学的小组讨论,研究怎样开好座谈会;新闻系的教授决定搜集同学的思想情况,帮助同学们解除顾虑。

12 月 6 日下午的政治大课上,贾开基教授说明"一二·一"学生运动经过,号召同学们继承"一二·一"烈士的革命传统,踊跃参加军事干校。王中教授以自己亲身参加"一二·九"运动的经过,向同学们说明中国青年的反帝传统,革命知识分子与人民武装相结合的道理。他以"一二·九"时代的青年资格向复旦青年发出挑战,许多同学都感动得流泪了。张允若在一篇纪念王中先生的博文中记录了这一场景:当先生讲完了过去的传统和目前的时局之后,向全场抛来了一串铿锵的语句:"现在,我们可爱的祖国又一次到了生死存亡的关头。我们这些曾经义无反顾地奔赴疆场的'一二·九'时代的青年,要向你们这代人挑战了,你们有没有勇气应战? 有还是没有?"这番话不禁使登辉堂里一千多名中华儿女热血沸腾,同时发出了"有"的吼声。此情此景至今仍清晰难忘。会后,报名参加军事干校的人数直线上升。[7]

图 1　新闻系参干同学合影

当天晚上,学生会与团委会联合召开了"一二·九"纪念晚会。会上,由青年团市工委学生部负责同志作了报告,说明参加国防建设的重要性,并对同学们思想上的一些问题做了解释。接着,教授、校委会、工会代表讲话。化学系主任严志弦告诉复旦人,他为什么要鼓励他在浙大读书的女儿去参加军事干校。同学发言中,合作系施德玉同学报告了自己怎样克服了顾虑,她号召女同学们不要落后,要学习赵一曼与丹娘。土木系葛文祺同学告诉大家,自己一直想做工程师,现在想通了,并且他有信心去说服家庭,争取自己的妻子一同走上光荣岗位。[8]农艺系陈豹略同学的话更打动同学们的心。1950 年 9 月,陈豹略由社会系转入农艺系,不到一个月,抗美援朝便开始了。国家和理想之间,他选择了国家,和班里同学一起报名参加中国人民志愿军。不料父亲得知消息后,一封急信到复旦:"如果你一定要去,我就死在你面前,让你母亲和弟弟妹妹无人供养,活活饿死。"父亲不等儿子回信就气冲冲地赶来学校"问罪"。这一天,他和父亲谈了四个小时。陈豹略父亲的话代表了相当一部分家长的想法:"毛主席号召青年要做的工作很多,不一定要参加志愿部队,毛主席没有号召大学生,更没有号召你。"后来为了阻止陈豹略,干脆把他的母亲从乡下接来。妈妈见了儿子劈头就说:"豹略,你不能丢开你苦命的娘!"听了这句话,他忍不住哭了。母亲就他一个儿子,他是妈妈唯一的希望。但是"现在儿子正是为了保护您和全中国千千万万个妈妈,才要去参军的!"母亲识字不多,听了儿子的话,却能明白儿子的意思。又是一阵沉默,最后还是点点头说:"国家需要你,我就不留你了。"[9]陈豹略跟同学们说:"家庭问题实际上是自己的问题,要依靠同学,要有决心去解决,保卫祖国,就是保卫父母。"后来,陈豹略同学的事迹作为典型广为宣传,感动了很多同学。

7 号晚上,全校各系科分别举行师生支前大会,教师和同学们一起热烈地展开支前捐献活动。教师纷纷向同学们说明青年知识分子参加国防建设之重要性与必要性。复旦各系在 7 号、8 号相继召开师生座谈会,同学们在会上相互启发和教育,每个人汇报了自己的思想斗争过程。座谈会上涌现出了很多动人的故事,例如,新闻系陈邦直同学家里有洋房、汽车,父母甚至把他结婚和留学的费用都准备好了,但他告诉同学他不稀罕这些,他要为保卫更多人的幸福生活而斗争。历史系朝鲜籍的尹世燮同学站起来说:"祖国已到这样危急的时候,如果再不起来,真是太无良心。"[10]有的同学思想斗争想通了,勇敢地站起来迎接光荣的掌声,有的同学把自己不能解决的问题提出来要求大家帮助解决。

在这次运动中,复旦的教师起了很大的推动作用。商学院院长李炳焕教授在商学院扩大团员大会上说:"当我唯一的孩子李端拉着我的手说:'爸爸,你要站在马列主义的立场,允许我参加军事干校。'我的太太拉着我的手说:'你要帮助我留下我唯一的孩子'的时候,我感动得流泪了。但是为了我们的祖国,我坚决地鼓励他去。今天我勉励同学们正像勉励我自己的孩子一样。"[11]统计系主任薛仲三教授说:"同学们,你们都是我最心爱的孩子,你们要勇敢响应祖国的号召。我自己虽然年龄已超过,但我也坚决响应政府的一切号召,以弥补我过去对革命尽力不够的遗憾。"[12]在薛仲三同志的鼓动下,原来估计只有十余位同学报名的统计系,当场竟有33位同学报名。动员会上,俄文组的黄有恒、麻健、陈杰明、李群珠4位先生当场表示自己也参加军事干校。数理系李锐夫教授要自己最得意的学生为祖国效劳。周予同教授在历史系的动员大会上,激动而声色俱厉地说,他当年也是热情澎湃地参加五四运动,摇旗呐喊地去"火烧赵家楼",后来在革命运动中却动摇了,退却了,没有革命到底,你们可不要像我错过革命的机会,要抓住机会勇往直前。[13]在他的鼓动下,全系同学几乎都报了名。后来,系里批准了8位同学参加军事干部学校。此外张明养、谭其猛、张孟闻、漆琪生、胡寄南、周谷城、周伯棣、章靳以等教授也都在各系的座谈会上对同学起了极大的宣传鼓动作用。教育系助教张昉老师不但自己报名,而且还鼓励他的爱人报名;农学院两位助教刚刚结婚,却双双报了名。[14]教员同志以各种方法,深入开展思想教育和国防教育,坚定同学们的信心,帮助同学们解决家庭问题,组织家长招待工作和家庭访问队。有的同志则在筹备成立大规模欢送会。

2.登记报名阶段

12月8日,复旦大学全校开始登记。各系有着不同的队名,中文系有西蒙诺夫战斗队,历史系有伍修权队,教育系有白求恩输血队,该系女同学还有丹娘战斗队,经济系有朱德战斗队,园艺系有保尔·柯察金战斗队,化学系有居里战斗队,茶专有任弼时队,土木系有奥列格青年队,数理系四年级有毛泽东班,新闻系有一个毛泽东飞鹰战斗队。[15]

一二·九全上海学生大游行,2200名复旦人参加。队伍的前面是一支102位参加军干校同学组成的"代表队",队伍中七百多位报名军干校的同学胸前都挂了光荣花,各系把捐献的礼品挑着或举着。在游行中同学们还不断进行着思想斗争。[16]到12月11日,复旦大学已有846人表示参干决心,突破全上海各校记录。游行回来后,学校立即请海军、空军战士报告军队生活,并协助解决家庭困难。在正式报名开始那天,校园内锣鼓喧天,光荣门前张灯结彩,各系师生纷纷放着爆竹,欢送自己的爱生挚友去为祖国服务,"报名去,让祖国挑选!"共有683人走进了光荣门。[17]在报名过程中发现,学生其实是一个比较容易动员的群体,但问题是受到家庭束缚较大,很多同学试图一走了之,也有不少家长以死相胁,因此很多动员工作需在学生家长中展开。为此,学校在 12 月 12 日举行教员座谈会,商讨学生参加军事干校问题,联合发表《告学生家长书》。

12 月 15 日,全校捐献运动胜利完成,累计献金:50224000 元(旧币,1 万元相当于新人民币 1 元);慰劳袋:711 个,棉手套 597 双,慰问信 506 封。[18]

12 月 20 日,成立军事干部学校复旦大学保送委员会,陈望道任主委。保送委员会由校委员会、党支部、团委会、工委会和学生会五方面联合组成,下设秘书组,组织部,宣传部。在市招生委员会的同一领导下,办理本校动员报名及初步审查工作。12 月 21 日,682 名师生正式报名。[19]

3. 保送工作阶段

12 月 22 日,保送工作展开。召开复旦大学代表会议,首先由保送委员会陈望道主委致开幕词,邀请华东宣传处处长王力作启发报告,会议通过《关于参加军事干校学生保送工作的决议》。《决议》提出,必须做好两件保送工作:一,全复旦师生应以高度对人民负责的态度在保送委员会的领导下,进行民主讨论工作;二,发挥团结友爱精神,互相帮助,解决困难,做好欢送工作。大家提出送纪念册、做纪念章、照相、成立永久性家庭工作组,并提出了成立献血队,供应前线需要。[20]

12 月 26 日,商讨参干名单。经过民主讨论、体格检查,于 1951 年 1 月 4 日张贴红榜,283 人选上。全校举行"复旦光荣大会",当被批准参干的同学走进会场时,全场纷纷起立,抛着帽子、围巾、锣鼓、掌声、口号、欢呼合并在一起,达半小时余。会上成立了复旦战斗队,接受复旦人检阅。[21]1 月 5 日,各系纷纷举行了联欢会、欢送会,参干的和留校的彼此鼓励。1 月 7 日,为参干同学饯行,两个食堂里响起了碰杯、笑声、互相祝福声。晚上全校师生员工又济济一堂举行欢送大会。1 月 9 日是走上光荣岗位的日子,师生员工热烈欢送。虽然雨下得很大,但是每个人的心情是愉快和兴奋的。

4. 第一次参加军事干校活动总结

复旦大学团委在 1950 年 12 月 21 日的汇报中,详细总结了第一次动员参加军事干校动的情况,并提出了一些普遍性的问题。汇报统计了当天的报名人数,共计 599 人,其中团员 361 人、党员 24 人、群众 173 人(动摇者不计)。并且预计第二天可能增加,但不会太多(本校口头表示参干态度者在动员时曾达 856 人,而初步签名登记者为 698 人,包括工会方面59 人)。[22] 由此可见,这次参加军事干校的主要还是以团员为主。当时上海刚解放不久,相当一部分人政治觉悟还不高,而且很多人认为,大学生首要的任务还是要学习。因此,团市委宣传上也比较注意区分青年团员和普通学生的差别,强调青年团的先锋模范作用,指出青年团的纲领中规定,团员要"全力地巩固人民武装力量——人民解放军,积极参加建设人民的空军和海军",强调团员对建设国防、参加军干校的义务性。

汇报中提出,目前的主要任务是帮助同学解决困难问题,贯彻思想斗争,认识方向,巩固团结,教育提高。对已报名的同学继续澄清动机,对因工作需要将要留下的给予说服,对条件不合格的予以教育。组织工作组面临两个问题:一是已经报名,但是动摇的人,以及报名是装装样的人(自认为条件不合,一定不会准)等的工作,要他们表明态度,暴露思想,帮助解决提高;二是之前已表明态度,至今尚未报名者。家庭问题可以说是所有顾虑中最大的顾虑了,好的模范家长是有,如农艺系许士升的父亲来信鼓励他参干,说自己若年轻也会去,同学们都很感动。但反动的家长也有,如国贸系一同学的家长说:"你参加共产党军队,我去参加国民党,再不然叫家里去讨饭,我去当特务,专门破坏你们。"这些家长认为是共产党使他们拆家离散。下面这些例子也可以说明家庭的阻碍与动摇:政治系史斌煜本很坚定,但父亲反对他参干,家庭工作组就去访问他父亲(市西中学教员),他父亲推说是祖父的事,他祖父 80 多岁,要死在他面前。母亲要与他同去,结果只好不参干。他提出两个要求:要父亲每天读报给母亲听,及准备响应第二次号召,父亲就"答应"了。经济系一战斗队指导员的父亲要死在他面前,说人家做不到我会做到的,因而不去了。[23] 这些都影响了同学们的情绪。可见,家庭问题仍是动摇同学的主要问题,而且已报名的同学中,许多人仍背了这个包袱,没有处理好。

5. 第二次参加军事干校活动

1951 年 6 月 24 日,政务院公布《关于各种军事干部学校招收学生的决定》。决定要求中央军委所属各种军事干部学校必须再在全国范围内广泛地招收一次学生,以适应国防建设的需要。25 日,《人民日报》发表社论《爱国青年们,踊跃参加国防建设》。消息传出后,上海掀起了第二次参加军事干校的热潮,广大青年学生欢欣鼓舞,奔走相告。复旦大学前一时期正面动员与宣传教育工作做得比较及时和有计划,因此,第二次运动开展得比较紧凑,走前了一步。7 月 2 日晚上 7 点开始报名,事先布置了庄严的报名处,报名处大门上的标语写着"祖国,我响应您的号召!"报名开始时,由校委会副主任委员陈望道先生剪彩并致辞,许多同学下午 2 点就等在报名处了,各个系同时组织了群众队伍,热烈表示拥护。农艺系基督徒陈其本同学说:"参干我没去报名,但我一定要多做几多光荣花",并且从很远的膳堂中,将菜饭送来给等着报名的同学吃。[24] 报名时,每一个报名的同学都在毛主席像下签上了自己的名字,填了申请表。因报名的人实在太多,远远超过了计划招生的人数,这次报名到 7 点半就宣告截止,共有 218 名同学报名。报名后,同学们自动集中在操场上唱歌、做游戏,一直到 10 点半才回宿舍。整个复旦大学充满了愉快团结的气氛。各系同学纷纷提出了自己爱国行动的保证,如教育系的一个落后同学就表示要搞好学习、工作,贯彻爱国公约,做好暑期工作;四年级全体同学 337 人,都一致保证服从政府的分配,安心地到祖国最需要的工作岗位上去。

三 总 结

在这次参加军事干校运动中,复旦大学的师生员工们爱国热情高涨,积极报名。宣传教育活动贯穿报名前后,使得全校都处在热烈的气氛中。《复旦大学校刊》里有各种宣传教育的典范:有参加军事干校的同学写来的军干校生活片段、感想;有各系同学帮助参干家属的报道等等。复旦大学团委也很注重总结工作,针对当时报名中出现的各种问题及时采取措

图2　复旦大学校刊社欢送第二批"参干"同学(中间戴花者)留影

施,为同学排忧解难,尤其帮助同学解决家庭困难,让同学报名后没有后顾之忧。注重同学的思想问题,对参干和未参干的同学都做好了思想工作。让参干的同学安心参加祖国的国防建设,让留校的同学继续安心学习。复旦大学的教师们也发挥了很大作用,不仅带头参加军事干校,还鼓励自己的子女、学生参加军事干校。

　　1950年代初的这场参加军事干校活动可以说是建国初期一场重要的青年运动,也是一次爱国主义教育运动。之前,中国共产党领导的人民军队主要成员是农民,通过这次参加军事干校运动,吸收了很多青年学生加入军队,在一定程度上改变了军队的成分,提高了部队的知识水平。在这次运动中,青年团组织和学联等各级学生团体发挥了很大的作用。广大团员在这次运动中进一步认识了团的先进性。同时,青年团与群众的关系也有了显著的改善。

参考文献:

[1] 团中央办公厅.团内通讯[M].1951年2月,122.

[2] 团中央办公厅.团内通讯[M].1951年8月,155.

［3］复旦大学 1951 届毕业生纪念册［Z］.上海：复旦大学档案馆,1951—JX13.17—4.

［4］复旦大学 1951 届毕业生纪念册［Z］.上海：复旦大学档案馆,1951—JX13.17—4.

［5］师生结队踊跃报名参加军事干校［N］.复旦大学校刊,1950—12—12.

［6］复旦教师鼓励子女参加干校的小结［Z］.上海：复旦大学档案馆,团委会：51—5,10—13.

［7］张允若.为了不能忘却的纪念.［OL］. http://www. ilf. cn/Mate/34191. html,2006—02—14.

［8］师生结队踊跃报名参加军事干校［N］.复旦大学校刊,1950—12—12.

［9］杜敦绪.陈豹略怎样说服了家庭参加军事干校［A］.文汇报社会大学编辑室.参加军事干校　加强国防建设［C］.上海：文汇报,1950—12—18,44—48.

［10］师生结队踊跃报名参加军事干校［N］.复旦大学校刊,1950—12—12.

［11］复旦教师鼓励子女参加干校的小结［Z］.上海：复旦大学档案馆,团委会：51—5,10—13.

［12］复旦教师鼓励子女参加干校的小结［Z］.上海：复旦大学档案馆,团委会：51—5,10—13.

［13］朱永嘉.周予同——记忆中的复旦旧人旧事之一［J］.万象：2005,5.

［14］复旦教师鼓励子女参加干校的小结［Z］.上海：复旦大学档案馆,团委会：51—5,10—13.

［15］师生结队踊跃报名参加军事干校［N］.复旦大学校刊,1950—12—12.

［16］师生结队踊跃报名参加军事干校［N］.复旦大学校刊,1950—12—12.

［17］复旦大学 1951 届毕业生纪念册［Z］.上海：复旦大学档案馆,1951—JX13.17—4.

［18］复旦大学 1951 届毕业生纪念册［Z］.上海：复旦大学档案馆,1951—JX13.17—4.

［19］复旦大学 1951 届毕业生纪念册［Z］.上海：复旦大学档案馆,1951—JX13.17—4.

［20］本校举行代表大会　通过参加军事干校学生报送工作的决议［N］.复旦大学校刊,1950—12—26.

［21］从热烈到热烈——参干报名揭晓到走上光荣岗位［N］.复旦大学校刊,

1951—01—16.

　　[22]工作汇报[Z].上海:复旦大学档案馆,团委会:51—5,1951—12—21,29—30.

　　[23]工作汇报[Z].上海:复旦大学档案馆,团委会:51—5,1951—12—21,29—30.

　　[24]青年团上海市工委办公室.复旦大学报名前后的情况与问题[A].动员学生参加军事干部学校工作的简报(四)[Z].上海:复旦大学档案馆,团委会:51—5,1951—7—4,7.

复旦师生在五四新文化运动中的一个侧面

——以上海《民国日报》副刊(1919—1926)为考察中心

复旦大学档案馆　陈启明

摘　要： 目前校史研究者对复旦师生在五四新文化运动的叙述，或缺少记载，或语焉不详，至多言及邵力子敲响上海"五四第一钟"、复旦学子出校门演讲而已。关于复旦师生如何接受和参与五四新文化运动，以及怎样传播新思潮，这些问题在以往的相关研究中并没有得到足够重视或注意。本文试以上海《民国日报》副刊(1919—1926)为考察中心，重点探讨复旦师生在该时期宣传新思潮的文化活动，从接受史和传播史角度来更为真实地展现出复旦师生在五四新文化运动中的一个侧面。

关键词： 复旦　五四　《民国日报》

目前校史研究者对复旦师生在五四新文化运动的叙述，或缺少记载，或语焉不详，至多言及邵力子敲响上海"五四第一钟"、复旦学子出校门演讲而已。关于复旦师生如何接受和参与五四新文化运动，以及怎样传播新思潮，这些问题在以往的相关研究中并没有得到足够重视或注意。本文试以上海《民国日报》副刊(1919—1926)为考察中心，重点探讨复旦师生在该时期宣传新思潮的文化活动，从接受史和传播史角度来更为真实地展现出复旦师生在五四新文化运动中的一个侧面。

一　邵力子主持下的《民国日报》之《觉悟》副刊

邵力子是复旦早期的学生，1905 年从南洋公学转入震旦公学求学，1906 年 10 月，赴日留学。于 1913 年回复旦公学任国文教员，后任私立复旦大学中国文学科第一任主任，直至 1925 年离开复旦，南下广东参加孙中山领导的民主革命。在复旦任教期间，他同时积极从事办报活动。1916 年 1 月，邵力子与叶楚伧在上海创办《民国日报》，时为中国国民党的机关报。五四运动以后，新文化运动进一步发展，开始转变为宣传社会主义和马克思主义的思想运动。为了进一步增强新思想的宣传力度，1919 年 6 月，邵力子在该报辟《觉悟》副刊《民国日报》，作为唤醒民众觉悟的重要阵地。

1919 年 6 月至 1925 年邵力子主编《觉悟》期间，为其呐喊助威的主将是其两位同乡好友刘大白与陈望道，且刘、陈二人均因邵力子之推荐，先后受聘于复旦大学中国文学科。陈望道 1921 年 2 月至复旦任教，1924 年 2 月底，刘大白由杭抵沪，受聘复旦。承邵力子、叶楚伧之缺，刘、陈两人又先后于 1925 年、1927 年担任该科主任，主持系务。

《觉悟》从创刊时就表现出比较彻底的民主主义思想和初步的社会主义倾向，这与其主编邵力子的进步思想自然是不可分的。邵力子亲自撰写大量短评、时论，大力宣传马克思主义，并介绍世界各地的新学说。与《新青年》的"随感录"相呼应，邵力子在《觉悟》也特辟"随感录"专栏，成为抨击封建主义、进行思想启蒙的重要武器，仅 1920 年，邵力子"随感录"专栏中就以"力子"为笔名，发表了"可怕的事"、"活偶像与死偶像"、"一件不可解的事"、"学者之耻"、"利用机会"、"学生不当寻乐"、"出版界可痛的事"、"陈嘉庚先生的良言"、"学徒解放的我见""办义务学校的觉悟"、"注目政局中应有的觉悟"、"忍心逃避吗"等近三百篇杂文。与此同时，《觉悟》还辟有"通信"专栏，展开编者与读者之间的交流互动，其探讨的问题几乎囊括了五四时代青年男女最关心的一切问题，包括包办婚姻、知识分子与劳动者的关心等，而主编邵力子常以个人署名解答读者来信中的问题,如"女子不应从夫姓"、"荒谬绝伦的强迫'冥婚'""'救济旧式婚制'底讨论"、"旧式婚制激起的怨愤""关于婚姻的两个疑问"、"婚姻问题底觉悟"、"强制订婚的罪恶"等,均是就婚姻问题答复青年男女,为青年人答疑解惑。请教者中也不乏复旦的学生,如黄华表曾提出"乞丐问题"求教编者,并引发相关讨论,如《觉悟》编辑陈德征发表"乞丐问题底我见",另一位复旦学生倪鸿文发表"资本主义下的乞丐问题",与之进行辩论,最后由主编邵力子再以本名回信,发表题为"乞丐问题的根本解决"的长文,邵力子认为"乞丐的来源是由于社会组织的不良。""吃人的资本制度"是乞丐问题的根源,在经济上,应该彻底推翻私有制,铲除贫富分化和社会不公平的经济根源。如此详加指点,也使得为马克思主义思想在青年学生中的传播铺就了道路。

《觉悟》同时也是五四时期新文艺的主要阵地之一,设有"诗"、"小说"、"剧本"等专栏,发表了大量文艺著译,共同反对着封建古装的旧文学和文言文,提倡以反帝反封建为主要内容的新文学和白话文。刘大白以攻击旧思想,提倡新文学自命,以"鬼话"、"人话"区别文言与白话,自誓坚决抛弃旧诗词,而戛戛独造新诗,以"大白"为笔名,一气周匝,在《觉悟》上发表新诗,计达两百多首,如《旧梦》"告诉读者们,我们觉得——我虽然留恋那残阳既堕以后的余光,我尤其欢迎这曙色将动以前的黑暗。这黑暗原不是曙色底先驱,却正是曙色最后的劲歌。"诗歌充满着青春的生命的力量,就是写哀愁的作品,也绝不带一点颓废灰暗的色彩,当时的青年学生读到他的诗歌,"常常觉得到了一种新的生命,一种新的节奏,一种新的力量,使你呼号,使你惨痛,使你悲愤,然而绝不使你颓丧,烦闷,失望。"[①]

1920 年陈望道参加《觉悟》的编辑工作,此前他与邵力子均为上海马克思主义研究会组织者,他的加盟无疑增强了《觉悟》的编辑阵容。陈望道用笔名"春华"、"佛突"、"晓风"、"望道"发表了一系列文章,具体可见下表:

---

① 引自 1925 年《黎明》第二期徐蔚南评刘大白诗。

栏目	篇　名
通信	《苏州女师底剪发潮》、《父女感情与贫富》、《工人底借鉴》、《关于婚姻的两个疑问》、《又是一位要团结的女性》、《妇女问题与经济问题》、《学生分级恶斗的怪闻》、《一个女性底说话》、《答关于婚制罪恶感的两封信》、《关于"悲惨世界"著者的争辩》《婚制底罪恶底悲感》、《"萧伯纳作品观"底作品观》《怎样做"劳动者底同情"》
谈话	《"茵梦湖"之印象批评》、《现在的道德》
译述	《性的道德底新趋向》(本间久雄)、《文章概观》(夏目漱石)、《女性底演说》(堺利彦)、《文化与两性关系》(岛村民藏)、《劳动运动通论》(久留弘三)《现代思潮》(桑木严翼)《个人主义与社会主义》(高畠素之)
评论	《救济旧式婚姻问题》、《旧式婚姻底丧钟》、《何绍千反省的时机》、《劳动问题第一步的解决》、《语体文欧化底我见》、《劳工问题底由来》、《象征的分析》、《略述"普罗来太里亚"的意象》、《两个心与无心》、《妇女问题的新文学》、《再论妇女解放和浮荡少年》、《妇女解放和浮荡少年》、《自由人联盟》、《产业主义与私有产财》(罗素著)、《介绍小说月报号外"俄国文学研究"》《文字漫谈》、《色情狂与文学家》、《看了"恋爱摸索者"》、《感谢大白君申说补足我底"谈韵律"》、《言论和检查:他们俩是不会和好的》、《受折磨底药石》、《怎能实行无抵抗主义呢》、《新式标点》、《劳工并不是发明者》、《磕头挽学生与虚心请先生》、《"月夜底美感"来华的先驱》、《正义的代价》、《"标准国语文法"和疑问句式》、《少讲"价值"》《还能看轻女子么》、《评新式标点的"儒林外史"》、《文字漫谈"了"、"着"、"会"》《日本社会运动家态度渐趋一致的原因》、《评词底分类》、《罢工底伦理的评判》、《评东荪君底"又一教训"》、《我们底最高理想:美、真、利、善》、《对于范尧深君骤死的感想》、《反抗与同情》
随感录	《所谓"日本之男女关系"》、《旧路》、《人道主义》、《新青年和内的生活》、《读了"茵梦湖"》、《我的希望与不希望》、《结婚难合赵瑛底死》、《英国下议院与平等离婚法》、《放纵与束缚》、《不能以常理论了》、《苦么,干呢》、《漏丑了》、《我也不懂》、《忏悔》、《知与情》、《黑暗里的行动》、《妓女的荣幸》、《崇拜偶像》、《从希腊罗马往犹太希伯来》、《能禁止心和心底拥抱么》、《自由与驱逐》、《病了》、《人的生活》
讲义	《作文法讲义》(一至八讲)
诗	《慈母》、《为什么》、《爱情》、《送吴先忧女士欧游》、《罢了》、《大水扬声》、《局促的客》、《一缸污水》、《无题》

从上表可见,与邵力子擅长发表杂文,刘大白多集中发表新诗不同,

陈望道几乎在《觉悟》每一栏目均有涉猎,然较为集中地又表现在以下三个方面:其一是积极研究和宣传马克思主义学说,包括介绍日本马克思派如高畠素之、堺利彦等人的"资本论学说",他们都是深于马克思学的经济学者,不仅如此,他还与反马克思主义思潮论战,比如《评东荪君底"又一教训"》一文即是与邵力子《再评东荪君底"又一教训"》相呼应,与《时事新报》主编张东荪展开论战,揭露张东荪平日假意主张社会主义,实际上则反对社会主义的虚伪面目;其二是宣传妇女解放思想。陈望道主张婚姻自由,反对旧式婚姻,提倡尊重妇女,实现妇女和男子的平等①;其三则是主张语文革新,与旧势力相抗衡,细心研究作文法,发表《作文法讲义》等连载讲义,后经数次修改成书。

当然,除以上三位主将之外,我们在《觉悟》上也经常可见一些复旦师生的名字,如该时期任教复旦的教员徐蔚南、夏丏尊等②,即徐蔚南一人,就发表有六十多篇文章,包括诗歌、散文、译著,其中译著尤为详细地介绍了屠格涅夫散文诗集以及鲍史尼小说集,而小品文《龙山梦痕》在《觉悟》连载,之后亦集结成书;学生有陈文华、毛飞、黄华表、陆思安、狄侃、倪鸿文、王世颖、唐芝轩等人,他们或参与评论,或发表诗文。

二　《民国日报》之《平民》周刊

据《1920 年复旦年刊》"《平民》周刊记事"记载"这个团体的成立可以分成三个时期:(一)胚胎于新思潮鼓荡时期;(二)产生于八年学潮结束时期;(三)成人于九年学潮失败时期"。可见,《平民》周刊源于五四新思潮的鼓荡,而在五四运动低潮之后,成为复旦师生坚持不懈地进行新思潮的传播与实践的阵地。1920 年,《平民》周刊社正式创办,并于当年五月一日劳动节,出版第一期《平民》周刊。该社主要由复旦学生担任职员,1920

①　为了进一步扩大妇女问题的宣传阵地,以唤醒更多妇女同志起来为自身的解放而斗争。陈望道于 1921 年 8 月在上海《民国日报》上创办了《妇女评论》副刊。

②　徐蔚南原为复旦早期学生,后于 1925 年冬留校任教复旦,1929 年春后离开复旦;夏丏尊 1926 年任教复旦,1927 年秋离开复旦。

年正编辑为毛飞、副编辑为黄华表、经理为李安,而汪家骥、何葆仁、裘配岳、吴立、傅耀诚等亦参与其中。至1922年,编辑主任添为三人,除毛飞外,另有刘启邬、倪鸿文两人,经理为郭豫育、王世颖,书记为余愉、谭常恺。其经费主要由复旦教职员节薪捐助,逢增刊时,由同学们自由捐助。前十期由《救国日报》刊行,后因邵力子的热心赞助,第十一期续期后以《民国日报》副刊形式发刊,印刷费免去,仅偿纸料费。自1920年5月29日至1924年9月20日由复旦学生创办的《平民周刊》是《民国日报》副刊中颇具特色的一个专刊。

《平民周刊》创刊伊始,所设置栏目与《觉悟》极为相似,这从其栏目设置亦可见,大致分为"合作研究"、"评论"、"译述"、"小说"、"戏剧、诗歌"、"通信"、"随感录"等类,几乎与《觉悟》相同。而从内容主旨上,《平民周刊》亦是承续《觉悟》民主主义思想,支持进步文化运动,正如其在《平民发刊词》(1920年5月1日)中所云:"虽然,在今日制度的下面,平民想充满他肉体的欲望——衣食尚且不得,从哪里可以增进他们的学识呢?所以发行这个周刊去补救那些缺陷。我们虽字识浅陋,对于社会敢信未有什么贡献,不过为求人类全体幸福的动力所驱,却不得不勉尽绵薄,去为社会效劳。"与五四时期的许多刊物一样,《平民周刊》旨在宣扬改造社会的方法。但不同的是,《平民周刊》在接受和传播新思潮的过程中却作出了自己的取舍和定位,从第五期开始,其办刊主旨明显偏向以研究宣传合作思想为中心。合作主义是五四新文化运动时期传入中国的新思潮之一,也是近代中国合作运动推展的理论之源。时任复旦大学教授薛仙舟即是一名坚定的合作主义者,他1914年8月前来复旦任教,教授德文、经济、公民,1916年6月离开复旦后,又于1919年重新执教复旦,并在校内联合部分师生自筹资金,创办我国第一个信用合作社——国民合作储蓄银行,并任首任行长;与此同时,他开始介入指导《平民周刊》办刊活动,进行有组织、有计划的合作思想宣传工作。薛仙舟将自己留学欧美期间收集的合作书籍及小册子交由平民学社成员翻译,承担翻译的复旦学生主要有侯厚培、王世颖、孙锡麒、许绍棣、寿襄等人,他们将翻译成果陆续在该刊之"合作研究"专栏发表,共多达六百余篇,包括介绍英国、爱尔兰、法兰西、芬兰、俄国等世界各地合作运动概观。

　　值得注意的是,《平民周刊》后期风格和特点的转变,明显从单纯宣传合作主义转向以劳动问题为主题。自 195 期开始设置"劳动消息"专栏,报道世界各地的工潮及劳工事务,也包括上海工团联合会、华商电车工潮、九龙船厂罢工等消息,注重揭露资本家对劳动者的残酷剥削,关注工团联合会的成立和发展。该时期也刊出一些关注底层人民的"调查报告",如"山东广饶县农民生活"、"淮泗农民的生活状况"、"浙江浦江的农民生活状况"、"安源青年工人状况"、"华界电车工人近况"、"武昌麻布局青年工人的实际生活"、"在松江所见的农民状况"、"汉口米厂工人的生活状况"等,报道各地工人受资本家虐待和剥削的实况。不仅如此,该时期还发表了早期工人运动领袖邓中夏许多文章,包括"劳动运动的起源"、"劳动常识"、"评论:论农民运动""悼歌(录青年工人)"等,宣传革命思想,成为进步思想的鼓吹者。而这样的转变,我们亦可以从第 195 期的"平民改组的宣言"里迅速得到求证,其宣言中讲道:"在这三年多的时期中,我们一面宣传'合作',一面实行'合作',——但一看我们自己的四周围,只觉得静悄悄地全无声色! 所谓合作运动,仿佛秋冬间的衰草枯枝,生气是全无的! ——我们觉得本刊近年来的宣传功夫太不得法了。合作运动在中国还未曾发展,我们只有一味把再进步的办法或学理拿来研究、宣传,所以看的人口口声声说'我们不懂'因为看得没趣味,所以甚至于厌恶了"。于是编辑者决定转变方向"注意于调查国内工人农民的生活状况,讨论关于工人农民的各项问题,研究增高工人农民地位,解除他们的痛苦的方法,简单点说,本刊誓为工人农民——社会的柱石——的喉舌。"这种言论的转变在某种程度上与 1924 年孙中山在国民党一大确定"联俄、联共、扶助农工"三大政策这样的国内形势是颇有关系的。

三　《民国日报》之《黎明》周刊

　　刘大白、陈望道、胡寄南、徐蔚南于 1925 年组织成立了复旦黎明社。据 1925 年《黎明》第一期"我们底一群"以第一字笔画多少为序,曾将相关成员明确列出,包括王宽甫、王世颖、朱应鹏、伍范、李荣祥、吴颂皋、胡寄南、徐蔚南、陈望道、许绍棣、黄维荣、蒨娜女士、刘大白、绮媛女士、蔡乐生、应成一、应业任,从这份名单来看,多为复旦大学旧同学及教职员中研究文艺之分子。

在第一期"告诉读者们——第一次"中,《黎明》编辑者申明了自己的办刊初衷:"我们觉得这些古今中外,海阔天空的里面,常常有许多很有趣的话,能够表现出我们这一群人底思想情感,——对于现社会的不满足的思想情感,颇可以引起我们这一群以外的人们底共鸣的。这样一室聚谈,徒然振动了几方丈的空气,让它在几秒钟间消失了,也未免是一件可惜的事。我们没有大本钱,可以制什么留声片子,而且也不值得这么小题大做;所以我们商量着,把我们这些要说的写下来,而且排印出来,给我们这一群以外的人看看,或许可以引起读者们底共鸣。因此,我们发行这个刊物的原因,不外乎为了要说话而要说话,并没有含着什么旁的作用。至于《黎明》这个名字,也不过是对于黑暗的现社会,表示不满足,而希望黎明时期底到来,并不含有什么深意:这也是应该告诉读者们的。"①办刊之目的在于唤醒民众觉悟,冲破黑暗,迎接人类社会的黎明时刻。二十年代中期,在五四的声音不知去向之时,以刘大白、陈望道为代表的复旦师生仍然坚持不懈地践行着五四的精神,以启蒙为己任,孜孜不倦地进行革命的文学,实在是难能可贵的。

《黎明》周刊以发表政论、杂文和外国文学的译介为主。杂文的主要作者有刘大白、陈望道、胡寄南、王世颖等;还发表了王世颖、钟敬文、马彦祥等的小说、散文,还有李金发、彭兆良的诗歌。刘大白此一时期的杂文成就,甚至超过其前期在《觉悟》上的诗歌创作,如《我想提倡的几种主义》连载三篇,分别以"全文言主义"、"全资本主义"、"全个人主义"为三个小标题,正话反说,对这种主义进行无情的批判,尤其是对资本主义的批判,更是辛辣无比,针对反共产主义者的"共产主义如果实行起来,咱们就要穷了,那还了得"的论调,对反共产主义者加以尖刻的

---

① 　1925 年《黎明》第一期。

讽刺。另外，值得注意的是，由刘大白创作的《复旦大学校歌》首次在《黎明》第二期上刊出，其中徐蔚南对此介绍道："刘先生这首校歌，每叠开始几句非常雄壮威严，结尾的四行，又尽宛转曲折之妙，正将复旦的庄严，健全，清新，活泼，热烈猛进的气象完全表现出来了。"①复旦的校歌正如刘大白的诗文，充满猛向光明跃进的一种追求，在二十年代中期真是五四精神的复活。

　　1926 年 3 月，《黎明》周刊第 20 期在《民国日报》上最后一次以副刊形式刊出。之后因邵力子南下广州，不再担任《民国日报》主编，而新主编陈德征借口"缩小篇幅，附张变更格式"，排斥宣传新思潮的《黎明》。但《黎明》并没有就此终止印行，正如刘大白在第 20 期所云："我们本了'为要说话而说话'而继续发行《黎明》了。截至二十期止，我们将以前各期，订为《黎明汇册》第一卷。自二十一期期，自己筹款发行。"嗣后，《黎明》就脱离《民国日报》，改为 16 开本期刊，由黎明社独立筹款自办发行。直至1927 年 4 月 3 日出至第 2 卷第 8 期后，因国民党反动派发动"四·一二"反革命政变而停刊。

　　综上，笔者以复旦师生参与最多的《民国日报》三种副刊《觉悟》、《平民》、《黎明》为考察中心，展现了复旦师生在五四新文化运动中的一个侧面。五四新文化运动围绕"启蒙"和"救亡"两个主题，许多社会精英争相提出自己的观点和方案，形成了我国历史上又一个"百家争鸣"的时代。复旦师生在此新思潮中不断宣传新思想、新文化，尤其是以邵力子、陈望道、刘大白为代表的文化健将，无论是思想上还是实践上，都给了五四新文化运动以巨大的影响。而复旦师生创办《平民》、《黎明》也是五四新文化运动中极其精彩的一幕，或尝试从"经济"入手，推行合作事业，宣传合作主义；或从"启蒙"出发，以新文学唤醒民众，重举五四精神之大纛，共同展现出复旦人在五四新文化运动中极其真实的一个侧面。

---

① 　1925 年《黎明》第二期。

同学少年多不贱

——学者夏志清的沪江缘

上海理工大学档案馆　吴禹星　刘子侠

1943 年 5 月 22 日晚 7 点，沪江同学会为欢迎当天毕业的 1943 届沪江书院毕业生，假南京路外滩汇中饭店（Palace Hotel）举行年宴（Annual Alumni Banquet），"到老幼同学凡二百余人，前后毕业同学计三十届。济济一堂，共享沪江大家庭的团员生活。"这次年会上拍摄的照片后来出现在当年的沪江年刊上，占据了一个整版，并配上杜甫诗句"同学少年多不贱，五陵裘马自轻肥"作为这组照片的主题。①

夏志清 1942 年由沪江大学毕业后，先到某中学教书一学期，后又在家赋闲了一年多，最后在母亲的督促下考进了海关。② 所以当沪江同学会 1943 年年宴时，夏志清正失业在家。作为一个刚毕业一年、尚未在社会立足的校友，也不太可能得到邀请，参加那样的盛会。

笔者曾试图在《沪江大学年刊》中寻找夏志清的痕迹，但只在 1941 年年刊的大三学生介绍中发现一张证件照。在 1943 年年刊中有 1942 届毕业生的全体合影和毕业生名单，英文学系毕业生名单中有夏志清，而 1942 年年刊却一直未找到。

---

① 出自杜甫《秋兴八首》第三首。

② 夏志清在外滩江海关工作了一年，又于 1945 年 10 月随父亲好友台北航务管理局局长徐祖藩去台湾，在徐手下任专员近一年。1946 年 9 月乘船转赴北平。

　　直到有一天读到《初见张爱玲，喜逢刘金川——兼忆我的沪江岁月》[①]一文，才知道由于 1942 届毕业生遭遇珍珠港事件后上海租界孤岛的沦陷，时局的剧烈动荡使他们无法聚集起来编印年刊，以致在沪江年刊出版史上留下了一小段空白。这无论对于当年的该届毕业生，还是今天的研究者，都是一个巨大的遗憾。好在夏志清的这篇回忆文字开怀畅叙，坦诚直率，毫无掩饰，为我们通过相关档案还原和拼合他在就读沪江前后的人生轨迹与校园生活情况提供了大量线索。

张心沧与《沪江旁观报》

　　夏志清在文中提及的 42 届英文系同班同学有 6 个，张心沧、丁念庄、陆文渊、吴新民、王楚良和王玉书。低年级的同学有 43 届的陈国容、44 届的秦小孟、章珍英。所有这些同学的照片和姓名都可在 1939 年及其后几年的年刊中找到，上海档案馆也藏有他们当时的学籍表和成绩册。

　　1944 年夏的一个下午，夏志清受邀参加了在章珍英家中举行的文艺集会，集会的主角是当时已迅速走红的同龄人作家张爱玲。

　　张爱玲 1939 年入读香港大学，比夏志清考入沪江要晚一年，应该是 1943 年毕业。可她的运气要比在上海读大学的这些同龄人差，由于珍珠港事件后日军攻占香港，她不仅未能毕业，学籍资料也尽毁于炮火。但她的才女的盛名早已传开，令人惊艳的创作也相继喷薄而出。圣约翰、沪江英文系爱好写作的同学，眼见同道中人如此迅速窜红，必定相当仰慕。

　　当天到场的有二三十个客人，以学生为主，英国爱丁堡大学英文系博士毕业的孙贵定教授可能是唯一的长辈。孙为清末目录学家、藏书家、上海商务印书馆编译所高级编辑孙毓修之子，根据沪江 1944 年年刊，他当时已在沪江英文系任讲师，1946 年时受聘暨南大学，任外文系系主任。夏志清文中说从孙贵定的谈话中得到一些精神上的支持，应是指他当时

---

① 《初见张爱玲，喜逢刘金川——兼忆我的沪江岁月》，1999 年 7 月《万象》第 1 卷第 5 期。

已确定了自己的人生目标,孙贵定所叙述的在英国的苦学经验,正是自己渴望达到的人生境界。但他后来留学去的是美国,去爱丁堡大学留学并取得博士学位的是同窗张心沧、丁念庄伉俪。

张心沧乃名门之后,其父是民国史上的传奇人物张其锽,其母聂其德(1885 年生)是曾国藩的外孙女。张心沧的外婆为曾国藩六女儿曾纪芬,晚号崇德老人。外公聂缉椝则是李鸿章在上海大办洋务时的得力干将,也是上海滩颇具眼光和手腕的纺织业巨子,于 1882 年经李鸿章保荐,任江南制造局会办,1884 年升任总办,在任八年。1890 至 1894 年任上海道台期间,聂缉椝参与筹办官商合办企业华新纺织新局,获得华新纺织新局股票 450 股,共 5.4 万两银据。① 甲午战争之后,受外商纱厂的竞争和挤压,华新开始连年亏损。1904 年,聂缉椝指派内账房汤癸生和三子聂其杰(云台)出面组建复泰公司,承包华新纺织总局,聂云台为总经理。至 1909 年,经聂缉椝幕后运作,聂云台贷款买下了全部股份,使该厂成为聂家的独资企业,并改名为恒丰纺织新局。

此时聂家已成为上海滩名门望族。聂家在上海的住宅有两处,一处在威赛路(今霍山路),俗称"聂公馆",是聂氏早期在沪的家园。一处在辽阳路,是一片中西合璧的、相当现代的海派园林,这是在聂缉椝之后,聂其杰(云台)主持家政时的杰作。

张其锽与聂其德育有三子二女,长子心治、次子心洽均曾在沪江附中就读。长女心漪 1915 年生,1939 年毕业于沪江大学英文系,是该年年刊的英文编辑。三子心沧生于 1923 年,1938 秋年考入沪江英文系。

张其锽常年在外奔波,逢年过节也很少在家团聚,聂其德便常住上海聂家花园,抚育后代。1927 年 6 月,张其锽于吴佩孚军中殉难。这一年心沧 5 岁,聂其德在口述中称已把儿女都送进学校,可见心沧入学之早。

由于显赫的家庭背景,张心漪、张心沧在沪江读书时成为校园里活跃分子就不奇怪了。张心沧在 1940 年任沪江旁观报(*The Shanghai Spec-*

---

① 　另外,1892 年,上海机器织布局因失火停产,经盛宣怀策划,聂缉椝执行并参股,于 1894 年在原厂基础上,组建商办华盛纺织总局。

tator)执行编辑(managing editor),1940年年刊有沪江旁观报合影及职员名单。夏志清随后也被他拉去做了文艺编辑(literary editor),大四时他又把执行编辑交夏志清接任。夏志清在《读、写、研究三部曲》一文中回忆说:"这份英文报,一两星期出版一次,文艺版投稿不踊跃,我还得多写杂文。另有一个幽默专栏,题名 Laugh Last,也由我负责。学校里有什么趣闻,我根本不知道,每期都由我硬编几个笑话。编报耗时太多,大四那年,心沧洗手不干,硬把编辑之职交给我,文艺编辑另由大三学生担任。"①可见该报上登了两人不少创作,可惜今已无存。

1940年年刊每一年级都推选一位名誉编辑 honourary editor 介绍本年级。大二的一篇年级介绍《Class of 1942》是由张心沧写的,并附了张的一张照片。也算是张心沧的一篇珍贵的少作。

学籍表显示,张心沧生于1923年1月14日,家长为母亲张聂其德,保证人聂云台,1937年6月毕业于聂中丞公学。该中学是工部局在聂家花园的西北部聂家捐献的一块地皮上建造的,故命名为聂中丞华童公学,即现在的市东中学。但通讯处初为巨泼来斯路(今安福路)3号,后又改为静安寺路(今南京西路)2028号。原来抗战开始后,上海的聂家子弟卖掉了辽阳路的大花园躲入租界避难,聂其德带了儿女靠卖首饰维持(有1945年60岁时与儿女照片)。

学籍表显示夏志清生于1921年,家长填的是父亲夏柱庭,通讯处为迈尔西爱路(今茂名南路)诚德里12号,后改为家庆里2号,在1942年毕业学生名册上已变为霞飞路永庆里10号。在该毕业学生名册上,以往七学期成绩平均分数一栏,张心沧为95.5分,夏志清为92.5分,其余同学平均分超过80分的寥寥无几,可以想见两人惺惺相惜之情。

张心沧伉俪上世纪40年代末赴英国爱丁堡大学深造,张先后获得哲学博士、文学博士学位,丁念庄后获得语言学博士学位。1956到1957年间,夫妇俩曾先后在马来西亚大学和吉隆坡任教,后返回英国在剑桥任教多年,育有一子一女。

---

① 参见《读、写、研究三部曲》,《鸡窗集》,台北九歌出版社1984年10月初版。

王弘之与 1943 年年刊

夏志清的学籍表记载他 1938 年 7 月毕业于大夏附中。但《初见张爱玲》中提到高一上学期他曾在江湾沪江附中住读,与王弘之相熟。此说存疑,江湾沪江附中应为军工路沪江校园的中学部,可能夏志清 1936 年高一上学期在沪江附中就读,淞沪战事后转至南京青年会中学,高三时又回上海,在大夏大学附中读了一年。

根据 1943 年年刊王弘之所作《政治系素描》,王弘之沪江附中毕业,1939 年初入读沪江政治系,因肺病中辍半年,1943 年春毕业前,已考入江海关工作。夏志清文中提到毕业后,王弘之来访,借走他的孤本学士论文。据夏志清在《读、写、研究三部曲》一文中称,当时王弘之正追求一位圣约翰大学英文系女生,借论文是为帮助该女生完成毕业论文。夏志清生怕论文被抄袭,开始并不乐意,但为玉成王弘之的姻缘,也就忍痛将仅留的一份借给了他。

这个王弘之身世不凡。他 1919 年 4 月出生于从美国到日本的海轮上,原名海平。他的父亲是深受孙中山赏识和器重的同盟会员王伯秋,母亲是孙中山的掌上明珠二女儿孙婉。不过当时他尚未明确自己的身世,仍把王伯秋的原配李澄湘当作自己的生母。[①]

1943 年年刊的编辑班子以政治系毕业生为主,总编辑江世尧乃王弘之同窗好友,因此早已离校工作的他也积极帮助组稿。可能他知道夏志清英文写作水平高,人又熟,便登门拉稿。赋闲在家的夏志清爽快答应,并又找张心沧写了一篇。

诡异的是上海理工大学档案馆的馆藏 1943 年年刊偏偏缺了几页,夏志清稿子恰在其中,所以笔者一开始只见到张心沧的文章《心灵自由的人》(*The Liberal-minded*),并怀疑夏志清是否用了别的英文名。当时根据文章内容和行文习惯,将署名 Jonathan 的《有关教育和"社会大学"的

---

① 参见王弘之与夫人李云霞合著长篇家史《沧桑》,团结出版社,2006。

谬论》(*Fallacies Concerning Education and the "University of Socie-ty"*)一文列为"疑似夏志清英文稿"。后来在上海市档案馆补齐那几张缺页,终于见到署名"Hsia Chih-tsing"的《纪律》(Discipline)一文。但也只有一篇,而不是《初见张爱玲》中提到的两篇。好在不久前夏志清夫人王洞女士发来邮件,确认 Jonathan 是夏志清的英文名字,这样,所有的疑惑都得到了解决。

20 世纪初以杜威为代表的进步主义教育运动的兴起,催生了以专业性和职业化为核心的社会服务型教育理念对传统的自由教育模式的挑战。高等教育的功利性的目标逐步取代了早先经院教育的人文主义传统。沪江大学是这一趋势的积极响应者,她于 1916 年推行分科制,其后大力发展与社会职业需求相关的应用学科。刘湛恩任校长后,进一步发展职业化的应用性专业教育,强化职业指导。

但从夏志清与张心沧所发表的这三篇文章看,他们当时的观念恰恰是与这一社会潮流背道而驰的。《心灵自由的人》(The Liberal-minded)一文通篇在为自由教育(Liberal Education)唱赞歌。

……浅显的文化让人变得有修养,使人迈向成功。而真正的文化使人脱胎换骨,心态永远奋进向前。……

……接受自由教育的人们可以更深地体会到生命的意义,变得更加优秀。他们接触到了最伟大的事物,也见识到最奇特的事物。他们的视野远远超越了平凡之辈。理智与情感,富有同情心的深入观察以及广泛的阅读和思考都增加了他们的判断力。他们敢于独立地思考,并因此更加自由。他们的行为也自然而然地高贵起来。他们不依照固定的教条来约束自己,而是出于对人文的鉴赏力。他们熟知并极力避免人性的弱点。幽默的天性使得他们宠辱不惊,看淡得失。哲学家引导他们走向成功,诗人是他们在困境中的好友。简单来说,他们的生活即使称不上宏大,也可以算得上伟大。

夏志清的《有关教育和"社会大学"的谬论》也大力呼吁"自由教育"理念的回归,反对消极适应社会的职业化教育理念:

每年的大学毕业生中,一部分在精神上有所觉醒。特征包括心态谦卑,对人类的成就和价值心怀敬仰,极力按伟人的想法去思考,追求一种饱满的生活状态。但是大部分人还是没有觉醒的。他们的时间都花在了学习知识上，而不是人格的塑造上。我呼唤一种新的教育理念，摒弃简单的灌输。这个理念并不受公众和政府的支持。但是，成人比成才重要。成为一个完整的人，比成为一个政治家，工程师或商人更为重要。

……

大学和社会是有区别的。在大学意气风发的人在社会会处处碰壁，反之亦然。但是这种区别的存在是有必要的。近来社会上又掀一股实为谬论的风气，大学社会化。大学越来越向社会功用性靠齐，这最终会毁掉大学。大学是哲学、文学和艺术的殿堂，它指出社会弊病，向社会输送更高人格的人。

社会大学派会摆出"经验"的辩解，认为社会经验比书本死知识重要。照我所知，经验是一个人的生活感觉思考和观察。每个人都有经验，只是深度和广度不同。书本的作用其实就是丰富人们的经验。商人的经验是极有限的。诚然，他们的待人处事和精于算计的经验对社会发展是有益的，但是他们的生活却是浅薄的，他们的经验只会助长贪欲，磨灭人性。并且商人固定的经商模式使得他们难于获得新的经验。他们退休后，跟经商前相比变化不大。

Discipline 可译为纪律，或宗教的戒律。夏志清对军事纪律并不推崇，相反充满了疑虑：

军事纪律在战时也是很有必要的……在受民族自卑感困扰或者担忧受到侵略抑或是在即将爆发战争的地方，人们会在和平时期希望这种纪律维持下去，即便我们肯定记得大部分不必要的警报都是由煽动者和宣传者所捏造出来的。我们不会指望一个依靠捏造谎言而生存的政府能够长存。同样，我们也不会指望一个文化活动极为有限、对世界和平破坏极大，而长期处在紧张态势下的民族能够不朽。

他推崇人文领域的规范

这种规范在贵族社会中卓有成效，但随着贵族的消亡，也慢慢不被提起。人文主义的规范不讲求实效,并且需要一定的文化艺术积累,因此没有也不会被大众接受。对那些有能力有时间的,却没有在意这种规范的人,我倡议人文主义的规范。

普通的受过教育的,或者教育程度更深的中国人,总是乐于阅读报刊,但往往仅限于此。他对当代世界潮流饶有兴趣,就以为自己获悉了许多知识。但是人文主义的规范要求他对整个人类的历史,思想和成就进行思考。如果一个人懂得了这种规范的含义,他便会狂热地去涉足历史,哲学,宗教,科学,文学等领域。他会慢慢变成一个思维开阔,善于判断,宽容豁达的人。……无论从事什么职业,他将会有充分的潜力。他不陷于大众的偏见之中,也不短视于刚发生的事情。对于一直需要改正缺点的人们来说,他是最好的裁判和老师。……当下的中国需要这样的人。无论是政界还是在文学界,都需要这些思维广阔,有智慧有胆识的人。纵观当下的出版界,廉价的娱乐报道和空洞肤浅的文字充斥其中。中国曾经拥有自己的繁荣文化。如果她能培育出许多有文化,讲良知,高眼界的年轻人,她会再次为世界文明与和平作出卓越的贡献。

即使以今天眼光来看,夏志清和张心沧 21 岁时写的这些文章也堪称胸罗锦绣、犀利泼辣。他们后来的人生道路,也确实践行了年轻时的自由教育理念,取得了比一般的职业化成功更为宏大的文化传承、更新和发现方面的伟大成就。

慧眼识才的贝特女士

夏志清先生英文写作的行文优雅和风格之美后来连占据母语优势的英美学者也是叹为观止的。但直到高中毕业,他的英文成绩并不理想。据夏在《夏济安日记》前言中称,父亲一生混在商界,但人太老实,不会做生意,又性情豪放,忠心为朋友服务,结果朋友都发了财,自己还是很穷,家里连一口书橱也没有。据说他九岁那年找到一本父亲的藏书,是《三国演义》,花一个暑假读完了。此后居然每年暑假重温一遍,一共读了四遍。

由于父亲的工作经常变动,少年夏志清便跟着父母在上海、苏州、南京间经常转学。虽然他在兄长夏济安的引导和督促下痴迷于阅读，但接触的多是教科书，看不到新文学作品和杂志。他的英文因转学而反复从头学起，变得兴味索然。加之教材、师资方面的原因，使他在考入沪江后明显感觉自己的口语和阅读不如那些从教会贵族中学毕业的男女同学。

这时，他遇到了一个改变自己命运的救星。英文写作课教师贝特女士，为测试学生的写作水平，在第一节课上要求大家先写一篇作文，只许用十个句子。夏志清的作文以南京玄武湖为题，每个句子中有意插入不少从句，显得委婉含蓄，富于变化。贝特女士对夏志清的作文非常满意，不光在课堂上全文朗读了一遍，还要求大家讨论。在所有的新生中，他的文章是唯一被老师朗读的。这一鼓励彻底打消了夏志清在校园里自惭形秽的心理，帮他树立了学好英文的自信心，同时也养成了他遣词造句精益求精的行文习惯。

到了大学二年级，夏志清已与张心沧一起被公认为是班上最优秀的学生。他埋头苦读，通读了许多大家的全集。他后来被王弘之借走的学士论文写的是桂冠诗人丁尼生，为此，夏志清通读了一千多页双栏小字的《丁尼生全集》，又读了诸多传记和伦理学，甚至读了康德的哲学原著。大学毕业后，他更一心专攻英美文学，兼及从古以来的西洋文学，要精读的经典著作，须涉猎的现代名家，实在太多，以致他抱定宗旨不去阅览本国的当代作品，导致在初见张爱玲时，因只看过一篇《天才梦》，而找不到更多话题交谈。

关于当年苦读的情形，夏志清多有记述。《四十年前的两封信》的注释中提到他在江海关读书的细节："亏得那时江海关业务清淡，我每天总带了本书去读，花在公务上的时间极少。约翰逊博士的千页巨著，《英诗人列传》，我就在江海关逐日阅读，把它看完的。"[①]在台北任航务局专员时，他还是"依我故例，在办公室读我的书"。就在这样惊人的毅力之下，夏志清读完了莎士比亚全集，弥尔顿的主要著作，英国文艺复兴时代其他几乎所有的大家。真是一项浩大的工程。在北大教书期间，他结识了著

---

① 参见《香港文学》第 41 期，1988 年 5 月 5 日。

名诗评家燕卜荪,又对欧美诗歌产生了浓厚兴趣。所以,最后他以无名助教的身份凭借研究诗人布雷克的论文获得李国钦留美奖学金名额,是对他多年苦读的最佳奖赏。机会总是青睐有所准备的人,这句话偶尔也有应验的时候。

夏志清就读沪江时,英文系主任是卡佛(George A. Carver),中文名柯佐治,有两个副教授,是贝特女士(Juanita C. Byrd)和高纳贝女士(Elizabeth Knabe)。其他教员有柯佐治夫人(Mrs. Emma Saxon Rowe Carver)、韦爱伦夫人(Mrs. Elizabeth Ellyson Willey)、高乐民女士(Inabelle Coleman)等。

柯佐治夫妇1931年来到沪江任教,1940年返美后在新泽西一家私立中学任教。1947年12月,夏志清到纽约领取李氏奖学金时,曾于18日晚专从纽约赶往新泽西看望当年的沪江老师和师母,想必他们在沪江时交情匪浅。

据夏志清回忆,柯佐治是耶鲁出身,曾师从耶鲁大学本部最红的英文教授费尔泼斯(William L. Phelps)。费尔泼斯教授对英国诗人丁尼生和白朗宁的评价非常高,柯佐治在沪江开设英国文学史课,讲到丁尼生和白朗宁时,也是眉飞色舞、推崇备至。作为好学生的张心沧和夏志清当然受其影响,张心沧选了白朗宁为学士论文题目,夏志清则选了丁尼生。

贝特女士更是影响夏志清一生的恩师,她是密西西比女子学院文学士、硕士,1929年由南浸会总部派来任教,1941—1942年担任英文系主任。1942年10月16日,她和高乐民以及耆荷福夫妇一起被日本人勒令停止授课,遣返回国。

夏志清对贝特一直比较关注,在他记忆中,贝特教书顶真,专治美国文学,一直单身。当夏志清1938年秋考入沪江时,贝特至少已35岁。但在夏毕业后,贝特与一位比夏志清他们低一两班的学生王君(Claude Wang)结了婚,一时传为佳话。1946年贝特曾回到沪江,一直工作到1947年。其后贝特夫妇定居美国,住在纽约市郊区。

贝特是张心沧的学士论文导师,所以张心沧夫妇一直与贝特保持通信联系。1979年春,他们的长女嘉靖到美国,在夏志清家住过两三个月,其间曾去拜访过贝特。

夏志清的论文导师是高乐民女士。高乐民是个地道的传教士，教授英文写作、新闻学等课程，对文学并无研究，所以对夏志清的学士论文并不能提供帮助，但夏志清对她依然记忆深刻。"她同我来往，主要关切我的生活和信仰。每到她家里去，她总规劝我：Jonathan，你心地这样善良，灵魂这样纯洁，能皈依主，多美好呀！她知道我对哪个女学生感兴趣，也找机会让我们在她家里多见见面。可惜我太穷，功课再好女生对我也不加青睐……"①

高乐民在沪江一直工作到1950年，似乎一直未婚。其后长期在台大教英文，直至患癌症过世。

文中所引夏志清、张心沧发表于《沪江大学1943年年刊》的文字，系由上海理工大学外语学院研究生程德桂、施祥所译，在此深表感谢！

---

① 参见《读、写、研究三部曲》，《鸡窗集》，台北九歌出版社1984年10月初版。

故事性元素在口述历史纪录片中的运用

上海大学档案馆　　纪慧梅

摘　　要： 口述历史纪录片是一种新形式的档案文化产品，蕴含了丰富的档案历史价值和文化价值。随着电视技术的发展和人类文明的进步，口述历史纪录片的创作理念在不断发生变化，将故事性元素运用到口述历史纪录片中已经是现时代纪录片创作的客观需求。这要求创作者们在真实性和故事性之间寻求一个恰当的平衡点，探索更多运用故事性元素的方法与技巧。但是，在故事化的过程中，绝不能为了追求故事好看而放大编排的尺度，甚至杜撰出一些不真实的事件来达到丰富故事的目的。这是口述历史纪录片创作必须遵循的基本原则。

关键词： 故事　元素　口述　纪录片

口述历史纪录片是一种新形式的档案文化产品，蕴含了丰富的档案历史价值和文化价值，并且作为当前热门和主流的一种形式占据了档案文化编研的舞台。真实性是制作一切纪录片需要恪守的基本准则。但是，仅仅关注真实性不考虑故事性，这样的口述历史纪录片毫无生命力可言。随着电视技术的发展和人类文明的进步，口述历史纪录片的创作理念在不断发生变化，将故事性元素运用到口述历史纪录片中已经是现时代纪录片创作的客观需求。

一 口述历史纪录片的目的

口述历史是一种运用口述访谈的方法,了解过去的人、事、物与现在的人、事、物之间的关联。纪录片的价值在于记录生活,真实地反映生活中的人和事。其核心诉求和口述历史一样,都是为了尽可能还原没有被记录下的现场,告诉人们那些不为人知的故事。

口述历史纪录片是历史题材纪录片的一种。口述历史纪录片的目的,就是要重建受访者的人生历史,重建已经过去了的历史事件与历史记忆,并且透过受访者的个人经历与历史体验,来了解那个时代,以及那个时代所发生的事情。

二 口述历史纪录片制作的构成要素

目前,各级各类综合档案馆、高校档案馆都在广泛开展口述档案的采集工作,将注意力集中在人物采访和一手原始资料的收集上,这些一手原始资料是构成口述历史纪录片的基本要素。在此基础上,不妨进行更高层次的深加工,结合文学创作、电影剪辑及美工设计等一系列选择、编辑、加工的工作,对口述档案的原始材料进行去粗取精、择优而从的制作。口述历史纪录片制作的构成要素包括以下五部分:

1. 脚本

脚本是指表演戏剧、拍摄电影等所依据的底本又或者书稿的底本。脚本是进行口述历史纪录片拍摄的前提要素和基础。口述历史纪录片的脚本富有很强的纪实性,讲究真实,注重史实,侧重写实。创作者不能对脚本内容进行艺术虚构,但允许适当的艺术加工和故事编排。脚本的故事结构包括缘起、时间、人物、事件发展、结局等要素,还应加入分镜头要素,以增强实际制作的可操作性。口述历史纪录片的创作者应深入历史事件或人物,从客观现实和历史资料中选择出最有价值、最有意义和观众最关注、最易于接受的题材,通过真实的画面、生动的情节、艺术的表现手法来体现主题内容。

2. 讲述者

这里的讲述者是口述采访的对象。被采访人的影像和声音共同构成口述历史纪录片的视觉和听觉元素。

（1）讲述者的影像。主要是选择历史事件的亲历者、见证者,通过摄影机、摄像机记录下他们的肖像、语言、动作等,作为历史的面孔记忆。

（2）讲述者的声音。主要体现为讲述者表达的话语。历史纪录片记录的历史事件亲历者、见证者的记忆,主要以声音的形式呈现。叙述的时态是以现在时态叙述"过去进行时",这些声音是"过去的声音",是活着的历史。[1]

3. 档案史料

这里的档案史料指的是与脚本主题相关的档案及材料,包括各级各类档案馆的馆藏纸质档案、声像档案、史学类文献及其他印证历史事件或人物经历的照片、证章、手稿、实物、音视频等。档案史料作为口述历史纪录片素材的主要来源之一,是支撑纪录片主题的历史证据,是对讲述者话语内容的有力佐证,有助于还原和揭示历史事实的真相。

4. "现场"

"现场"是纪录片中的一个重要概念,现场决定着时间和地点构成。在口述历史纪录片中,事件发生的"第一现场"已经不复存在,在影片中纪录的现场主要体现为口述者讲述的心中的"历史现场"和今天遗存下来的"遗址"现场。现实中遗存下来的现场,它能给讲述者一个情境,这个情境远远胜于历史遗存下来的影视资料的效果,它能将讲述者心中的历史还原成今天可感、可触的开放的"第二现场"。[2]

5. 后期制作

要保证口述历史纪录片成品的质量,后期的内容补充和技术加工是必需的。

（1）结合纪录片的主题补充解说、字幕、背景音乐、同期声等内容。解说是根据特定的情景和情节,对画面图像的高度补充、丰富、渲染、点题,与画面配合,共同表达一个主题。字幕是对画面语言、现场语言的补充,起提示说明、补充、强调的作用。背景音乐是为配合图像和解说而存在的,有着不可低估的陪衬、烘托作用。同期声包括与拍摄画面同时而来的人物语言(即现场采访、不同场景的讲话等)和现场自然声响,集中表现了纪录片纪实、真实的本质,为片子主题、内容服务。[3]

(2) 进行音视频的剪辑、优化等技术处理。众多非线性编辑软件中,Adobe 公司出品的 Premiere 是其中功能最为强大、全面的一款,它集视频、音频素材及视音频特效编辑功能于一身,被广泛应用于电视台、广告多媒体制作、电影剪辑等各领域。依托多媒体音视频编辑技术和艺术手法的充分运用,使得历史事件以故事性的情景再现,将历史事件本身变得更加生动、更加感人、更具说服力和艺术感染力,满足了观众的好奇心和探索需求。

三　故事性元素在口述历史纪录片中的运用技巧

在传统的纪录片中,单纯地对事件进行陈述容易给人带来枯燥、乏味的感觉。评价一部历史纪录片作品的好坏,除了要看这部纪录片是否能够真实、全面地展示事件之外,更重要的是看其故事编排是否具有较强的可看性。因此,当纪录片中添加了故事性元素,生动的人物形象、跌宕起伏的故事情节、触动心灵的生活感悟更容易被观众所接受,这也是故事电影能够引起观众观影热情的原因之所在。那么,在尊重历史事实的前提下,如何运用技巧将故事编排得更加合理、生动呢?

1. 巧妙运用悬念

所谓悬念,即读者、观众、听众对文艺作品中人物命运的遭遇,未知的情节的发展变化所持的一种急切期待的心情。悬念是小说、戏曲、影视等作品的一种表现技法,是吸引广大群众兴趣的重要艺术手段。"电视业界常常强调,一般电视节目在 5 分钟之内,一定要设置一个兴奋点。以《传奇故事》为例,它用'设谜'和'揭秘'的情节式悬念构建了 30 分钟节目的主体。两个部分之间用一段承上启下的解说来衔接。步步设疑、层层揭秘。悬念的巧妙布置,让观众时而陷入忘我情境,时而又回到现实。"[4]悬念是情节推进的动力,口述历史纪录片在不违背真实的前提下,应充分运用故事技巧,设置铺垫、悬念,使纪录片故事情节具备生动性和吸引力。

2. 善于运用细节

细节是指文艺作品中描绘人物性格、事件发展、自然景物、社会环境等最小的组成单位。细节描写要求真实、生动,并服从主题思想的表达。传统口述历史题材的纪录片青睐"宏大叙事",素材大体来源于官方文献或原始档案,立意较高,叙事口吻往往不容置疑,忽视细枝末节。"但是新历史主义的叙事往往具有逸闻主义倾向,这使得重大题材历史纪录片开始注重细节,以小见大,结合大历史的宏观背景叙述与细节描述,突出纪录片的张力及表现历史的开合度。在对历史事件和人物梳理的同时又有充满悬念的好看故事,即善于发现和放大历史问题的疑点和争议。"[5]口述历史纪录片的故事编排要善于捕捉与采访对象有关的一个个细节,选择独到而充满个性的细节。

3. 合理运用冲突

这里的"冲突"是指表现人与人之间矛盾关系和人的内心矛盾的特殊艺术形式。它来源于拉丁文 conflitus,可译为分歧、争斗、冲突等等,同时也是戏剧中矛盾产生、发展、解决的过程。近几年来,"新闻故事化"节目日趋占据屏幕主体。这些节目都追求一种戏剧冲突似的方式让事件起伏跌宕,反馈的效果更能引起观众的共鸣。在进行纪录片的创作时,很多冲突已存在于拍摄的素材中,将其合理的放大,可以推动故事情节发展,增强纪录片的可看性。

口述历史的真实性、客观性结合纪录片"故事化"后的生动性、艺术性,使得口述历史纪录片的形式焕然一新,既能达到纪实效果,又有紧凑的故事体系和吸引观众的关键点。以 28 集大型电视纪录片《清宫秘档》为例,"如果画面只有沉默的历史陈迹、破损的文献资料和严肃的专家学者,影片的生动性无疑会受到削弱。为了弥补这一缺陷,编创人员进行了许多可贵的探索。首先是选题和解说词,有意采取了一种辩驳姿态,辩驳的对象就是已经存在的各种关于这段历史的流行说法。其次是大量移动镜头的使用,充分体现了镜头背后那个历史真相追寻者的寻找姿态,让人感到镜头背后有一双眼睛在历史的画面上审视,有一双脚在历史的道路上重走。"此外,创作手法上"再现的不是历史动作,而是历史情境下的情绪、氛围和感觉。这种真实的再现是通过诸如雷电、下雨、刮风等自然景观的选择,经过特技处理的画面语言以及恰如其分的音效实现的。"[6]这充分体现出故事性的结构编排和表现手法运用于历史纪录片的重要作用。

有鉴于此,我馆正在火热进行的"泮池•倾听——上海大学口述实录"项目便遵循这一理念。此项目计划采访 10 名以上正高已退休的教授,通过现场口述访谈等形式,征集上海大学教授们治学之道的第一手史料。口述采访主题内容:治学之道及在上大的经历、科学研究上的成果、困难等。为了真实性和故事性并举,我馆口述采访项目组在采集编排过程中特别注重采访提纲的点面结合、采访内容的真实可信、故事结构的丰富详实以及载体表现形式的多元创意。在采访摄制过程中,尤其侧重抓取人物表情、神态的细微变化、人物面部特写以及人物语句、语气上的变化等。考虑到人物采访的场景较为单一,项目组还补充拍摄了被采访者的家、工作场地以及具有特殊意义的物品、物件等,以求口述实录的故事情节更具细节表现力。

综上所述,"纪录片故事化"已经成为当今国际、国内纪录片创作的主要方向之一,也是社会、自然、人文等纪录片类型创作中主要采取的艺术表现手法。这要求创作者们在真实性和故事性之间寻求一个恰当的平衡点,将更多的精力投入到纪录片的故事化上,探索更多的运用故事性元素的方法与技巧。但是,在故事化的过程中,绝不能为了追求故事好看而放大编排的尺度,甚至杜撰出一些不真实的事件来达到丰富故事的目的。这是口述历史纪录片创作必须遵循的基本原则。

参考文献:

[1] 周振华. 话语、面孔与记忆——论口述历史纪录片的制作[J]. 新闻界,2007(1):85—86.

[2] 周振华. 话语、面孔与记忆——论口述历史纪录片的制作[J]. 新闻界,2007

(1):85—86.

　　[3] 游渊. 如何把握电视纪录片解说与其他创作元素的配合[J]. 视听,2013(5):24—26.

　　[4] 冯宇. 纪录片"新闻故事化"的新元素[J]. 记者摇篮,2009(6):42.

　　[5] 曾一果,张春雨. 当代历史纪录片的"新历史叙事"[J]. 纪录片之旅,2008(12):44—45.

　　[6] 刘海波.《清宫秘档》:历史纪录片的成功探索[J]. 当代电视,2004(11):35.

高校口述档案征集工作述略

华东师范大学档案馆　吴　雯

摘　要： 高校口述档案是口述档案的重要组成部分，由于历史原因，中国高校档案普遍存在内容不完整与严重损毁，加强口述档案的征集工作对补充高校档案资料、进行校史研究意义重大。高校口述档案征集过程中，要认真做好前期准备、访谈、后期整理与归档等几个重要环节，并处理好自身建设及相关法律问题。

关键词： 高校　口述档案　征集　归档

近年来，尽管档案学界对口述档案的定义、定位、价值、真实性和合法性等理解不一，众说纷纭，但对口述档案征集工作的重要性与紧迫性的认识则空前一致。伴随着中国高等教育的发展，各高校修史编志风潮劲吹，高校口述档案的征集工作越来越受到重视。

高校口述档案作为口述档案的一个重要组成部分，既有着口述档案的普遍特性，也有其独特之处。中国很多高校都是建国前后诞生的，历史较为短暂，加上建校初期条件比较简陋，档案意识淡薄，学校许多重大活动都缺乏完整档案资料。加上一些历史原因及人为破坏，高校档案资料损毁严重，同时，高校本身的机构拆并流转中，档案资料的遗失也颇为严重。此外，长期以来，受国家档案资源建设侧重点的影响，高校档案资源往往更多关注于学校的党政活动、重大社会活动等，馆藏结构流于单一。中国高校档案资料完整性与准确性的这些天然缺陷，对校史研究造成一定的负面影响,致使高校校史不可避免地存在某些真空地带。要想填补这些空白,目前可采取的措施之一即是抓紧时间加强高校口述档案的征集工作,联系所有可能联系到的与本高校发展有关或熟悉高校某方面历史的人,对他们进行访谈,建立口述档案。

一　高校口述档案征集的前期准备工作

为补充学校历史,现在高校普遍重视口述档案的征集工作。高校口述档案的征集工作是一项长期而艰巨的工作,需要高校档案部门根据高校特点,理顺工作流程,既全面铺展又有所侧重,按部就班地稳步推进。

1. 制订访谈计划

高校口述档案征集工作的第一步,无疑是制订访谈计划。

(1) 确定主题。根据各高校口述档案征集工作的目的、出发点与日常工作机制,访谈计划的主题可以分为如下两种:

① 临时性或特定主题。目前,大多高校的口述档案征集工作尚停留在完成特定任务阶段,往往是针对学校校庆或上级部门的编研工作任务等特定事项或主题的应时之作,未形成常规的口述档案征集机制。针对这种主题制订口述档案访谈计划时,要有明确的主题与方向,甄选与该特定主题密切相关的人物,制订相应访谈计划。

② 广泛主题。如前所述,中国高校普遍历史不太悠久,档案资料亦不丰富,校史空白点随处可见。原始的档案资料缺失损毁后不可恢复重建,要想重现学校历史原貌,只能向事件的亲历者或了解者征集口述档案资料,弥补历史空白。现在多数高校已经意识到口述档案的重要性,部分高校甚至已经建立本校相关的、不特定对象的口述档案征集工作机制,并在征集完成某一年龄段访谈对象口述档案的基础上,逐步将访谈对象的年龄段向下推移。该工作机制对高校的档案及校史研究的未来发展有非常积极的影响,值得各高校认真学习、仿效。

(2) 确定访谈对象。如何甄选访谈对象,即口述人,是访谈计划成功与否的关键因素。

就高校来说,学校历任党政领导、院系领导、院士、学科带头人、其他了解学校发展历程、参与学校重大事件的老同志、校友等都是口述档案的访谈对象。在明确主题后,即可有针对性地甄选访谈对象。在确定访谈对象及其顺序时,要考虑到访谈对象的年龄和身体状况。一般说来,作为过往事件亲历者、目睹者的当事人,大多年事已高,有的甚而思维、记忆混乱,语言不通,听力与表达能力退化,因此,抓紧时间对他们进行采访、征集口述档案在时间上非常紧迫。口述档案工作是一项与时间赛跑的工作,必须抓紧。

（3）制订访谈计划或提纲

访谈计划或提纲是口述访谈得以顺利进行的有力保障,高效、实用的访谈计划或提纲可在访谈过程中提供必要的信息提示,促进访谈的深入与完备。高校口述档案的征集内容主要是围绕高校方方面面的工作展开,有一定的共性,在制订口述档案提纲时可以根据其共性拟定一份通用性提纲作为模板。访谈之前,再根据各个口述者的个体特点拟定有特点的、针对性强的内容部分。

2. 查阅资料,了解相关背景

访谈计划制订得是否完满与访谈进行得是否顺利,一个重要因素即是事先资料准备得是否充分,背景了解得是否足够。查阅背景资料时,既要查阅访谈主题的相关背景资料,又要查阅口述者本人的背景资料及其与该主题之间的关系。背景资料准备充分,可以更好地促进访谈深入进行,很难想象一个不了解相关背景的人,能够使谈话顺利、圆满进行。同时,可以给予口述者被尊重的感觉,使口述者更乐意将访谈深入下去,从而提高口述档案的质量。

3. 预约口述者

预约口述者也是访谈准备阶段的一个必要步骤。一方面,预约口述者是对口述者的尊重,另外,事先预约口述者,向口述者简单介绍访谈目的、内容,给口述者一定时间回忆、准备相关内容,也是访谈得以顺利进行的必要环节。

二　进行访谈

访谈是口述档案征集工作的关键环节,直接影响到口述档案的质量。

1. 访谈

访谈者需要良好的人际交流技巧,访谈时要能很好地与口述者进行沟通、交流。访谈过程中,访谈者一定要注意把握好工作方法、态度等,态度要和蔼,语言要精炼;注意措辞,密切关注口述者的非语言信息。为引导话题深入进行,不妨做些笔录,并有的放矢地与口述者进行一些互动。

访谈过程中,尽量不要打断口述者的讲述,以免扰乱其思路,进而影响到口述者的情绪与访谈效果;如果口述者讲述内容实在与访谈目的、计划离题太远,则要技巧性地将访谈话题引回来,围绕访谈主题进行。如果访谈有明确主题,而口述者对该主题未予涉及或是不够深入,则要瞅准时机再次、甚至多次发问。

2. 加强与校内外及媒体的交流与合作

征集口述档案,还要大力加强与校内外部门及新闻媒体等的合作。

（1）与校内各部门的合作

高校口述档案是一项专业性、学术性较强的工作,访谈过程和后期整理过程最好吸收一些相关学科领域人员参与,充分利用他们的专业知识,以免出现学科性常识错误。此外,高校其他部门,尤其史学研究机构,往往也会有口述档案存在,要加大与其交流力度,拓宽信息渠道,征集其他部门征集到的口述档案。

（2）与其他高校的合作

高校之间加强交流合作,互通有无,相互学习对方在口述档案征集方面的经验教训,往往可以事半功倍,少走弯路。同时,高校之间往往存在大量交流合作,人员校际流动更是经常,这样,一些高校的口述档案内容就存在着某些重合,这些高校大可加强合作,一来减少口述者的烦劳,二来可从多角度展现历史面貌。

（3）与新闻媒体合作,汲取他们的采访经验与内容国内外很多新闻媒体很早即开始了口述访谈工作，一些口述访谈节目已有多年历史，他们的经验教训非常值得我们借鉴，如凤凰卫视"口述历史"、"大家"栏目等。此外，媒体所做的一些与高校有关的口述节目，内容丰富，表现生动，高校可以向其征集或购买，丰富馆藏。

但同时也要注意把口述访谈与新闻采访区别开来。新闻采访的目的是为了观众，为了给那些不能亲临现场的人们呈现当时的画面与场景，记者代表着媒体受众的利益和兴趣进入现场，提问方案是从受众角度拟定的。口述历史访谈的目的则是为了抢救活态信息资料，探究历史真相，是从学术研究角度拟定问题并逐步解决的，必须脚踏实地，严肃认真地接近真相。

3. 合影

访谈进行前或结束时，要记得和口述者合影，以增加口述档案的原始性与可信度。笔者早年初次做口述访谈时，由于没有意识到此问题的重要性而未与口述者进行合影，后来口述文章发表时，出版方要求提供当时合影，结果非常被动。

三　口述档案的后期整理与归档工作

1. 口述档案的整理

访谈结束后，即要对访谈内容即口述档案进行整理。相对而言，口述档案的后期制作可能更加复杂繁琐，耗时费神，加上有时口述者的口音、方言等多种复杂因素，整理起来更为艰难，需要花费口述时间数倍、甚至数十倍的时间进行整理。但就高校来说，可以发挥学生群体这一人才优势，召集一些相关专业的优秀学生来从事口述档案的整理工作。当然最好提供一些报酬，这样，学生既可得到锻炼，又可在经济上有所补偿，从而减轻他们的生活压力。

整理口述档案时，要对访谈内容进行逐字逐句的记录。所有访谈内容，包括停顿、重复、咳嗽等各种声音都要严格按照原始声音记录成文字。初次整理稿要忠实于口述记录，尽量保持口述内容原貌，即使有误，也要保持"活资料"的原貌。

初次整理结束之后,还要对整理稿进行二次加工,仔细核对、考证口述内容。口述者在口述过程中不可避免地要涉及人名、地名、时间、地点、事件、社会大环境和历史背景等元素,由于年代久远,口述者的记忆难免有讹误或不完全之处,对于明显错讹之处应进行鉴别修正;口述档案中的一些矛盾之处,我们不可能在访谈过程中就这些细枝末节的内容不断打断对方,所以也必须在事后认真核实。此外,从目前的技术条件看,虽然要重视录音、录像设备及其结果,但在访谈时做笔录仍是非常重要的口述档案记录方式,在整理口述档案时可将笔录与视频、音频内容相互印证参照,从而确定口述档案的整理稿。

另外,对同一事件、同一人物,要采访不同的人,从不同角度对历史进行还原。对其中重复、矛盾、缺漏、讹误、文理不通、前后衔接不恰之处,要采取人证、物证、书证、逻辑关系、时间顺序推理等方式对口述内容进行反复核对、鉴别与考证。

2. 请口述者审核、签字

因整理者知识、能力原因,加上口述者本人方言、口音等种种因素,整理出的内容难免有出入,所以,口述档案整理结束后,一般要再联系口述者,将口述档案整理稿交给口述者或其授权人予以审核;如果发现事实有错误或不清之处,还要反复找口述者本人核实,必要时继续采访。

要树立尊重口述者的原则,尊重口述者的意愿和隐私。口述档案编辑、整理及加工完成后,必须请口述者或其授权人审阅后方能定稿,音频、视频资料也需经过口述者或其授权人核实,并制作复制件赠与口述者保存。经口述者确认无误后的文稿、音频、视频材料方可作为档案材料予以归档及利用。

口述档案文稿经口述者审核无误后,要请口述者在文本上签字留底,以示该文本内容已经得到口述者认可。如果可能,还要和口述者签订授权协议,讲明双方的权利义务和使用范围,以免事后发生矛盾与争端。

3. 归档

高校口述档案征集工作的最终目的是为了归档以及利用。在口述档案文稿经口述者审核定稿后,该口述档案已经完成。应以访谈主题或口述者为单位,将相关的视频、音频、照片以及整理的初稿、口述者审核通过的最终文稿等全套口述档案资料予以归档,妥善保存。在口述档案征集达到一定规模之后,还要考虑建立口述档案的数据库,更好地管理、利用口述档案。

访谈前后,还可以向口述者征集档案材料,征集到的材料,可以和口述档案一起归档,也可以根据其性质另行归档。

四 高校口述档案征集工作的瓶颈与出路

近年来,尽管高校口述档案工作已经取得了不斐成绩,但始终存在着一些发展瓶颈,制约着口述档案征集工作的进一步飞跃。

1. 队伍建设与资金保障

口述档案征集工作不仅对访谈者的沟通能力、责任心、文字功底、档案专业知识和能力、法律知识等要求较高,同时对其录音、摄影、录像等技术水平和能力也有着较高要求,因此,访谈者的综合素质直接影响着口述档案的质量。目前很多高校档案馆都存在着人力不足、人员素质参差不齐等问题,面临这些现实,还要抽调人力去进行口述档案的征集工作,对很多高校档案馆来说,可以说是力不从心。口述档案征集工作又耗时费力,强度、广度大,仅靠档案部门一己之力很难做到完满。在此境况暂时难以解决之时,应尽量发挥高校的多学科、多部门优势,吸收学校其他部门人员、退休老干部、老教师多加参与。要组织口述档案征集人多到校外进行参观学习,进行校际、馆际沟通和交流,扬长避短,互相学习。当然,这又涉及资金问题,资金短缺也是口述档案征集工作的另一难点,对此只能通过多方呼吁,让学校了解到此工作的意义和重要性,努力争取更多的资金支持。

要加强档案人员甚至全校师生的口述档案征集意识。口述档案具有极强的时效性,征集对象稀缺、易逝,必须强化意识,抓紧时间进行口述档案的征集工作。

2. 缺乏法律保障机制与工作动力

口述档案是一项真实、直观、生动、与时间赛跑的工作,其以新的形式、新的角度对传统档案征集工作做了颠覆,此为其优势所在。但因口述档案主观性较强,其真实性和合法性一直受到理论界的争议与诟病。事实上,口述档案这种主动的征集工作,与日常档案工作的略带被动的收集工作有所不同,工作强度与难度也大得多,加上档案界对口述档案的技术与质量尚无统一标准和规范,质量难以保证,因此,虽然大家都关注到口述档案的客观、真实、准确等本质属性,但其度仍是很难把握。同时,由于目前的档案法规对口述档案工作无硬性指标和具体要求,所以无形中造成了很多高校口述档案工作事实上的"搁置"状态。

3. 口述档案本身的缺陷

口述档案属于回忆性质,受口述者记忆、立场、角度等条件所限,口述档案具有主观性、模糊性等诸种缺陷。加上受口述者个体观察力、理解力、个人情感、环境等多种因素影响,口述档案的真实性都会受到一定影响,这些都或多或少会影响到口述档案的地位与价值。

4. 口述者的著作权和隐私权难以保障

著作权又称版权,是著作人(自然人或法人)依法对科学研究、文学艺术诸方面的著述和创作等享有的权利。口述档案文稿虽然是经过采访人的大量辛苦工作整理得来,但其内容核心仍是口述者的智力劳动成果,口述者对其享有著作权。当前法律对口述档案的著作权归属问题尚无明确界定,口述者的著作权难以保障。高校要尊重口述者的著作权。同时,为鼓励更多人提供口述档案,采访者更需严守界限,不得随意侵犯口述人的著作权。此外,口述档案中难免会涉及一些他人隐私,对此采访者更要引起重视,不仅自己不得侵犯他人隐私,还要采取措施防止他人侵犯。

总之,高校口述档案作为新的特殊档案,不仅可以补充档案馆藏,丰富档案类型,而且可以补充、印证学校历史空白,对高校有着非常重要的价值,我们要抓紧时间,迎难而上,把这项规模和意义空前的工作做实做好,为高校留下更多的文化资源和精神财富。

参考文献：

［1］杨祥银.《与历史对话——口述史学的理论与实践》.中国社会科学出版社：北京,2004.

［2］叶永烈.《口述历史是"活的档案"》.《中国档案》,1998(6).

［3］李扬新.《"口述档案"争议的实质及启示》.《档案》2000(3).

［4］糜栋炜.《国家综合档案馆何必越俎代庖——探讨从事口述历史的合理性》.《北京档案》2007(2).

［5］刘旭光、薛鹤婵.《试论口述档案的价值》.《档案学通讯》2007(4).

［6］王利伟.《口述档案与校史研究》.《山西档案》2010(3).

［7］代静.《试论高校"口述档案"工作的开展》.《北京档案》2011(3).

全媒体时代档案编研与大学品牌塑造初研究[*]

——以华东师范大学"儒商群"传播为例

华东师范大学　　汤　涛

摘　　要：档案编研是档案文化传播的重要源泉，档案文化是大学文化的重要内容。大学品牌内涵可归纳为三个层次：一是学生品牌，二是学科品牌，三是学校品牌。大学品牌形象的实施与塑造是一个战略过程。在全媒体时代，档案编研和档案文化传播，是塑造大学品牌形象的重要路径。

关键词：全媒体时代　档案编研　档案文化　大学品牌　儒商群

一　档案传播是大学品牌形象塑造的重要路径

随着高等教育跨越式发展，大学品牌开始进入研究者的视野。大学品牌作为组织品牌，有组织品牌的一般性，但又有其独特性。大学品牌经营大致经历三个阶段：形象研究阶段、营销阶段和品牌阶段。由于高校是非营利性的社会组织，与企业有几点不同：首先，高校不存在明显的利润指标。高校的主要功能是人才培养、科学研究、社会服务和文化传承。高校的目标不是为了营利，但并非说它不可营利。高校的收益主要用于提

　＊　本文为 2016 年上海市档案局科研计划项目"全媒体时代高校档案编研与文化传播"（沪档科 1605）的阶段性成果。

高办学质量,实现公共利益和完成基本使命,而企业的主要目标是追求利润最大化。其次,高校是基础性、公益性的机构,它面对的公众除学生外,还有政府和社会,比企业复杂得多。第三,高校,特别是公立学校的出资主要是政府,且在税收和法律上还享有诸多的优惠,因而它所承受的压力不是市场压力,而是政治压力。

相对西方学者对大学品牌的研究,我们在这方面的研究稍显落后。早在几十年前,西方专家对大学形象和基于职能论的高校营销进行了研究,研究内容主要包括大学品牌对学生择校的影响,大学品牌识别、大学品牌创建和大学品牌命名等方面。我国对大学品牌研究首起于2006年,当年《全国教育科学研究课题指南》首次明确把学校形象设计、品牌建设和文化建设纳入资助范围。大学品牌内涵可以归纳为三个层次:其一,学生品牌。按照高教法规定,人才培养是高校首要职责,通过培养高素质的学生来体现高校的价值和影响力,而校友成就是高校培养人才的最直接的体现。其二,学科品牌。学科是指一定科学领域或一门科学的分支,同时也是高校教学、科研等的功能单位,是对高校人才培养、教师教学、科研业务隶属范围的相对界定。学科品牌是通过社会对某个专业的学生素质上升到对某个学科的信任,由此形成高校某个学科品牌。最近几年教育部学位中心推出的全国高校学科评估,业内关注,众人瞩目。其三,学校品牌。当学生品牌、学科品牌,加上师资、校史文化等形成了一定的影响力之后,学校品牌就水到渠成。此时,学校的声誉具有明显的品牌特征,最后形成学校品牌。

大学品牌形象的实施与塑造是个战略过程,诸多成功案例给我们巨大的启发,譬如香港科技大学。该校创建于1991年,在20多年的时间内创建了具有世界影响力的大学品牌。目前,该校在全球顶尖的200所高校中排名第41位(2010年),在全球顶尖的50所工程及科技高校中排名第20位(2010年)。香港科技大学品牌战略的成功经验在于:品牌定位准确、目标清晰、品牌创建的给力点明确、行政领导强而有力。

那么,对老牌大学品牌而言,如何创造性进行品牌开发? 如何找到大学品牌的传播点?

笔者认为,档案编研与文化传播是大学品牌塑造的有效方法和途径,下文以华东师范大学档案编研与文化传播为例进行分析。

华东师大前身主要是 1924 年成立的大夏大学、1925 年成立的光华大学,以及 1879 年成立的圣约翰大学等学科为基础创建的。华东师大档案馆在近三年里,致力于编撰出版华东师大"丽娃档案"丛书,目前已出版《大夏大学编年事辑》《大夏大学:90 年 90 人》《大夏文萃》《丽娃记忆:华东师大口述实录》(第一辑)《光华大学编年事辑》《光华大学:90 年 90 人》《光华文萃》《王伯群与大夏大学》《圣约翰大学与华东师范大学》《张寿镛校长与光华大学》《华东师大档案馆馆藏手札(民国)》《丽娃记忆:华东师大口述实录》(第二辑)等 12 种,近 1000 万字。这些档案编研成果,以校史为重心,分别从历史、人物、文化三个层面进行研究探索,深入解读华东师大历史中蕴含的科学、文化、教育等精神遗产,形成了立体的校史研究谱系。

在档案编研过程中,华东师大档案馆注重校史文化传播,先后举办《王伯群与大夏大学》《张寿镛与光华大学》等新书发布会,《人民日报》《光明日报》《解放日报》《文汇报》《新民周刊》《中华文化报》、上海电视台、东广新闻等媒体广泛报道,同时通过微信公众号、微博、学校主页等新媒体全力报道,形成不同媒介形态,即纸媒、电视媒体、广播媒体、网络媒体、手机媒体等,之间的融合传播产生了很大的社会影响力。

在档案文化传播过程中,华东师大档案馆另辟蹊径,通过挖掘校史人物,打造华东师大"儒商群"文化概念,提升了华东师大的品牌形象。

二 华东师大"儒商群"概念塑造

华东师大"儒商群"是如何崛起的? 档案人物概念是如何传播的?

我们追溯到 2005 年。是年 7 月 13 日,美国纽约纳斯达克,一位来自上海的青年江南春,在万众瞩目中掀开了纳斯达克中国第一支纯广告传媒股的神秘面纱。作为分众传媒创始人兼 CEO 的江南春,"一夜暴富",身价接近 2 亿美元。仅仅不到 10 个月,2006 年的 5 月 19 日,分众总市值猛涨至 28.7 亿美元，一举超过张朝阳，赶超网易，夺得纳斯达克中国概念股第一"宝座"。改制后的江南春持股约 25%，按照市值，江南春身价飙升到 56 亿人民币。

江南春赫然成为中国新一代商人的代表，成为华东师大"儒商群"的标杆。

江南春的横空出世，与其说是他个人的传奇，不如说是华东师大"儒商群"的奇迹。随着财富新贵江南春的出现，我们在档案人物研究中，着力塑造中国大学群落的华东师大"儒商群"。儒商群概念最早出现在华东师范大学校报《悄然崛起的华东师大"儒商群"》，之后《公关世界》杂志以《华东师大出现"儒商群"》为题进行传播。2015 年世界档案宣传日上，作为上海市档案馆的重点推荐档案人物展览《创业家：崛起中的华东师大儒商群》进行传播。主要人物包括：

"地产界另类先锋"王征。北京荣丰房地产开发有限公司董事长、全国政协委员、全国青联常委、中国青年企业家协会副会长。做一个"用智慧给社会创造财富的人"是王征的人生理念。1981 年，王征以上海总分第二名的成绩进入华东师大外语系。作为盛宣怀家族的第四代，他身上天生具备一种商业特质，28 岁的他响应上海市政府"实物批租"政策，以 1.7 亿元人民币换取了南京路黄金地段一块 8.7 万平方米的土地，成为中国房产届的风云人物，被评为"中国房地产十大新锐人物"等。王征历年来对公益事业多有捐赠，与信息产业部等设立"荣丰基金"奖掖青年，鼓励科技创新。

"惠天然"程静。上海惠天然投资控股集团有限公司董事长。1989 年考取华东师范大学生物系。上海惠天然投资有限公司，主营国际贸易、医药生产、新能源开发与利用等项目，年产值达 30 亿。2013 年，程静代表公司向母校捐赠 300 万元设立"惠天然专项教育基金"，主要用于奖励报考母校的优秀高中毕业生。

"奥盛"汤亮。上海奥盛投资控股（集团）有限公司总裁。毕业于华东师大世界经济专业。汤亮领导下的奥盛拥有全球最完善的预应力材料制造产业链，也已然成为世界顶尖的桥梁缆索供应商，实现销售收入近百亿元,位列全国 500 强民营企业行列。汤亮曾捐资 300 万在母校设立奖学金。

"门窗大鳄"张立群。上个世纪 80 年代初华东师大中文系毕业的张立群,北京美驰建筑材料公司总裁,公司产品遍及北京、广州等中心、高档公寓和政府首脑机关,并出口美国、日本等国家。除北京总部外,同时在上海等地设立工厂。富则兼济天下,在华东师大建校 60 周年期间,张立群捐资 100 万支持母校教育事业。

"齐家网"邓华金。上海齐家网董事长兼 CEO 邓华金,1996 届华东师大化学系毕业生。2005 年创办齐家网(上海团购网),首创"B＋B2C"体验模式。2014 年平台交易额达到 300 多亿,成为中国最赚钱的电子商务公司。

"驴妈妈"洪清华。驴妈妈旅游网董事长,华东师大体育系硕士毕业。创建景区电子商务平台,驴妈妈旅游网日均万人预订,有约 6000 家景区加盟,拥有 12000 多种自助游产品订购"网站,估值超 30 亿。

"和君咨询"王明夫。和君咨询集团董事长,中国著名的战略咨询专家和投资银行专家,本科毕业于华东师大政教系。公司是中国本土规模最大的综合性咨询公司之一,荣获北京管理咨询公司综合实力排名第一、中国咨询业第一品牌等称号。和君咨询集团创造出注册资本一亿、拥有员工 1300 人的巨型咨询公司传奇。和君咨询已经成为本土咨询业界最具影响力的领导性品牌。

……

在档案校史的发掘和传播过程中,我们发现毕业于华东师大的企业家还有:亚商集团董事长、政教系 77 级校友陈琦伟,美的集团总裁方洪波,北京尚洋信德信息技术公司总裁沈习武,上海国际医学园区董事长黄俊,三九美源坊总裁程光伟,上海兆基实业有限公司董事长李国平,江苏可一出版物发行集团毛文凤、钱晓征,香港世海国际有限公司董事长洪波,上海交运集团副总裁郭大成、上海友谊集团副董事长黄真诚……诸多校友凭着强烈的创业意识和自我发展的欲望,怀着深厚的经商意识和商品经济意识,坚持百折不挠、自强不息的创业精神,破茧化蝶,一跃成为亿万富翁,成为国内著名、世界知名的企业家。

华东师大"儒商群"概念,经过近十年的传播,已经成为华东师大和中国高校的一个专属概念。

三　"儒商群"的多媒体传播与大学品牌形象

在中国的历史上,曾有这样一群人:他们凭借着地缘优势和敢于冒险、敢为天下先的勇气,异地创业致富;他们呼风唤雨,左右行业经济,操控国家财源;他们自创流派,成为中国商人精神的载体。这就是曾辉煌中国几百年的徽商、晋商、赣商等商帮。诸多商帮以其强烈的创业精神与杰出的经营能力,书写了中国商业史上的辉煌。

过往百年,他们曾是国家商业的图腾。在商帮中,有一类特殊的商人群体,那就是儒商。在档案人物传播研究中,我们把华东师大"儒商群"和传统的"商帮"进行比较,发现它有特别意义的地方:

第一,华东师大"儒商群"不以地域、血缘和乡谊为基础,而是基于校园文化基因的培育,是毕业于华东师大的企业家群体,不以籍贯为定义,由许许多多企业家组成的、努力吸纳全世界优秀文化包括中国传统文化的商人群体。华东师大"儒商群"是具有现代人文道德、具有竞争能力、具有社会责任感、具有现代管理能力、具有开拓能力的企业家群体。

第二,华东师大"儒商群"是一种新经济时代下的新产物。师大儒商群发展大致可分为三个阶段:萌芽期、发展期和快速增长期。萌芽期是指20世纪80年代中期至90年代中期。在改革开放的大潮中,一批有能力有胆识的校友走出校园,怀着创业的激情成为最早接受市场考验的知识精英。这个时期以陈琦伟、薛晓路等为代表。发展期是指20世纪90年代初至21世纪初。这期间以王征、洪波、张立群等为代表,个人身价过十数亿。快速成长期是指21世纪初至今。这个时期以江南春、程静、汤亮、洪清华、邓华金、程光伟等为代表,如江南春个人身价已经达到近50个亿。

第三,华东师大"儒商群"从地域走向行业,从传统贸易走向新兴产业。徽商、晋商、潮商等商帮一般是通过"食盐开中"、"茶马交易"、"棉布征实"、"布马交易"等手段,经营盐、茶、布、烟、木、药、皮、杂等土产品,实际上大多数从事的是商业贸易,只有晋商的"汇通天下",是资本经营的雏形。以地域为条件的商帮是封闭性的,以行业为基础形成的儒商群才是未来发展的方向。华东师大"儒商群"植根于丽娃河畔共同的文化脉络和文化气质,超越地域特征,分布在教育、房地产、现代咨询业、高新技术等不同的行业和领域。譬如"商界少帅"江南春掌控下的分众传媒,为中国最大的楼宇电视广告商,所经营的户外视频联播网已经覆盖近 100 个城市、10 万个终端场所,日覆盖超过 1 亿的都市主流消费人群。细细考量,可以从他们身上完全解读出财智时代的特征。

华东师大"儒商群"作为档案校史范畴,在以后的铺天盖地的传播过程中[①],极大地扩大了人们对华东师大的知名度和美誉度,改变了人们对华东师大印象,激活人们对师大的传统印记,进一步增强了对华东师大的忠诚度和品牌记忆。一位社会学家这样评价师大的儒商群:"华东师大出教育家是必须的,因为学校教师教育引领全国;出作家是应该的,因为丽娃河流淌着深厚的文脉和文化;出政府官员也在情理之中,因为学校形成了举贤荐能的人文底蕴和氛围;而华东师大出大商人、大企业家,应归功于师大文化在新经济时代主动对接市场经济,谋求新生,突破诞生的一种求实创新精神的喷发和张扬,折射出儒商群对丽娃河蕴涵的文化因子的传承和发扬。"

1951 年,华东军政委员会教育部决定把大夏大学和光华大学的文理科为基础合并成立华东师大,其基本理由之一是"两校历史上有革命传统"。这种"革命传统"随着经济社会的发展和国际世界的变化,演进为敢于突破传统模式,善于创新,勇于创造的精神,在实现"智慧的创获,品性的陶熔,民族和社会的发展"道路上,华东师大"儒商群"是善于学习、吸收

---

① "儒商群"概念的传播包括几个方面:一是被收入《华东师大校史文化解读》;二是出现在每年的校领导对新生校史教育;三是出现在学校对外宣传材料上;四是被各类校外媒体广泛传播。

和创新的优秀企业家群体,他们在全球经济一体化时代,无师自通地撞开市场经济的大门,用智慧的杠杆撬动知识经济;他们借虚拟经济之手把企业办得红红火火,在无数次的商战实践中学会和大象跳舞;他们奋发图强,饮水思源,知恩图报,回馈母校。在未来的档案文化和传播过程中,华东师大"儒商群"作为档案校史研究范畴,我们相信,随着市场经济的不断推进和深入,他们的舞台将更加宽广,企业家群体将会更加宏大。他们将为华东师大品牌形象的塑造和传播,荷担更大的使命,同时为我们的校史研究提供更多的机会,为传承大学精神和校园文脉创造更大的价值。

参考文献:

[1] 徐高明:《大学品牌理念的内涵及其规定性》,《中国高等教育》,2006 年第 12 期。

[2] 汤涛:《华东师大出现"儒商群"》,《公关世界》,2006 年第 12 期。

[3] 吉孝本:《一位上海青年昨按响美国纽约纳斯达克开市铃声》,《新闻晚报》,2005 年 7 月 15 日。

[4] 汤涛:《悄然崛起的华东师大"儒商群"》,2006 年 6 月 26 日,第四版。

[5] 汤涛、魏明扬:《华东师大儒商校友,你只知道江南春?》,华东师范大学微信 ID:ECNUER,2015 年 6 月 19 日,http://www.5hb.org/artinfo/579260.html。

[6]《2010 中国大学富豪校友捐赠榜发布》,新浪教育,2010 年 01 月 20 日,http://edu.sina.com.cn/gaokao/2010—01—20/1606234382.shtml。

[7] 袁运开、王铁仙主编:《华东师范大学校史(1951—2001)》,华东师范大学出版社,2001 年第 1 版,第 3 页。

档案文化传播与媒介演变

上海电力学院档案馆　　谢兰玉

摘　要： 人类传播历经了前语言传播、语言传播、书写传播、印刷传播以及电子传播，媒介的演变促使传播方式逐渐多维便利，拓展了档案文化传播的广度和深度。媒介演变中档案文化得到积淀并世代相承，档案文化传播将最终实现社会化。

关键词： 档案文化传播　媒介演变

人类的历史不仅是实践的历史，更是文化创造、文化积累、文化传承的历史，其中包括了物质文化、制度文化及精神文化，经过世代累积相承形成社会凝聚力推动着整个社会的持续发展。档案就是这些文化的记录和见证，各个发展阶段的特色档案汇集成整个人类珍贵的文化资源。人类发展史也是人类媒介演变史，媒介的演变影响着档案信息的记录保存进而影响着档案文化的传播。

人类传播发展史经过了前语言传播、语言传播、书写传播、印刷传播直至现在的电子传播[①]，对应的媒介演变则是肢体动作、语言符号、甲骨泥板、纸张、电话、广播、电视以及互联网。人类社会经济科技的进步推动着媒介向更高级发展，功能强大的媒介反过来又刺激着文化信息的传播。

---

① 李凌凌，杨伯溆.媒介即信息——人类传播史解读[J].当代传播(理论探讨版)，2002(4)：4—7.

媒介演变的过程是档案文化传承的过程,媒介演变中传播方式越来越便利,传播范围越来越宽广,档案文化传播总体而言是加速的,这是档案文化传播的总体趋势。通过研究档案文化传播与媒介演变,我们可以更好地把握文化传承的规律,全面挖掘档案的载体文化内容,从而把握住档案文化的三个主题,即档案存史迹、档案涵文化、档案承文明①。

当前的大环境有利于档案文化传播的研究:首先是档案文化身份的确认;其二是方针政策的推动;其三是国内外不少学者对档案文化传播的研究为进一步深入研究做了很好的学术铺垫。档案文化的传播离不开媒介,媒介的影响力相当深远。媒介载体文化是档案文化的重要组成部分,同样有必要密切关注,深入研究。媒介演变中的档案文化传播在一定程度反映着档案事业发展方向,并揭露着社会经济文化等各个方面,笔者总结得出以下几个规律。

一 档案文化资源在媒介演变中不断沉淀传承

档案作为历史的原始记录和存贮,真实反映着自然、社会和人类思维活动,是文化资源的重要组成部分,发挥着不可替代的作用。各种媒介是档案信息的载体,媒介随着社会的发展而不断演变。媒介的演变影响着档案文化的传播。人类传播发展史经过了前语言传播、语言传播、书写传播、印刷传播直至现在的电子传播,媒介演变的过程也是档案文化传承的过程。随着媒介载体的演变,各种各样的档案产生,积累,传承,这一过程又同时是民族文化的积累传播过程,无论是甲骨档案、泥板档案还是后来的纸质档案、电子档案,都是社会历史的记录,是文化资源的积淀。

我国3000多年的历史,就是因为有了各种载体形态的档案才得以延续历史文化,为以往提供凭证,为以后提供借鉴。档案实现了文化的积累和延续;档案文化价值观的形成推动全新文化价值取向的确立;档案具有文化属性,具有文化资源的一般作用;档案具有媒介作用,人们通过运用

---

① 李士智.关于档案与文化研究的研究[J].中国档案,2004(11):40—41.

档案开展各类文化活动,创造文化效益。档案文化资源不断沉淀传承可以从数量以及内容两方面阐述。

数量上来说,我国公共档案馆的各类档案经过统计,截止 2008 年底,全国各级各类档案馆共保存档案 25284.5 万卷、7635.8 万件;录音磁带、录像磁带、影片档案 72.3 万盘;照片档案 2459.3 万张;底图 5759 万张;电子档案中的磁带 46.7 万张、磁盘 22.5 万张、光盘 48 万张;缩微平片 458.3 万张、开窗卡 217.3 万张、卷片 25506.6 万幅;资料 4059.6 万册[①]。这些档案囊括了各个历史时期,涉及了经济文化到社会政治等各方面,可以说是整个社会发展的缩影。档案是人类知识经验的存储,智慧物态的结晶,是重要的文化资源。

内容上而言,档案作为文化资源,记载了社会文化内容,携带着各种文化信息,记录着活动内容。不仅档案身反映这人类活动,人类利用档案还可以创造出新的文化成果,以便更好地进行文化建设。19 世纪末 20 世纪初,殷墟甲骨文、汉晋简牍、敦煌经卷文书、明清内阁大库档案展现在人们眼前,这些珍贵的档案历史资源在经过发掘、搜集、整理、分析、研究之后产生了大量研究成果,真实揭露了这些历史阶段的社会各方面的发展状况,是研究我国古代及近现代的重要资料。徽州档案更是实现三最:一是年代跨度最长;二是种类最多;三是数量最多,全面展现徽州社会生活的状况,蕴含着徽州社会的观念,情感与价值[②]。

二 档案文化价值观在媒介演变中从无到有,从一元到多元,从模糊到清晰

古代时期,人们对于档案是比较陌生的,档案始终带着权利神秘色彩。古代档案主要功能是彰显君王"德政",进行社会控制。某些有碍控

---

① 俞伦祥.公共档案馆通过媒体公开档案信息的模式研究[J].山西档案(档案与社会版),2011(3):44—46.

② 杨雪云,丁华东.社会记忆与地方社会秩序——以徽州历史档案为分析对象[J].档案学通讯,2010(6):14—17.

制和影响安定的档案多被销毁,保留的档案也只有少数统治阶级能够阅览,档案与群众脱离,在人民群众心目中档案的价值可有可无。因此古代档案的文化价值及其内在信息价值观缺乏建立的条件。到了近代,学者开始积极关注档案,其中以龚自珍、罗振玉等为代表,他们提出"掌故不备,则无以储后史","能见档册,能考档册"为"其福甚大"①,指出档案不仅是社会工具,更应挖掘其内容价值,即文献价值。此后更多的学者利用档案进行编史修治,档案文化资源属性得以加强。这些实践推动着档案一元文化价值观转为二元价值观,并促使档案走下神坛,步入社会生活。"史料无论真伪,均具有价值。"②越来越多学者相信档案的史料价值,将档案作为研究历朝历代社会经济文化语言地理沿革的最好证据,承认档案是我国宝贵的文化遗产和历史财富。

现当代之前,档案文化价值观更多地体现在档案学,史学以及考古学风俗学领域,这之后,随着经济社会的进一步发展,档案发挥功能越来越多元,渗透的领域也逐渐增多,档案价值从更多地应用于史学研究、行政管理转向更多应用于经济建设、科学研究、文化教育等事业。档案的文化价值毋庸置疑,人们对于档案的文化需求也渐渐强化。传统媒介的档案具有凭证作用,文化作用,行政作用,教育作用,这些作用在科技时代则得到进一步释放。借助各种科技手段,档案以更直观易懂的方式进入人们视角,比如电视,网络,碟盘等等,这些媒介提供了可听、可感、可视的全方位传播。通过这些现代化媒介,档案信息将生动形象鲜活易懂的历史呈现给人们,启发我们新的思考,更好地了解我国的社会发展轨迹。各种媒介将档案文化信息传播到各个领域,形成档案传播网,使得档案文化价值观深入人心。具体的例子就是大量档案节目先后播出,比如北京档案,原始档案纪录片等等,人们观看这些节目后不仅能学到历史知识,更能在不经意间进入一定历史想象情景中,对文化有更深刻的认识接受。

---

①　龚自珍. 龚自珍全集[M]. 上海人民出版社:上海,1975:305.
②　张慧. 顾颉刚的档案史料观[J]. 湖北档案,2010(4):14—15.

西班牙贝尔那·里瓦斯·费尔南德指出:"档案作为文化遗产的一个组成部分,他在当前阶段拥有了一个很好的工具,那就是:不仅有利于信息的接受、组织和保存,而且有利于信息传播的先进技术。通过运用这一工具,信息的利用被演变为一种文化活动,并成为了休闲文化的一个组成部分。"①档案蕴含厚重的历史文化,与现当代传媒相结合,将有力弘扬我国传统文化、独特精神、民族智慧和民族情感,实现档案的历史文化价值,深入民心,全面树立档案文化价值观。

三　档案文化权利在媒介演变中逐渐回归于民, 成为公民民主权利

关于档案文化权利,尽管随着社会的发展,我国逐渐重视公民的档案文化权利,但与西方国家相比,二者存在明显的差距。西方用了 200 多年就基本完成了档案权利从应有权利向法定权利再向实有权利的转变,而我国档案文化权利回归于民仍在缓慢实现中。

我国档案文化权利的实现先天不足。受封建专制的影响,我国档案工作很长一段历史附属于权力机构,为统治阶级服务,档案部门严重缺乏服务群众,社会开放的价值取向。这导致公民潜意识认为档案是政权所有物,是统治者的工具,从而使得公民档案意识淡薄,缺乏主张利用档案权利的能动性,最终导致档案利用率低。媒介演变中,各种媒介工具大大宣传了档案,人们对档案的了解增多,档案越来越贴近公民,有时甚至与公民利益息息相关。信息的传播由传统的系统视角转为用户受众视角,各式媒介将文本、声音、图像、图片等展现方式融为一体,不仅加大信息传播量,更侧重考虑用户信息需求,做到双向互动传播。公民不仅利用媒介接触档案文化,同时也借助媒介传播自身档案文化。媒介的不断更新进步强化了档案文化传播,在这一强化过程中公民档案文化权利观逐渐苏醒。这种大环境下与公民相关的人事档案、医疗档案、家庭档案、教育档

---

① 付荣校、沈玉. 论档案文化价值的扩展[J]. 浙江档案,2001(3):8—10.

案等开始大量涌现并得到重视，而民主进程的加快、建设透明化服务型政府的提出，促使档案文化权利开始回归于民。

公民的档案文化权利随着社会的不断进步而强化。人们观念意识的转变促使"根据国家档案概念建立起的以司法—行政管理为基础的档案工作向建立在更广泛的公共政策和利用基础上的社会—文化档案概念的变化"①成为不可逆转的趋势。

四　档案文化活动在媒介演变中日益丰富多彩，档案文化价值日益凸显

早期的档案文化活动主要是档案编研，档案公布，档案借阅，档案展览，档案开放，随着信息技术的不断发展，新的媒介的出现推动着档案文化活动日益丰富多彩。档案中并不是没有丰富的历史文化知识，但是之前简单的媒介传播使得档案缺乏吸引力，新媒介使人的感官得到最大限度的延伸，电视手机互联网等新媒介在保证共享档案信息内容的同时，更是有各种技术保障，不仅展现档案原貌，更给人们提供集文字、声音、影像等多种形式于一体，大大增强档案的易懂性、可读性与可查性，从而吸引了更多眼球。

北京卫视《档案》栏目与《中国档案报》的跨媒体合作就是档案文化宣传的创新模式。《档案》以第一手档案资料、引人入胜的故事、立体鲜活的画面打响了档案栏目品牌。同时《中国档案报》发挥平面媒体的优势积极宣传档案栏目，让档案栏目走进更多观众的视野②。大型电视文献纪录片《百年中国》更是说明了档案记录历史传承文化的功能。《百年中国》灵活运用了数万张照片、数百分钟录音带、数万米前胶片和数百箱资料，将我国的百年社会文化形态以生动形象的视听方式呈现在人们面前，让百

---

① 　T·库克在第十三届国际档案大会第三次全体会议上作的主报告，题为《1898年荷兰手册出版以来档案理论与实践的相互影响》。

② 　杨磊. 换一种方式讲故事，以全新方法用档案[J]. 北京档案，2010(8)：6—6.

年的文化积淀融入现代生活并活动起来。新媒介以其强大的穿透力、感染力和影响力带人们走进历史,反思历史,传承文化。先进的传媒工具使得历史文化以一种全新的视角呈现①。

　　档案栏目、档案报刊、档案展览等各种活动越来越让人们意识到档案是一种重要的文化资源,透过档案可以了解一个社会,了解历史百态,更是能感受到其中沉甸甸的智慧,我国的社会建设及文化建设都将离不开档案。

五　档案文化领域在媒介演变中逐渐拓宽,与其他学科融合交叉

　　档案学科的发展经过了"文史不分家"到独立学科再到跨学科研究的发展过程,学科融通交合成为研究趋势。档案学借鉴其他学科的研究方法及先进技术拓宽自身的研究领域,全面挖掘档案价值;其他学科逐渐重视档案资料带来的效用,企图发现新的内容、新的视角。

　　传统档案学研究成果主要利用者是档案工作相关人员及学者,文化信息传播对象被限定在一定范围,随着社会环境与学术环境的变化,越来越多的学科借助媒介平台分享档案资源。电子媒介及互联网使得资源共享相当便利,媒介技术的进步改变了档案管理与传输模式,档案的文化性、知识性、服务性在各个学科体现得愈加明显。档案多领域的应用也为各个学科注入了新的营养,提供更真实客观的原始材料。

　　档案文化在媒介演变中渗透的领域越来越广,越来越多的学科重视档案信息的加工利用,利用档案文化为学科的发展添砖加瓦。借助通信媒介、计算机、网络等工具对档案信息进行采集、加工、整理、传播、增值,加强信息服务,各学科与档案学相得益彰。这些学科主要是新闻学、传播学、经济学、教育学、法学、管理学、历史学、考古学,媒介演变既为这些学科利用档案信息提供了条件,又为档案学自身信息检索、信息开发、网络

---

　　①　吕萌.影像资料的历史文化价值探析[J].档案学通讯,2002(4):25—27.

信息资源等专题的研究发展提供了契机。媒介演变中,档案学科与其他学科融合交叉,共同促进。

六　档案载体文化在媒介演变中产生发展,成为档案文化的重要组成部分

档案载体文化具体是指从龟板、兽骨、金石、简牍、缣帛到纸张、胶片、磁带、影碟的演变,这一演变正完全符合并反映了了我国社会文明发展的轨迹,同时也是我国媒介演变的过程。不同的民族、不同的国家在各时代创造了不同的文化传统,文化历经了不同的发展阶段,产生了不同载体、不同媒介的档案,这些档案记录着历史的发展,汇成民族国家独有的文化遗产,因此档案是文化发展的充分印证,是文化的载体,而档案自身的载体是各种媒介工具,这些载体同样形成了档案载体文化,通过研究档案载体,得以复原部分历史,从而更好地认识并传承各国文化。

我国是世界四大文明古国之一,我国上下五千年文化一脉相承。不同载体的档案沉载着不同阶段的文化信息,展现着独特的文化韵味。19世纪末甲骨档案及甲骨文的解读拓展了我们对远古文化的认识,成为我国先秦时期历史文化的重要凭证,使我们了解研究先秦时期社会生产、文化活动的宝贵史料。1971年山西汉墓简牍档案的发现更是解决了史学界关于孙膑及其兵书的争论,强有力证明了孙膑其人其书的存在,进一步展示了我国古代军事文化的博大精深。造纸术的发明带领整个人类进入了印刷传播时代,使文化传播的广度和深度达到了全新阶段,突破时空限制,使得人类文化世代相传。而现当代的胶片、影碟更是见证着经济科技的繁荣发展,人类文化传播进入全新时代,即多媒体电子传播时代。电话、广播、电视、互联网等媒介相继出现,文化传播开始具备全方位、立体式、感官式、高效率等特点,人们身处信息时代,时时刻刻都是文化传播的受众,主动或被动地接受各种文化知识。

媒介演变的根本动力是科学技术的发展,媒介演变过程中,媒介工具、媒介技术、媒介模式的不断完善促进了档案文化的传播,传播对象、传

播范围以及传播方式都得到一定程度的拓展。媒介演变促使档案文化贴近生活,融入更多学科并服务更多学科,更好地为我国文化建设、经济建设、社会建设添砖加瓦。

第四编 档案馆的功能与职能

高校档案馆的内外功能研究

上海交通大学档案馆　　杨燕飞

　　摘　要：国家(公共)档案馆作为一个社会文化休闲场所,其公共性和社会服务性越来越被强调。而高校档案馆是立足于高校自身需求而建立起来的,将国家档案馆和高校档案馆混为一谈的观点是错误的。高校档案馆由于其自身机构属性、馆藏特点等原因,其功能立足于对内功能,对外功能仅作为一项延伸功能,切不可本末倒置。

　　关键词：高校档案馆　对内功能　对外功能

　　功能是指事物或方法所发挥的有利的作用、效能。功能是档案馆存在和发展的重要因素,是由档案馆的属性和所拥有的馆藏资源决定的。档案馆的功能并非一成不变,在不同的历史时期发展阶段,随着社会多样化的需求,档案馆的功能会随之发生变化和扩展。1983年4月26日,国家档案局对档案馆的功能定位为"一个基地一个中心",随着社会变革的需要,档案馆的功能也在不断扩展、变化,从三位一体、四位一体到2009年10月,国家档案局在上海召开的全国档案馆工作会议提出了"两个基地三个中心"五位一体的档案馆功能建设。学者对档案馆的功能研究成果丰富,笔者在"万方数据库"中输入"档案馆＋功能"的关键词,共有1717条记录。对档案馆功能的分类,学界也有诸多论述。张照余先生将档案馆功能概括为"资治"、"存史"和"文化传承"三大功能。宗培岭先生将档案馆的功能划分为基本功能和延伸功能两大块,基本功能包括社会记忆功能和知识储备功能,延伸功能包括资政决策功能、文件与教育功能和市场服务功能。王向明先生将档案馆的功能归纳为历史记忆功能、资政决策功能、社会教育功能、学术研究功能、信息传递功能、智力开发功能和公共消遣功能。高校档案馆作为档案馆体系脉络的一个重要部分,在功能上和国家(综合)档案馆大同小异,但高校档案馆毕竟立足于高校,具有其自身的特色。根据档案利用群体是校内部门、师生还是社会单位、个人,可以将高校档案馆的功能分为对内功能和对外功能两大类。对内功能包括高校历史记忆功能、资政决策功能和教学辅助功能。对外功能包括宣传教育功能和社会服务功能。

一　对内功能

1. 高校档案保管功能

高校档案是指高等学校从事招生、教学、科研、管理等活动直接形成的对学生、学校和社会有保存价值的各种文字、图表、声像等不同形式、载体的历史记录。高校档案馆是高校的历史记忆库。可以说,高校档案馆记录了学校从建立、建设和发展的历史过程,能较为全面完整地反映高校的历史。虽然高校一些部门也收集保存了某些时期某些阶段的资料,但这些资料都是分散的、不系统的,多是本部门产生的文件资料,而且随着人员更替,这些资料难以长久保存。高校档案馆则不受人员更替和政策变更的影响,可以系统完整地保存高校档案资源。高校档案馆保管功能是最主要的功能,这是由档案馆的职能决定的。建国以来,档案馆职能发生了一定的变化,但是档案保管职能始终并将一直是档案馆最重要的职能。

2. 资政决策功能

高校档案馆的资政决策功能主要是指高校档案馆要为学校领导层、各部门的决策和方针政策制订提供档案依据和参考。高校档案真实地记录了高校过去发展建设的经验教训,这些经验教训为现在的决策提供有价值的参考和借鉴。高校档案馆的资政决策功能是一项重要的功能,这其中有一定的历史原因。20 世纪 50 年代,全国高校没有记录学校历史的档案馆,学校的档案管理分散、混乱、没有规范统一的标准,为解决这一问题,隶属于校长办公室或党委办公室的高校档案室顺势产生,当时的高校档案室属于机要部门,其档案门类局限于文书类,利用对象也仅限校内机关部门,不对外开放。资政决策功能是当时高校档案室的唯一功能。到 90 年代,大多数规模较大的高校建立档案馆,来取代原来的档案室,但名称的改变、规模的扩大、行政级别的提高并不意味着高校档案馆的功能自然发生改变,到目前为止,资政决策功能仍然是高校档案馆的一项重要功能。根据章华明先生的统计研究,上海地区现有 60 余所普通高校,其中公办本科高校 29 所。在 29 所普通高校中,独立建制设馆的高校有 12 所,占三分之一左右。这也就意味着,剩余的 17 所公办本科高校至今还是只有隶属党办或校办的档案室。档案室由于规模小、人员少、又直接隶属党校办,所收档案还是以文书为主,这也就直接决定了资政决策功能是这些高校档案室发挥的最主要的功能。在《高等学校档案实体分类法》所确定的 10 个一级类目中,党群和行政是放在首位的最重要的两大类目,这历来也是高校档案馆接收档案的两大重点类目。党群和行政档案在高校档案馆中所占比重非常大,主要为学校领导、部门作出决策提供参考依据。

3. 教学辅助功能

教学档案和科研档案是高校档案馆的一个重要部分,也是一大特色档案。教学档案主要包括教学管理和教学实践活动中形成的文件材料。一些高校建校时间长,教学档案资源丰富,在长期的教学管理和教学实践活动中形成了先进的教学管理理念和方法,这些理念和方法可以为现在的教学活动提供宝贵的参考意见和指引,为先进教学措施的制订提供强大的助力。教师可以从档案馆查阅前期的教学大纲、教学规划等档案,寻找灵感和线索,为自己的教学活动添砖加瓦。科研档案是指在科学研究管理和科研实践活动过程中形成的文件材料。科研档案本身具有丰富的科学文化知识和学术研究价值,通过查阅科研档案,可以了解某一领域、方面的研究现状,汲取先进的研究思路和手段,为现在的学术研究活动提供前期性、基础性的材料。高校作为开展教学活动和学术研究最活跃的场所，努力开发相关档案资源，发挥教学辅助功能，这也是高校档案馆的一项重大课题。

二　对外功能

高校历来是先进思想文化的发源地和集中地，作为保管全校档案的高校档案馆，自然地具有浓厚的文化气质。高校档案馆作为全国档案馆网络的重要组成部分，其功能影响也不应仅仅局限在校内。依托丰富馆藏，通过多种途径为社会公众提供文化教育和服务同样是高校档案馆重要的延伸功能。

1. 文化宣传与教育功能

高校档案馆馆藏丰富，记录了学校发展的兴衰荣辱，反映了大学精神和文化。高校档案馆记录了建校以来数十上百年的校情校史，展现了老一代知识分子励精图治，发愤图强的拼搏精神，收录了丰富的科学文化知识和人文精神，是进行爱国、爱校教育最好的素材和资源。现在有些高校档案馆下有校史博物馆或校史展示馆，以大量的珍贵校史资料、实物、照片来展示学校的发展历程和优良传统，成为爱国主义教育基地和高校精神文明的展示窗口，充分发挥高校档案馆的文化宣传和爱国爱校教育功能。同时，高校档案馆的工作特性本身也具有宣传教育功能，档案馆作为高校直接对外的重要窗口之一，为社会和个人等广大利用者提供档案信息服务。在向广大利用者提供档案利用优质服务的过程中，也在传导一种高校诚信与文明。

2. 社会服务功能

高校档案机构是保存和提供利用学校档案的专门机构。高校档案馆收集和保管的档案是学校在教学管理过程中产生的资料文件，每个学校的档案馆都具有各个高校明显的特色和文化，专门保管学校档案也决定了对档案的需求利用也多是校内部门和师生。但是，高校档案馆的功能也不仅仅局限在校内，将服务对象从校内向社会扩张，如公开学校的历史档案,为社会单位和个人编史修志提供服务;通过编研将高校档案二次、三次加工,为社会公众提供阅读研究服务;开展毕业生学历认证,为社会提供权威有效的证书认证服务等等。

三 对内功能优于对外功能

高校档案馆的保管功能始终是并且一直是高校档案馆最重要的功能,是高校档案馆安身立命的基础和前提。那种认为高校档案馆应由传统的档案保管机构转变为面向社会公众的信息服务机构的观点是错误的,档案馆的存史功能是最基本的功能,延伸出来的服务功能在现代信息化的背景下越来越强大,但是不可能取代档案保管功能。英国档案学家希拉里·詹金森曾说:"当文件终止它的现行效用时,对它们进行适当保存应当被看作全国关心的一个重要目标。因为它们,只有它们才能给我们的行政管理以可靠的指导。因此,历史证据的保管既不应当看作是一种奢侈,也不应当看作是什么仅仅满足学术的需要,而应看作国家的需要。"

高校档案馆的对内功能优于对外功能是由以下几方面因素决定的:

1. 高校档案馆校内直属机构的性质决定

上世纪 50 年代,为解决当时高校档案管理分散、混乱、不规范、不统一的问题,仿照政府机关档案工作的管理方式组建了高校档案室,隶属于党委办公室或校长办公室,属机要部门,档案门类也只有文书类,其功能主要是为学校机关管理工作服务,为领导决策服务,不对外开放。后来,很多高校虽然建立了档案馆,但是原来的管理制度、方式没有改变,从隶属党办或校办转变为学校职能部门。高校档案馆的性质与公共档案馆是存在区别的:高校档案馆的内部性。高校档案馆不像公共档案馆那样具有独立的法律人格,它只是学校这个法人下属的内部机构。高校档案馆的管理经费由学校统一划拨,人员编制也受学校人事部门的统一管理。高校档案馆是以其所属高校的建立为前提的,高校档案馆的内部性决定了其档案管理工作必须以学校的实际情况出发,因校制宜,否则,就失去了发展的前提和平台。许多学者一味强调档案馆的公共性,实则是将国家档案馆(政府档案馆)与高校档案馆混为一谈。事实上,哪怕是国家档案馆,为适应社会发展的需要,其功能不断拓展和完善。但是,档案保管功能一直是档案馆最重要的功能,我国国家综合档案馆功能建设经历了从"一个基地一个中心"、"两个基地一个中心"(三位一体)、到"两个基地两个中心"(四位一体)、"两个基地三个中心"(五位一体)的拓展过程。档案馆功能的拓展主要体现在社会服务功能的扩展上,档案安全保管基地的基本功能始终没有改变。

2. 社会化服务没有法律法规的硬性规定

《中华人民共和国政府信息公开条例》第 16 条第 1 款规定:"各级人民政府应当在国家档案馆、公共图书馆设置政府信息查阅场所,并配备相应的设施、设备,为公民、法人或者其他组织获取政府信息提供便利。"《信息公开条例》将国家档案馆规定为法定信息查阅场所之一,但是高校档案馆与国家档案馆性质差异较大,虽然在名头上都冠以档案馆的称谓,但是两者在法律人格、资金来源、人员编制方面截然不同,因此,将高校档案馆笼统归入国家档案馆的范畴是不对的。对高校档案馆的研究区别于国家(公共)档案馆的体系。笔者查阅了 25 个省级行政区的地方性规章,其中有 18 个省级行政区沿袭了《信息公开条例》的提法,规定"国家档案馆"为政府信息公开查阅点之一。有 4 个省级行政区(吉林省、湖北省、福建省、重庆市)没有在政府信息公开方式中提及档案馆。另外有三个省级行政区(安徽省、黑龙江省、新疆维吾尔自治区)在有关政府信息公开的地方性规章中规定"档案馆"为政府信息查阅场所之一。这 3 个行政区虽然没有明确国家档案馆,但从常理上推断,应该指的就是国家档案馆,因为政府信息,产生的档案是有各个地方的国家档案馆收集、保管的。笔者以 39所 985 高校为分析样本,查阅其制订的关于信息(校务)公开的规范性文件,其中有 32 所高校都制订了相应的信息公开的规范性文件(其中包括北京大学、北京理工大学、西北工业大学 3 所高校发布的信息公开年度工作报告)。在这 32 份高校信息公开规范性文件中有 30 份文件在信息公开方式中选择采取网站、学校公报文件、校内外广播电视媒体、信息布告栏、教代会、学代会等多种方式,但均未提及学校档案馆是高校信息公开的方式之一。仅有两所高校在信息公开方式中将档案馆作为查阅场所,分别是《东南大学信息公开实施办法》(试行)第 12 条第 1 款规定:"学校在档案馆、公共图书馆设置学校信息查阅场所,并配备相应的设施、设备,为学校教职员工、在校学生和其他主体获取学校信息提供便利。"《重庆大学信息公开实施细则》第 14 条第 9 款规定:"对依照本实施细则需要公开的信息,学校采取符合该信息特点的以下一种或者几种途径予以公开:⋯⋯(九)资料索取点、档案馆查阅室文件。"

3. 高校档案馆的馆藏决定

高校档案馆的馆藏多立足于本校事务,与综合档案馆相比,具有专一性和有限性。高校是档案馆档案的主体来源,档案利用的前提是该档案对利用者来说是有用的、有价值的。学校在各种活动中形成的历史记录从利用需求上来说,显然对学校、校内单位、人员来说更具有价值性,对社会上的集体、个人来说,价值和需求没有那么大。因此,高校档案馆馆藏的特点决定了高校档案对社会的利用率相对较小。另外,高校档案馆的馆藏多为原始未加工的数据材料,除非是作为编史修志之用,社会单位和个人单纯为文化休闲目的而到档案馆阅档的情况非常少。社会团体或个人对高校档案的利用需求目的比较单一、范围也比较狭窄,这就决定了高校档案馆的对外功能相对于对内功能来说相对薄弱。

高校档案馆在信息化的潮流当中,"走出去"是提高自身影响力,顺应档案馆服务发展趋势的必然选择。但是,在进一步完善宣传和服务的对外功能时,只有以对内功能特别是档案保管功能为基础,才能为对外功能的良好实现奠定基础和条件。高校档案馆最主要的作用是保存高校记忆和储备知识,而不应盲目地追求现实利用情况。过分追求档案馆的现实利用作用并以之评价档案馆的功能是十分片面的。

参考文献:

[1] 张照余.《档案馆"资治"、"存史"和"文化传承"功能辩证》.《档案学研究》2004 年第 5 期:第 7 页.

［2］宗培岭.《新时期应当强化档案馆的研究职能——兼谈档案馆的职能与功能》.《档案学研究》2003 年第 4 期:第 20 页.

［3］王向明.《论档案馆的功能》.《档案学通讯》2003 年第 6 期:第 85—88 页.

［4］章华明.《高校档案馆的功能定位与发展路径选择》.《池州学院学报》2009 年第 3 期:第 154 页.

［5］李天明.《试论高校档案馆的主要功能及其实现》.《兰台世界》2006 年第 7 期:第 18 页.

社会变迁视角下档案馆主要职能的扩展

上海交通大学医学院档案馆　　汤黎华

摘　要：档案馆作为档案这一社会产物的主要保管场所,本身就具有社会性。档案馆主要职能的体现与人们在不同时代和不同社会环境下对档案及档案价值的认识以及社会需求是紧密联系的,我们尝试从社会变迁这个视角来探讨不同历史时期档案馆主要职能的转变。档案馆的主要职能在 3000 多年的历史中主要经历了三个比较明显的阶段性变化。档案工作产生最初是存史资政和编史修志,为国家服务。之后,从 20 世纪 80 年代开始转向注重档案的开发利用地社会服务职能。近年来,随着档案的文化性被社会的认可,档案馆又形成了一个新的发展趋向——档案馆文化功能。

关键词：社会变迁　档案馆　主要职能

档案馆,作为档案这一社会产物的存储场所,作为档案事业的主体,其主要职能的体现与人们在不同时代和不同社会环境下对档案及其价值的认识以及社会需求是紧密联系的。这就决定了档案馆的主要职能并非是一成不变的,从而决定了不同时代背景下对档案馆定位要求也是不同的。我们尝试从社会变迁这个视角来探讨不同历史时期档案馆主要职能的转变。

一　档案馆存史资政、编史修志职能（从档案、档案工作产生到 20 世纪 80 年代）

中国有着悠久的文明和历史，有据可查的档案工作历史可追溯到殷商时期，至今已有 3000 多年历史。从档案产生的历史条件看，档案与国家的产生紧密相连。由于阶级、国家的形成，为了对国家加以管理而形成了文字。文字最初的形式是文书，"最初的文字，是书契"。[1]"造立书契，所以决断万事"。[2]因而，档案和档案工作是国家管理的直接产物。

在殷商时期的神权政治下，巫史（档案工作者）除掌管档案以外，也是最高国家行政决策人。"他们对各种政事往往有实际的决策权。"[3]因为只有巫史才能对占卜的结果进行解释。因而殷商时期的档案工作是以维护政权和国家管理为目的。同时，殷商的史官已经出现了职能分工。"商代史官有巫、史、大史、小史、西史、东史、贞人、乍册等，统称为巫和史。巫侧重占卜，史侧重记事。往往两种职任合一。"[4]

随着人们逐渐意识到人在管理国家中的重要作用，神权统治受到挑战。于是在春秋时期，巫史的国家决策功能逐渐被削弱，职能分化越来越明显。到西周时期，中央政府划分为卿事僚和太史僚两大部门构成。卿事僚主管国内外行政事务，太史僚（档案机构）主管文书册命和王宫内务。然而二者权限没有截然分开，交叉管理的事情经常发生。[5]周代史官除典守典籍外，还负责记录统治者的言论和事迹。"大史掌建邦之六典、八法、八则，以诏王治；小史掌邦国之志，定世系，辨昭穆；内史掌王之八柄，策命而贰之；外史掌王之外令及四方之志、不皇五帝之书；御史掌邦国都鄙万民之治令，以赞冢宰"。[6]这种史官记注制度是我国历史记载的一个特色，大约奠定于西周时期。自此以后，无论朝代更替，史官之名如何变更，但是编史修志之事从未间断。

分工逐渐被细化后，自汉至隋唐，已经分化成"官"和"吏"，前者是地位高的高级文书官员，一定程度上涉及政务性的活动。而作为"吏"的文书档案人员几乎就是做纯事务性工作，为行政官吏服务。这与加强君权，限制行政官员活动密切相关。

随着档案工作者行政决策权力的削减，汉代史学的兴起，档案馆的编史修志逐渐体现出来。两汉朝统治者十分注重典籍的收藏。《汉书·艺文志》载："兴汉，改勤之败，大收篇籍，广开文献之路。""百年之间，书积如丘山。"[7]汉朝的档案除了政务活动的基本利用外，主要是文化学术活动的利用，特别是利用档案文件进行编纂史书和从事各类著作。其中最为辉煌的成就是：《史记》和《汉书》。这与大量档案的利用是分不开的。东汉明帝时期，下诏命班固为兰台令史。自此，我国官撰史书制度开始建立。

从汉朝起，几乎每一个皇帝都设立专门的机构和人员，根据朝廷档案编写皇帝的起居注、实录、诏令汇编和本朝的法律、制度汇编等专门的史书。魏晋南北朝时期，曹魏明帝太和年间，始设著作郎及佐郎，以修史为专职。北魏时期在秘书省下设置著作局、修史局。北齐第一次在中央设置史馆是后朝国家垄断修史机构的雏形。同时私家修史盛行，有陈寿的《三国志》，王隐的《晋书》等等。至隋唐时期，官修史书制度确立，典章制度、政书大量兴起，官修谱牒发展到鼎盛。宋代编史修志显著发展，表现为编纂机构的增多，编纂史书的范围更加广泛，私人修史得到官府的支持，形成了《资治通鉴》、《通志》等史学巨著。清代修《会典》、《朱批谕旨》等，并且在修史的次数、成书的数量等方面都超过了以往的任何朝代。清代的编史修志达到了鼎盛时期。清朝之后，编史修志功能有所回落，但档案依然是史学研究的重要材料。建国后到改革开放前，我国档案馆也没有超出政务查考服务和编史修志的范围。编史修志的发展也形成了大量的档案编纂理论和思想，这些都是我国档案事业的重要财富。

总的来说，这一历史阶段，档案工作者从殷商时期的国家权力执行人和决策者逐渐作为辅助国家权力决策，社会地位虽然发生变化，但是从本质上来说，档案馆的利用主要是为国家政务活动提供查考利用和编史修志。其中两种功能是相辅相成，交互发展的。虽然大致上以汉为界线可以划分为两个历史阶段，汉代之前主要是政务查考利用，汉代之后主要是编史修志。但两者在不同的历史时期,由于社会政治等需要,哪种功能被强化和突出也并非绝对的。例如:明代的档案利用主要是政务利用,编史修志功能并不十分突出。因此,我们应当辩证地看待不同历史时期下档案馆的主要职能。

二 档案馆开放利用的社会服务职能
(20 世纪 80 年代至今)

在档案馆产生的初期,由于档案的神秘色彩和强烈的政治色彩,我们所关注的主要是档案的保管情况,档案馆的职能主要体现在存史资政、编史修志。如果说从档案、档案工作产生到 20 世纪 80 年代的档案馆的主要职能是资政和编史修志的交互发展,那么 20 世纪 80 年代以后的档案工作,在信息时代这个大背景下,档案馆的职能它被赋予了新的历史使命——以开放利用为主的社会服务功能。

当今的时代是一个信息与知识快速发展的时代。随着信息技术的不断发展和广泛应用,以及人们对信息资源价值认识的不断加深,知识经济和信息经济在经济中所占比重不断增加。开发利用信息资源的规模、水平和程度,成为反映一个国家综合国力的重要标志。而档案作为国家重要资源的组成部分,已经成为信息化过程中的重要组成之一。档案信息资源的开发与利用越来越受到社会的重视。档案界也掀起了一股信息化的浪潮。

档案馆的开放利用职能是档案馆自身发展的要求。信息时代下,信息来源变得更加多元化,信息获得变得快速便捷。档案作为国家社会发展重要的信息资源,其地位十分重要。在这个大背景下,我们档案人员继续扮演看门人是一种时代的错误。许多档案界的学者也正是因为认识到这一点,从理论和实践上进行了广泛的探讨。例如潘玉民教授就曾在《利用——档案馆的核心职能》一文中写道:"新时期档案馆能否达到可持续发展?档案馆如何更好地履行社会责任?如何塑造良好的社会形象?面对诸如此类的问题,档案馆只有积极开展利用服务,开发档案信息资源,拓展服务功能,提高社会服务效益,才能促进档案馆事业健康稳定发展。"[8]档案馆只有突破传统的保存职能,重视档案的开放利用服务,才能树立档案馆形象,不断扩大其社会影响力,获得社会的认可和拥护,从而全面实现档案馆社会价值。档案馆开放利用职能在信息时代的强化正是时代对我们档案馆自身建设与发展的要求。

档案馆开放利用的职能是社会档案意识不断增强的要求。随着科学民主不断深入人心,信息资源的开放和共享力度的加大,公民的权利意识和权利行为都在不断地加强。社会大众更加关注档案馆作为一个文化事业机构,它如何为社会大众服务。档案馆作为档案信息资源的存储中心,它本身就有极其丰富的档案信息资源,这都要档案馆承担起为社会公众提供及时有效信息服务的这一重任。同时,从改革开放以来,随着市场经济的不断发展,档案馆的服务范围不断扩大。从过去主要为行政机构服务,转向为经济建设、科学研究和精神文明建设服务,逐步扩展到社会各个方面。档案的利用对象从传统的行政机关部门和史学研究者向社会大众转变,呈现出平民化和社会化的发展趋势。传统重藏轻用的服务模式越来越不适应社会的发展。这必然要求我们突破传统,重视档案的开放利用工作。档案管理从国家模式走向社会模式的转变,正是对此变化的一个最佳证明。

档案馆开放利用的职能是档案自身价值实现的需要。明朝邱浚曾说:"今世赖之以知古,后世赖之以知今。"档案之所以能产生这样的作用,它本身不会自发地实现主要是借助于档案馆的开放利用服务。张斌也在《档案价值论》一文中指出:"档案价值的实现是档案主客体(客体:档案;主体:档案利用者)相互作用的结果,只有通过社会实践活动和提供利用工作的中介桥梁才能实现、发挥档案信息的价值。"[9]开放利用是档案价值实现根本手段,也是档案工作的目的。档案工作者应当主动实现角色的转换,不仅要扮演好档案保管者,同时也要成为档案信息的提供者。只有主动提供利用服务,开放档案,让社会大众更好地了解利用档案,档案价值才能全面实现。

三　档案馆文化功能的发现(20世纪末至今)

最近几年,文化、记忆成为档案学界极为重视的名词。档案作为一个国家和民族珍贵的历史文化遗产,其具有承载文化、传承记忆的功能。1996年在我国召开的第十三届国际档案大会上,"档案记忆"成为理论热点。据王德俊先生统计,在大会的20篇主、辅报告中,涉及"档案记忆"的有9篇之多。其中,加拿大T·库克在主报告中陈述了由传教士利玛窦向明王朝提出的"记忆宫殿"计划,由此提出现在"全世界档案人员,仍然在建造记忆宫殿"。2000年西班牙召开的第十四届国际档案大会上,西班牙国王胡安·卡洛斯在开幕式中指出:"档案馆是保存人类记忆的各种表现形式,保存社会记忆、个人记忆的最权威场所。"2004年在奥地利召开的第十五届国际档案大会,其主题更是直接地指向记忆,大会围绕"档案、记忆与知识"这一主题,讨论了档案作为人类记忆库的重要社会功能及其相关核心问题……[10]我国近年来对档案及档案馆的文化性认识也逐渐受到人们认同。国家档案局局长杨冬权在2012年全国档案工作者年会上谈档案与文化建设时就指出档案是文化的一部分,而且是重要的一部分,相当于"根"或"核"的那一部分。他提出要建设文化强国,必须建设与之相匹配的档案强国。他从要把档案转化为文化产品;要为文化建设提供档案;要为文化建立档案;要建设档案文化等四个方面讲述了如何加强档案工作,如何为文化建设服务,又如何加强档案文化建设等观点。[11]国内外档案学理论和实践的转变都表明了档案及档案馆的文化性越来越多地被档案界以及文化界所认同。档案馆具有文化功能以及社会记忆功能这一观点已经逐渐被社会所认同。由此可见,未来档案馆其文化功能作为其主要职能之一将是毋庸置疑的。

档案馆的文化功能在西方发达国家已经被认同。虽然我国也开始发掘档案馆的文化功能,而且也越来越重视档案馆文化功能的开发。目前在部分地区也取得有一些效果,例如上海市外滩新馆在档案文化方面就走在了全国前列。然而实际上我国关于这方面的研究和实践还是比较缺乏的。这与我国的社会形态和结构有着必然的联系。研究表明:西方发达国家的阶层结构是中间大,两头小的橄榄型结构。而我们也知道,人们只有在物质生活满足的基础上才会考虑精神文化层次的需求,橄榄型的社会结构意味着中产阶级数目庞大。他们有足够的金钱、时间,同时本身也拥有一定的文化素质,这些因素促使他们产生文化需求。而目前中国还未形成这种社会结构。据中国社会科学院社会学所课题组研究:"当代中国已经形成了由 10 个社会阶层构成的社会阶层结构,中国现在已经形成了现代社会阶层结构,但还只是一个雏形,正在继发育成长。"[12] 但是从世界发展的历史经验看,一个现代化国家必定要有一个现代化的经济结构,其形态一般都是中间大两头小的橄榄形结构。随着知识、信息等要素在分配领域比例的不断扩大,未来中国社会的发展必定会逐渐呈现出合理的结构形态。因而,档案馆的文化功能和社会记忆功能也必然成为未来档案馆的主要职能之一。

在不同的社会发展阶段,人们对于档案的认识是不同的,对档案馆的社会定位也必然不同。档案馆的主要职能呈现出一种动态性发展的特征。它随着社会的发展而不断地发展变化,这种变化主要由档案馆自身所处的外部环境所决定。当然,档案馆主要职能的转变发展并不意味着档案馆其他职能就不存在了,这是一个职能共存发展的过程。目前档案馆的存史资政、编史修志的功能依然存在,而且随着我们自身的角色转变,从被动服务到主动服务,从国家机关走向社会大众,这些转变将对我们的存史资政和编史修志等档案工作提出了更高的要求,因为我们的工作直接受到社会大众对我们的评价和认可。

用社会变迁的视角,正确认识档案馆的主要职能的动态发展过程,有助于我们在不同的社会发展历史阶段作出正确应对和选择。帮助我们不断深入挖掘和实现档案价值,从而实现我们档案馆和档案工作者的社会价值,有效地促进档案事业和档案文化的快速发展。

参考文献:

[1] 唐兰. 中国文字学[M].上海:上海古籍出版社,1979:63.

［2］周雪恒主编. 中国档案事业史［M］. 北京：中国人民大学出版社，1994：6.

［3］王放放. 中国行政改革思想史［M. 北京：中国广播电视出版社，1999：18.

［4］周雪恒主编. 中国档案事业史［M］. 北京：中国人民大学出版社，1994：16.

［5］［6］周雪恒主编. 中国档案事业史［M］. 北京：中国人民大学出版社，1994：42.

［7］周雪恒主编. 中国档案事业史［M］. 北京：中国人民大学出版社，1994：125.

［8］潘玉民. 利用——档案馆的核心职能[J]. 上海档案，2007(2)：6—8.

［9］张斌. 档案价值论[J]. 档案学通讯，2003(3)：43—46.

［10］丁华东. 社会记忆与档案学研究拓展.［J］. 中国档案，2006(9)：32—35.

［11］杨冬权. 谈档案与文化建设. http://www.dajs.gov.cn/art/2012/11/9/art_1230_43177.html(2012 年 11 月 9 日).

［12］陆学艺. 中国社会结构的变化及发展趋势[J]. 云南民族大学学报：哲学社会科学版，2006，23(5).

关于拓展高校档案功能与服务领域的思考

华东师范大学档案馆　俞玮琦

摘　要：高校档案馆作为组织、协调、管理全校档案工作的职能部门，不仅能为学校各部门和师生校友提供档案利用服务，在服务学校重大活动、决策参考、校园文化建设等方面同样发挥着不可替代的积极作用。高校档案工作者要进一步强化档案意识，提高管理水平，充分挖掘档案功能，开拓创新服务领域，为塑造高校档案文化形象力、助力建设世界知名高水平大学添砖加瓦。

关键词：高校　档案　功能　服务

高校档案馆作为组织、协调、管理全校档案工作的职能部门，承担着重要的基础性工作。与此同时，档案作为重要的文化资源，是高校人才培养、科学研究、社会服务和文化传承的承载物。就档案本身的功能而言，它需要通过深入的开发利用才能被挖掘和显现出来，从而更好地服务于学校的各项发展与建设。在高校档案工作中，如何进一步发挥档案功能，拓展档案服务的新领域？以下是笔者结合高校档案馆的实际工作而展开的几点思考：

一　发挥档案"纽带"功能，服务师生与校友

在高校，档案管理的对象是档案，服务对象是档案利用者，即主要是

在校师生和校友。档案馆既是管理全校档案工作的职能部门,还承担着为学校各部门和师生校友提供档案利用服务的主要职责。如果说,教师和学生是高校的根本所在,那么管理服务人员的水平则决定着学校的运转秩序和工作质量,三者是一个有机的整体,缺一不可。中共中央办公厅、国务院办公厅于 2015 年 1 月印发《关于进一步加强和改进新形势下高校宣传思想工作的意见》,强调指出要"立足学生全面发展,努力构建全员全过程全方位育人格局,形成教书育人、实践育人、科研育人、管理育人、服务育人长效机制……全面落实立德树人根本任务"[1]。可见,管理、服务与教书、实践、科研一样担负着重要的"育人功能"。

作为高校档案工作人员,我们希望通过认真、专业、精致的服务方式,为师生校友提供友善、优良的工作学习环境,进而达到"管理育人"、"服务育人"的目标。为此,我们要进一步转变工作作风,梳理档案管理流程,规范档案利用制度,变"被动服务"为"主动服务"。接待师生校友时,找准服务切入口,摸清各部门的信息需求,热心解答各类问题,采取多种查档方式,积极提供预约服务,方便他们查阅利用档案。对于一些校友来说,可能毕业之后很少有机会再回到母校,当他们联系档案馆查阅档案、开具证明时,作为学校的窗口部门要用心为他们提供快速而便捷的优质服务,让这些看似冷冰冰的档案资料成为联络师生、校友和母校情感的"纽带",使他们能够感受到来自母校的温暖。

二 发挥档案"记忆"功能,服务学校重大活动

高校档案不仅真实记录了师生校友个人的成长轨迹,也承载着学校的办学历史和发展进程。近几年,笔者所在的单位在服务学校的重大活动中取得了一些经验,丰富了学校的内涵建设。

2011 年 10 月,在华东师大校庆 60 周年之际,档案馆深入挖掘校史资料,为校庆活动提供了大量珍贵的史料和照片。校史馆"以人为本"的设计理念,让一份份史料、一张张照片、一件件实物背后的故事鲜活起来。2014 年 5 月,作为纪念华东师大前身学校大夏大学建立 90 周年的贺礼,

档案馆编撰出版了《大夏大学编年事辑》、《大夏文萃》、《大夏大学：90 年 90 人》等"丽娃档案"丛书，获得了良好的社会反响。2014 年 9 月 3 日，在中国人民抗日战争暨世界反法西斯战争胜利 69 周年的纪念日，档案馆发掘了一批记载华东师大前身学校大夏大学、光华大学在抗战期间的历史档案史料，目的是让青年学生懂历史、知真相，为学校开展爱国主义教育活动发挥重要作用。2015 年，档案馆又相继出版《光华大学编年事辑》、《光华文萃》、《光华大学：90 年 90 人》等书纪念光华大学建校 90 周年。同年，为纪念大夏大学校长王伯群诞辰 130 周年，出版《王伯群与大夏大学》并举办新书发布会；并于华东师大建校 64 周年之际，出版《圣约翰大学与华东师范大学》等。

为了更好地服务学校各类重大活动，一方面我们应有针对性地开展特色档案资源建设，建立起一批学校师生员工、知名教授、校友名人等特色档案，征集反映他们在校学习、工作和生活的照片、手稿、回忆录、文章、著作或有纪念意义的实物等。同时，广泛征集学校各时期重大事件、活动中形成的资料、实物；征集与国内外大学、机构交流合作及其他有价值的资料和实物等，这些都是学校发展历史的见证和"活化石"。另一方面，要继续加强高校档案编研与文化传播工作。通过深入研究档案校史资源，挖掘学校历史文化内涵，将其开发成多种形态的有意义、有价值的产品，全方位、多角度展示学校的风采和特色，为学校重大活动服务，产生更大范围的社会影响力。

三 发挥档案"资政"功能，服务学校发展大局

档案的本质"不仅是简单的原始的记录，而是人类知识、信息和经验甚至思想的一种储存承传方式"[2]。从信息资源开发的角度看，档案馆不仅是单纯的保管与利用档案的机构，还蕴藏着应用档案信息资源为现实服务和未来发展的功能。以高校档案馆为例，在学校各时期党政类档案中保存的工作计划和总结、会议记录和纪要、各类规章制度等方面的文件材料，记载了学校的总体规划、办学思路、发展方向等情况。科研类档案

表明了学校教师队伍整体水平和科研力量,体现出学校总的学术水平和能力层次。教学类档案则反映了教师的教学活动情况、学生学业情况、学生思想动态等内容。学校决策者均可以从中获得重要的经验和参考,以便更好地规划和统筹学校的发展。反之,如果没有开发利用好这些档案信息资源,就失去了存史、资政、育人的有效手段,"通过提供决策参考,档案馆在档案信息与决策者之间架起了一座桥梁"[3]。

围绕学校发展大局,从历史的角度提出合理化建议,为学校领导决策服务是开发利用档案信息资源的重要形式之一。为此,我们要转变观念,与时俱进,除了做好档案的收集、保管、利用等方面工作以外,更要注重档案信息资源的开发利用,将智库、思想库的建设纳入档案馆发展的重要方向。与此同时,档案馆还要加强研究型人才的培养,提升对档案信息开发和决策研究的能力,激活档案的"资政"功能,不断挖掘档案的价值,努力把"死档案"变成"活信息"、把"档案库"变成"思想库",成为学校决策的参谋和智库,服务学校的发展大局。

四 发挥档案"传承"功能,服务校园文化建设

档案工作不仅是事务性、技术性和服务性的工作,更是一项特殊的社会文化活动。一所大学的文化和精神是永恒的,是需要长期传承和弘扬的,如何利用档案资源,充分发挥档案的"传承"功能,使之在校园文化建设中体现更大的作用是值得我们思考的问题。

"大学的教育教学过程,实质上是一个有目的、有计划的文化过程。所谓教书育人、管理育人、服务育人、环境育人,说到底都是文化育人。大学文化对人才培养和成长具有潜移默化的深远影响。"[4]笔者所在的学校历来重视大学精神及其文化传承,在 2014 年正式发布的《华东师范大学章程》中,明确提出:"学校秉承大夏大学、光华大学等前身学校'自强不息'、'格致诚正'的精神和学思结合、中外汇通的传统,追求'智慧的创获,品性的陶熔,民族和社会的发展'的大学理想,恪守'求实创造,为人师表'的校训规范,发扬教师教育和教育研究等传统学科优势,致力于建设世界

知名高水平研究型大学。"

高校档案作为校史文化的载体,能够在文化育人方面发挥积极作用,利用高校档案的文化传承功能进行校史教育,弘扬大学精神是非常有效和必要的。华东师大档案馆自 2011 年起,在本科生中开设校史文化解读课,受到学生的普遍欢迎。从 2014 年起,华东师大校领导和档案馆的校史专家为全校新生开展校史专题教育,解读校史文化,旨在通过研读档案校史,探寻师大的历史发展脉络,透过历史的细微之处感悟华东师大的大学精神。我们认为,校史文化教育不仅要面向在校学生,还可以在教职工和校友们中进一步开展。档案馆也应以此为契机,充分挖掘档案校史资源,积极推进史志研究和档案文化传播,为学校和社会提供优秀的大学校史文化精品。通过开设校史专题讲座、组织参观校史馆、举办档案校史展览、编撰校史文化读物等多种形式,综合运用网站、微博、微信等新媒体平台,精心策划、积极宣传学校的发展历史、文脉精神和老一辈教育家、师长、校友的先进事迹,激发师生校友对学校的荣誉感、归属感、责任感和对人类社会进步的使命感,从而形成优良的学风、教风和校风。

总之,高校档案工作的意义在于不断深入挖掘档案功能,开拓创新档案服务领域,创建具有鲜明特色的档案文化。作为高校档案工作者,要始终保持高度的使命感和责任感,积极探索,把握时代的脉搏,做档案工作的有心人。在规范的基础上,用新的科学手段、新的思维方式,不断创新档案工作,充分发挥档案功能,为学校各个方面的发展服务。

参考文献:

　　[1] 中办国办印发《意见》加强和改进新形势下高校宣传思想工作[N]. 人民日报,2015—01—20(1).

　　[2] 马定保. 档案与文化试析[J]. 档案,1990,(4):28.

　　[3] 詹锐. 把档案馆建设成思想库[J]. 中国档案,2008,(6):42—43.

　　[4] 胡显章. 推进大学文化建设的几点思考[J]. 中国高等教育,2010,(18):22.

高校档案学专业实习之我见

同济大学档案馆　薛秋珍

摘　要：档案学是一门实践性很强的应用性学科，因此，档案学专业实习在档案学科建设中占有重要地位。它是学生综合能力的总锻炼，是为社会培养应用型人才不可缺少的关键环节。然而由于各种因素的制约，目前档案学专业实习仍存在一些缺陷和不足。本文在总结档案学专业实习的意义的同时，指出其存在的问题，并提出内容优化、监管优化、体系优化及评估优化等一系列具体解决措施。

关键词：档案教学　专业实习　实习实践

档案学是一门理论性和实践性都很强的应用性学科，它具有实践性和理论性、技术性和实用性等学科特点。档案学除了需要广博的理论知识作支撑以外，更需要在实践中培养学生对实际问题的解决能力及实际动手操作能力。而档案学实习既是将课堂所学的档案学理论应用到档案管理实际工作中的重要学习过程和档案实践教学中的重要环节，也是培养理论与实践紧密结合的档案专业人才中不可或缺的一环，其目的是让学生了解社会，实现理论与实践相结合，促进学以致用，提高认识问题和解决问题的能力。

一　档案学专业实习的意义

档案学专业实习是在完成专业基础课程及核心课程之后，并完成部分档案实践教学环节和基本应用能力训练基础上进行的,是学生在即将走上工作岗位前的实践演练,是检验理论教学成果的有效途径之一,也是专业培养与学生知识、素质和能力融为一体的综合检验。

1. 专业实习可以验证档案学理论的正确性

档案学自产生以来,在完善自身体系的同时,形成了一整套理论,比如来源原则与全宗理论、档案价值与鉴定理论、文档一体化理论和电子文件管理理论等。这些理论有没有存在价值,能不能对档案管理活动产生直接效益,这就需要实践的检验。在实习过程中,学生通过实际运用、操作,不断在实习过程中验证这些理论,不仅可以证实理论的真理性,也可以深化学生对档案学理论的认识和理解,从而更加牢固地掌握档案学理论成果。比如,学生在整理档案时,一般都遵循全宗原则和来源原则,按档案的来源和内容进行分类、整理,尊重和维护档案的本质特性,保持档案之间的历史联系。在电子文件管理活动中,应遵循完整性、可读性和可靠性的原则,保证电子文件信息的完整,防止信息的丢失和失真,维护电子档案的可靠性。

2. 专业实习为学生踏上工作岗位打下基础

档案学理论的各种概念、原理是从档案工作实践中得来的,是从档案工作的客观现实中产生的主观成果。档案学理论来源于档案工作实践,又指导着档案工作实践。课堂理论教学与专业实习互为补充,课堂教学侧重于理论知识的学习和逻辑思维能力的培养,而实习则是侧重于现实问题的处理和专业技能的培养。在实习中,学生通过亲身体验实践、感悟实践,从而将理论与实践结合起来,不断拓展自己的实际能力,学会融入环境,主动并积极与实习单位的工作人员进行交流,这些对课堂教学确实起到了补充作用,它对于培养社会需要的专门人才是十分必要的,为学生能够适应社会的要求,顺利走上工作岗位打下了基础。

3. 专业实习是学生综合能力的全面锻炼

专业实习是一个将知识与能力综合的过程,也是一次综合能力、综合素质的全面检验。学生的理论知识的储备和其他素养的储备在处理实际问题时全部得到体现。专业实习建立在掌握专业技能的基础上,又以学生综合职业能力和全面素质的提高为目的。它提高了学生各方面的能力,首先是加强和提高了学生的逻辑思维能力和语言分析能力。实习期间,发现问题可以请教老师,有异议可以相互探讨交流。其次,加强和提高了学生对环境的适应能力和实际操作能力。在实习过程中,一旦有新的工作分配,学生即要及时调整并跟上、协助老师完成任务。再次,改善了学生处理人际关系的能力,培养了团队精神,使学生学会与人合作,培养了对社会的责任心和使命感。

二 档案学实习中存在的问题及改进措施

档案学专业实习是档案教学环节的一个重要方面,其目的是让学生了解社会,实现理论与实践相结合,促进学以致用,提高认识问题和解决问题的能力。实习过程中,各实习单位的领导和档案工作人员都非常重视,尽最大努力,想方设法使学生掌握更多的档案工作环节,关心学生的就餐和出行。实习开始部门领导组织单位工作人员与学生见面,实习结束召开全体工作人员和学生开会总结。但是,实习单位终究不是一个教学单位,日常工作是其主要任务,由于各种因素的制约,使得目前实践教学仍然存在一些问题,需要以后在实习过程中进一步改进。

1. 专业实习体系不够完善,实习时间安排不当

虽然在学校的专业培养方案中明确了实习的层次和形式,然而这一方案具体细化到课程教学计划中,完成得不是很好。除了专业实习,毕业实习个别同学完成得不好。从实习时间的强度和频度来看,实习时间明显偏短。一个具有专业资格的人才,必须是经过相当长实习过程训练的,国外大学的实习时间一般都占全部课时的50%,而我国高校实习时间比例则明显偏低。档案学是一门实践性很强的应用性学科,因此专业实习尤为必要,且实习时间的强度和频度应适当加大。针对档案学专业实践性较强的特点,根据专业理论知识和实践技能知识学习过程相辅相成、互相渗透的关系,可将档案学专业实习分为假期实习、专题实习和专业实习,并适当延长实习时间。假期实习并不被强制要求,有能力的学生可以

利用假期到各级各类档案机构调查和锻炼，熟悉主要岗位的工作性质和工作流程，增长专业操作技能，结束后可上交实习总结和心得，可考虑给予一定的学分奖励。专题实习也不是固定的，它根据具体情况而定，如遇到某单位在一定时期内需要学生协助工作，可启动专题实习，选派一些学生参与其中。例如，每年 6、7 月份是各大高校毕业生离校时期，这时高校档案馆便忙于发送毕业生档案，需要具有一定专业知识的人员协助发档，此时可派学生参与发档工作。专业实习是固定的，即按照教学计划到校内、校外各实习基地进行专业实践锻炼，将所学专业知识综合运用于具体工作，掌握专业技能，完成学业与就业对接。

2. 专业实习计划不能很好落实，实习内容单一

学校教育是按一定的教学大纲要求，遵循教学规律，采取有效的教育方法，对学生进行系统的教育和训练。档案学的实践教学内容是让学生对档案管理的各个环节进行实际操作，而实习单位的日常工作都是围绕档案事业的具体环节进行的。实习单位接待学生实习，首先考虑的是自身的工作，其次才是考虑学校教学内容的要求。其安排的实习内容单一重复，缺乏全面性和整体性。实习期间，学生接触的工作环节比较少，多数学生被单位安排在单一岗位上重复劳动，致使学生积极性降低。实习结束后，学生往往只接触到最浅层的基本服务技能，而对档案工作的整体运行机制了解甚少，未能达到预期的实习效果。学校应与实习单位达成共识，学校主动向实习单位提供教学计划、任务及教学要求，积极发挥教学主导作用，指导学生与实习单位协作；此外，学校还应采取多种形式通过各种渠道筹措经费，建立专业实习专用经费，保证实习顺利展开。实习单位也应为学生提供良好的实习环境，协助做好学生的实习工作，在实习内容安排上尽量参考学校的教学计划，让学生接触到完整的档案工作环节，尽量避免学生长期被安排在单一岗位上重复劳动的现象。实习内容应既包括传统档案管理实践技能的实习，又包括档案现代化管理实践技能的实习。传统档案管理实践技能的实习：实习单位应让学生接触档案的收集、整理、鉴定、保管、统计、编研、检索和提供利用等环节，并将全宗内档案的分类，组成保管单位，案卷排列，案卷编目和上架管理等档案整

理技能的实习作为档案实体管理实习的核心内容,以培养学生档案整理的工作实际技能;档案现代化管理实践技能的实习:档案管理现代化的核心内容主要是计算机技术在档案管理中的应用,实习单位应让学生利用计算机对档案进行录入、存储、处理、检索和开发利用,让学生了解实习单位数字化档案的管理流程,学习与使用数字化档案管理软件,参与实习单位数字化档案利用网站的建设等,培养学生档案现代化管理的实践技能,以适应社会管理现代化档案的实际需求。

3. 实习效果评估缺乏可操作性

实习成绩对学生的就业和奖学金的获得具有举足轻重的地位。实习结束后,实习单位指导人员应客观、公正地为学生进行实习鉴定,带队老师也应客观公正地对学生评分,给出实习成绩。然而,由于学校没有制订出实习评分的规范细则,缺乏有效的实习效果评价体系,指导老师仅仅通过实习日志、实习鉴定和实习报告难以给出合理的实习成绩。这不仅不能有效地评估实习学生的真实结果,客观地区分不同学生的实习效果,而且大大影响了学生实习的积极性。由于缺乏有效的实习绩效考核评分制度,指导老师仅仅通过实习日志、实习鉴定和实习报告难以给出合理的实习成绩,有失公正性。学校应逐步建立完善有效的实习绩效考核评分制度,以评分制度为依托对学生实习表现进行准确合理的综合评价。评估的标准应切实可行,使学生有努力的方向,老师有章可循。例如是否运用所学理论知识来解决实际工作中遇到的问题,是否遵守专业要求等。指导老师应与实习单位的指导人员进行沟通,了解每个学生的实习状况,就学生的实习表现、存在问题及在今后的学习与实践中应注意的问题撰写实习报告的评语,严格根据实习日志、实习鉴定、实习报告观察学生在实习中的表现,处理问题、运用理论的能力和效果,全面、客观、准确地评价学生的实习表现,给出实习成绩。制订实习绩效考核评分制度可以有效地评估学生的实习效果,而公正的实习成绩可以提高学生实习的积极性。以实习绩效考核评分制度评定实习效果,才能培养出真正的应用型档案专业人才。

总之,档案学专业实习,突出专业核心应用能力的培养,是档案教学活动中不可替代的重要环节。

参考文献：

［1］颜海,张煜明.档案学专业实习模式的审视与优化［J］.档案学通讯,2009(3):71—74.

［2］愈笑春.高校档案学专业实践教学体系的构建［J］.兰台世界,2008(9):41—42.

［3］孙爱萍.档案学专业实践教学改革探索［J］.档案学通讯,2008(3):73—75.

［4］倪丽娟.培养管理学底蕴　夯实专业基础［J］.档案学通讯,2009(1):56—59.

［5］刘迎红.浅谈档案学专业实践教学体系的构建［J］.黑龙江档案,2008(5):7—8.

［6］张斌.谈谈档案专业实习的管理［J］.档案学通讯,1995(5):72.

新时期高校档案法治建设的实践与思考

上海海洋大学档案馆　　汪　洁

摘　要：高校档案法治建设是高校档案管理的重要内容,是高校档案事业可持续发展的前提和保障。笔者结合近年来高校档案法治建设实践,对当前高校档案法治建设中存在的问题进行分析,并就做好新时期高校档案法治建设提出 5 点对策:(1)融入学校法治建设;(2)加强馆外合作;(3)植根档案日常管理;(4)依托现代传播媒体;(5)打造档案法治文化成果。

关键词：高等学校　档案管理　法治建设　对策

高校档案法治建设是高校档案管理的重要内容,是高校档案事业可持续发展的前提和保障。近年来,我国高校档案部门以贯彻落实教育部、国家档案局颁布的《高等学校档案管理办法》(教育部、国家档案局第 27 号令,以下简称"27 号令")为契机,深入学习《中华人民共和国档案法》(以下简称《档案法》)等国家档案法律法规,积极开展档案法治建设的探索实践,取得可喜成绩。

2013 年是深入贯彻落实党的十八大精神的第一年,也是全面实施全国档案"六五"普法规划的重要一年。为了更好地贯彻落实十八大报告中提出的建设社会主义政治文明的新要求,进一步提升高校依法治档能力,推进高校法治化建设进程,笔者结合近年来高校档案法治建设实践,对当前高校档案法治建设中存在的问题进行分析并提出改进对策,为进一步做好新时期档案法治建设提供参考。

一 近年来高校档案法治建设的探索实践

1. 以学习培训为抓手,提高师生档案法制意识。加强档案法律法规学习,提高全校师生档案法制意识,是高校档案法治建设的主要内容之一。近年来,我国高校档案部门围绕国家颁布的档案工作法律法规,积极开展多种形式的档案法制学习活动。以上海海洋大学为例:近年来,先后组织专兼职档案员开展《档案法》、《档案法实施办法》、《高等学校档案管理办法》、《上海市档案条例》、《中华人民共和国政府信息公开条例》、《上海市重点档案管理办法》等一系列法律法规的学习;组织档案员参加上海市档案局举办的各类档案法制培训;邀请专家、教授来校作《明确法定权利和义务,做好学校档案工作》等专题讲座、辅导报告;深入学校机关部门、学院、课题组,发放《档案法规汇编》,进行档案法制宣传教育;利用学校校园网平台,及时将档案法律法规挂在校园网上;加强与学校宣传部门的合作,通过校报等媒体,普及档案法律知识等。

2. 以贯彻法令为契机,夯实档案业务建设。贯彻档案法律法规要求,依法加强档案业务建设,是档案法治建设的重要任务。近年来,我国高校档案部门围绕"27 号令"的要求,结合学校实际,积极开展档案业务工作的自查和整改。如:上海电力学院、上海工程技术大学、上海海洋大学等高校,对照"27 号令"第二章"机构设置与人员配备"中高校档案馆建馆的要求,结合学校实际,先后撤室建馆,为档案工作的可持续发展提供了保障;上海海洋大学对照"27 号令"中第三章"档案管理"的要求,修订、颁布《上海海洋大学各类档案归档范围和保管期限表》等规章制度。自"27 号令"颁布以来,我国高校档案部门以贯彻落实"27 号令"为契机,从档案工作体制、档案机构的管理职责、档案机构人员配备、档案管理、条件保障等方面,逐项梳理自查,努力整改,档案业务建设取得明显实效,有力地促进了高校档案事业的科学发展。如:2009 年至 2012 年间,上海市教委、上海市档案局联合对上海高校贯彻落实教育部、国家档案局"27 号令"情况,进行实地检查评估。接受检查的 35 所高校中,有 22 所高校被评定等级为"优",11 所高校被评定等级为 "良",优良率达到 94%。

3. 以创新实践为途径,谋求档案法治建设新成效。档案法治建设是 一项时代性、实践性较强的工作。因此,在档案法治建设的实践中,应紧 贴时代需求,努力探索实践,积极谋求新效。以上海海洋大学为例:近年 来,根据学校档案工作实际,创新档案法治宣传形式,制作档案普法 FLASH 宣传片,在上海档案信息网上展映;挖掘档案法治建设案例,撰 写档案里的故事——《校训因档案重放光彩》;编写《优良校风因档案而绵 延光大》档案法制建设成果,入选上海市档案局举办的《档案,让社会和 谐——上海档案利用效益成果展》;参加国家档案局"五五"普法读书活 动、全国"飞狐灵通杯"档案法治知识竞赛、上海市"悦扬杯"档案法律知识 网上月月赛;参加国际档案馆日·上海市档案馆档案宣传月系列活动;参 加"集兰台人智慧,展档案界风采"上海市档案工作辩论赛等。近年来,通 过一系列丰富多彩的档案法治实践活动,学校档案法治建设取得良好 效果。

二 当前高校档案法治建设中存在的问题

近年来,我国高校档案部门积极开展档案法治建设实践,广大师生档 案法制意识逐年增强,依法治档能力得到明显提高,有力地促进了高校档 案事业的科学发展。然而,时代的发展对档案法治建设提出了新的更高 要求。因此,笔者认为,新时期高校档案法治建设还存在"5 个度"[1]不够 的问题。

1. "高度"不够。随着高校内涵建设的日益深入,加快推进高校法治 化建设进程,提升高校软实力,已成为当前高校内涵建设的重要任务。然 而,在高校法治建设中,高校档案部门往往缺乏从学校法治建设的高度, 思考档案法治建设对学校法治建设的意义和作用,没有及时、主动地将档 案法治建设的各项工作,全面融入到高校法治建设中,导致档案法治建设的"高度"还不够。

2."宽度"不够。高校档案法治建设涉及高校多个部门,如宣传部门、网络中心、学生处、工会等,应充分借助相关部门的力量,形成合力,才能取得更好的效果。然而,高校档案部门作为学校的一个内部机构,长期以来受传统保守思想的束缚,加上档案工作本身专业性较强,因此,在档案法治建设中,高校档案部门往往将档案法治建设仅看作是本部门的"内部工作"、"专业工作",常出现馆内热闹馆外冷清现象,导致档案法治建设的"宽度"还不够。

3."深度"不够。档案法治建设是高校档案部门一项常态化的工作,应全面深入到档案日常管理的各个环节。但在实际工作中,常出现脱节现象。如:档案管理规章制度修订不及时、没有得到切实有效的贯彻落实;档案收集中,还不能依法做到应收尽收;档案利用中,以言代法、以权代法、以情代法的现象时有发生。档案法治建设植根档案日常管理的"深度"还不够。

4."长度"不够。高校是知识、人才的集聚地。随着现代信息技术的快速发展,高校师生的日常工作、学习更多地依赖现代传播媒体。然而,由于部分高校档案人员知识结构的不尽合理,借助现代信息技术开展工作的能力、水平不够,往往仍较习惯于依赖传统手段开展档案法治工作,导致档案法制建设伸入到师生日常工作、学习的"长度"还不够。

5."亮度"不够。档案法治建设要有自己的特色和亮点,这样才能更具活力。但由于高校档案部门服务的主要对象是在校师生,高校档案人员对社会热点、时代需求的关注度不够,"低头拉车"现象普遍存在,工作缺乏创新点,往往"老生常谈",档案法治建设的"亮度"还不够。

三 推进高校档案法治建设的几点对策

1.融入学校法治建设。加强依法治档能力建设,营造良好的校园法治环境,不仅是档案法治建设的重要内容,也是学校法治建设的主要任务之一。高校档案部门要站在学校法治建设的高度,思考档案法治建设的重要作用,及时、主动地将档案法治建设的规划、目标、制度、措施、工作内容、条件保障等融入到学校法治建设中,成为学校法治建设不可分割的组成部分,提升档案法治建设的"高度",确保档案法治建设的顺利开展。

2. 加强馆外合作。档案法治建设是一项系统工程,需要多方合作,形成合力。如:在开展档案法制宣传时,高校档案部门应加强与学校宣传部门、网络中心、工会、学生处、教务处、团委等部门的合作,通过校报、校园网、教工之家、学生之家、学生社团、第二课堂等平台,全方位地开展档案法制宣传工作。此外,高校档案部门还应积极探索与校外单位合作,进一步拓展档案法治建设的"宽度",扩大学校档案法治建设的影响力。如:2013 年 5 月,复旦大学、同济大学、上海财经大学、上海理工大学、上海体育学院、上海电力学院、第二军医大学等上海杨浦区内的十所高校与上海市杨浦区档案局携手,共同开展档案宣传活动,取得了良好的社会效应,其做法值得借鉴和推广。

3. 植根档案日常管理。"27 号令"赋予高校档案部门"贯彻执行国家有关档案工作的法律法规和方针政策"、"拟订学校档案工作规章制度,并负责贯彻落实"等法定职责。高校档案部门要按照国家档案法律法规的要求,切实将档案法治建设植根于档案日常管理中。如:复旦大学档案馆以修订学校档案工作条例为契机,进一步健全档案工作各项规章制度,使档案工作有章可循;华东理工大学档案馆根据学校实物档案工作实际,制订《华东理工大学实物档案管理规定》,规范实物档案管理等。在档案的收集归档中,要按照归档制度,依法做好学校各部门、各学院各类档案的收集归档工作;在档案的利用服务中,要以身作则,依法履职,做到不以言代法、不以权代法、不以情代法,做到铁面无私,廉洁奉公[2];在档案的开发开放中,要自觉遵守《档案法》、《保密法》及知识产权保护等方面的法律、法规,妥善处理档案开放和保密的关系。

4. 依托现代传播媒体。现代信息技术的快速发展,为档案法治建设提供了更为广阔的舞台。据中国互联网络信息中心(CNNIC)公布的《第31 次中国互联网络发展状况统计报告》显示,截至 2012 年 12 月底,我国网民规模达 5.64 亿,手机网民规模为 4.2 亿。因此,高校档案人员要与时俱进,更新现代信息传播理念,加强现代信息技术的学习和运用,依托现代传播媒体,如:微博、微信、博客、播客、虚拟社区等,将档案法治建设全天候地渗入到广大师生的工作、学习中。充分借助现代社交媒体(也称为社会化媒体、社会性媒体,指允许人们撰写、分享、评价、讨论、沟通的网站和技术)[3],打造档案法治建设新平台,使档案法治建设由静态到动态,由单向型、灌输式到互动型、分享式,不断扩大档案法治建设的影响力。

5. 打造档案法治文化成果。党的十八大报告中提出建设社会主义文化强国,增强全民族文化创造活力。因此,高校档案部门要善于"抬头看路",紧跟时代发展,创造性地开展工作。在当前大力推动社会主义文化大发展、大繁荣的背景下,要创新档案法治工作理念,努力培育和挖掘档案法治文化成果,打造档案法治文化精品,彰显档案法治建设的亮点。如:高校档案部门可利用校园文化节、档案宣传月等活动,将档案法治建设中鲜活的典型案例,通过讲故事、演剧本等形式,以案说法、以例释法,寓教于乐,生动地阐述法律的真谛,促进全校师生更好地认识法律、理解法律、遵守法律,增强法治观念[4]。

总之,高校档案法治建设是高校档案工作的重要内容,是高校法治建设的主要组成部分。高校档案部门要充分认识档案法治建设的重要意义,进一步解放思想,开拓创新,努力实践,不断提高依法治档能力,推进高校档案事业的科学发展,促进高校法治化建设进程,为我国高等教育的改革发展做出积极贡献。

参考文献:

[1] 5个度的提法受到上海大学图情档系丁华东教授5个度提法的启发,特此致谢.

[2] 刘艳红. 以法治档的工作现状与设想[J]. 档案天地,2001(1):30.

[3] 李映天、吴薇. 美国国家档案馆:用社交媒体打造档案文化传播的新平台[N]. 中国档案报,2013—4—1(2).

[4] 刘锐、王永莲、赵玉玲. 档案普法工作要树立五种理念[J]. 山东档案,2004(1):21.

关于新设本科院校综合档案室升级档案馆的思考

上海第二工业大学高等职业技术(国际)学院 沈维诗

上海第二工业大学档案馆 许 昉

摘 要: 通过探讨新设本科院校的综合档案室升级为档案馆的发展动因及变化特征,阐述了目前存在的发展瓶颈问题并提出了解决策略,旨在为其他同类院校档案机构建设提供实践参考。

关键词: 新设本科院校 综合档案室 升级 档案馆

本文所涉及的新设本科院校是指 1999 年以来新设的本科学校。新设本科院校的诞生是我国高等教育由精英教育阶段迈入大众化教育阶段的时代产物,其发展可谓突飞猛进。根据 2013 年 11 月由应用技术大学(学院)联盟和地方高校转型发展研究中心联合发布的《地方本科院校转型发展实践与政策研究报告》,1999 年以来我国新设本科学校共有 647 所,约占全国普通本科高等学校数量的 55.3%,占非"211"普通本科高校数量的 61.3%[1]。我国新设本科院校的迅速发展不仅使我国高等教育实现了跨越式发展,也让其档案管理机构得到了前所未有的发展契机,越来越多的综合档案室正走在升级为档案馆的道路上。

一 新设本科院校综合档案室升级档案馆的动因

当专科学校提升为本科院校以后,对内部管理工作的要求都会有所提高。因此,进入快速发展时期,档案管理机构由综合档案室升级为档案馆也在情理之中。

1. 内在动因——与学校发展规模相适应

毫无疑问，一个学校从专科层次变身为本科层次的经历是对学校的一种全方位的提升。以笔者所在学校为例，十年不到的时间里，从"升本"前全日制在校生规模为3000人的高等职业学校，到"升本"后本科学历教育在校生规模为5000人的普通高校，再到"十二五"期间的12500人规模，办学规模如此快速地增长给学校的各方面都带来了新的要求、新的发展。随着办学规模的扩大、高校管理水平的提高，各门类档案数量也随之激增，学校的原档案管理机构也势必有所调整以适应学校的新发展。

2. 外在动力——与机构发展规律相适应

根据2008年9月起施行的由教育部和国家档案局联合制订的《高等学校档案管理办法》（简称"27号令"）第二章"机构设置与人员配备"中第六条的规定："具备下列条件之一的高等学校应当设立档案馆：（一）建校历史在50年以上；（二）全日制在校生规模在1万人以上；（三）已集中保管的档案、资料在3万卷（长度300延长米）以上。未设立档案馆的高等学校应当设立综合档案室"[2]。可见，档案馆是综合档案室发展的方向，是高校档案管理机构的高级阶段。

二 综合档案室升级档案馆的变化特征

综合档案室升级为档案馆，虽然从文字上看，区别只在于一字之差，然而对于高校档案管理机构而言，其职责、功能、运作均会发生深刻的变化。

1. 服务社会化

通常认为，档案室是"各组织（包括机关、团体、学校、工厂、企业、事业单位等）统一保存和管理本单位档案的内部机构"[3]。统一管理本单位档案和主要为本单位服务，是档案室区别于档案馆的本质特征[4]。可见，档案室档案的提供利用主要是一种内部行为，但是，一旦升级为档案馆后，就意味着服务对象将从本单位进一步向社会扩展，特别是在响应国家档案局提出的夯实档案"三个体系"建设的时代背景下,高校档案馆必然要勇于承担起向社会开放档案、为社会各界服务的职责,彰显科学文化事业机构的特性,展现现代高校的社会责任。

2. 功能多元化

人们印象中的档案部门总是以收藏资料为主要目的,但事实上,档案部门的功能远非如此简单。特别是在综合档案室升级为档案馆后,其服务范围扩大的同时,功能也在不断丰富,除了传统的档案编研、举行展览等开发档案资源的功能外,高校档案馆还要结合学校的办学定位和学生的培养要求,紧紧围绕学校教学中心工作不断拓展档案机构的功能。例如,可以通过将档案馆设为文秘等相关专业学生的实习基地、把档案馆作为有关专业学生上档案管理课程的实地考察基地、由专职档案管理人员为学生讲解档案管理实务课程等新举措,打造档案馆服务师生的新平台。

3. 运作专业化

如果把档案室的专业人员比作全科医生的话,那么档案馆的专职人员无疑就是专科医生了。的确,当档案机构发展到档案馆阶段的时候,其工作职能、工作负荷及工作要求等都比在档案室阶段要有所提高,这也是我们能在多家知名高校(如复旦大学、上海交通大学等)档案馆看到他们根据馆内业务范围设置了业务指导、保管利用、数字化制作、史料编研等科室的原因。一般情况下,高校档案馆内设机构可以按照档案分类、职能、校区等依据进行划分[5],针对不同业务进行分工,落实岗位责任制,便于提高机构整体运作的水平与效率。

三　新设本科院校综合档案室升级档案馆的发展瓶颈

与同类新设本科院校比较,综合档案室能够顺利升馆的高校,在档案机构建设方面还是走在前列的,但是依然不可否认的是,目前很多新设本科院校的综合档案室仅仅是"名称升馆",还存在着一些瓶颈问题制约着"实质升馆"。

1. 人员编制数量不足

早在上世纪 80 年代，国家教委、档案局在《关于加强高校档案工作的几点意见》中就曾明确要求，"高校档案机构人员编制为：专科学校 1～3 人，本科院校 3～5 人，重点院校 5～8 人；工作量特大的院校，经主管部门同意，可以从实际出发配备"[6]。但从笔者了解的情况所知，目前大多数新设本科的院校档案人员编制距此规定相去甚远。首先，仍维持原尚未"升级"时综合档案室人员的配备数量，一般配置以 1～3 人居多，在学校"升本"后规模扩大、档案数量激增的情况下，数量极为有限的专职人员面对工作已经深感力不从心。其次，综合档案室在"升级"为档案馆后，未增加人员编制的情况往往较为突出，导致现有的专职档案人员只能应付基本的日常事务性工作，根本无暇顾及更深层次的档案资源开发和利用工作，这无疑对未来学校档案管理工作的深度发展埋下隐忧。

2. 从属地位受到牵制

从历史来看，原新设本科院校的"综合档案室"大多挂靠校长办公室，因此其从属性质相当明显，即使在成立"档案馆"后，这种情况也依然未得到彻底改观。档案管理工作是一项专业性较强的业务，在实际工作中，这种隶属关系已越来越不适应档案工作发展的需要。因为在这种情况下，对部门领导来说，工作重心不在档案管理，所以一般都不会优先考虑档案工作；而对于专职档案人员来说，本职工作已经力不从心，但还要为所属的部门做补台工作；对于校内其他部门来说，因档案机构不是独立对外的职能处室，对于"边缘化"部门的"发号施令"作"边缘化"处理也就在所难免。

3. 馆舍面积寸土尺地

就目前大多数新设本科院校的档案馆舍来看，拥有独立楼宇的几乎不存在，通常都是在行政办公楼或者图书馆楼一角设置档案专用库房、办公室和阅档室，这对档案的保管会带来安全隐患。如今随着档案数量的日益增多，特别是在加大实物档案收集的情况下，现有库房的空间存量几近饱和；随着数字化外包服务的开展，专业公司人员和设备的进驻，档案专职人员的办公空间也变得拥挤不堪；由于没有专门的整档工作室，通常档案管理人员也会将阅档室作为主要工作场所，但是一旦碰到查档利用者和归档人员人流叠加、混杂的情况,有限的阅档室空间立刻显得捉襟见肘,并易造成档案内容的泄流情况。可见,狭小的馆舍空间制约了未来档案馆功能的拓展。

4. 信息孤岛难以消除

数字校园的建设正在各个高校如火如荼地进行,各种管理系统也在校园内各个部门中广泛使用。目前,除了某些拥有相当技术实力的名校会自主开发学校统一门户的公共数据平台,新设本科院校各部门通常都会根据各自工作所需自行采购管理系统,有些系统更换的频率还很高,从而导致不同的管理系统不能直接对接,信息共享产生困难,资源建设存在重复浪费现象。

5. 资源开发力不从心

如今,档案作为一种信息资源的概念已经深入人心,档案信息资源的开发亦是当前档案管理工作的重中之重。然而,对于新设本科院校的档案管理人员来说,由于受到编制的困惑,平时只能忙于档案的收集、整理、归档等日常工作。因此,在面对信息资源开发这个问题的时候,新设本科院校的档案工作者常常有心而无力,在实际工作中只能将此搁置一边。

四　新设本科院校档案室升级档案馆的建设策略

为更好地适应社会环境的变化、高等教育的变革,新设本科院校在未来的档案机构建设过程中急需在全员意识、个人思想、工作方式、管理体制、运作模式、队伍组建等方面进行努力。

1. 提高全员档案意识,争取校级领导重视

做好高校档案工作,提高全体教工的档案意识是基础,得到校级领导的重视是关键。首先,要多渠道、多手段进行宣传以进一步强化全员档案意识,积极组织学校兼职档案员学习国家和本省市关于档案工作的一系列法规、文件,深入贯彻落实《档案法》和"27 号令"的精神,不断加深对档案工作重要性的认识,增强做好档案工作的历史责任感和时代紧迫感。其次,主管档案工作的校级领导应高度重视档案工作,真正将档案工作列

入学校发展规划,把档案工作列入学校决策层的议事日程,切实制订措施解决学校实际档案工作中的重大问题,为保证档案工作的有序开展建立长效管理机制,在人力、财力、物力三个方面给予支持并得到永久保障。

2. 通过"有为"而"有位",争取社会地位提升

毋庸置疑,在高校中,档案工作相比于教学、科研等核心事务只能属于支撑服务部门,处于边缘地位。笔者认为,这种情况必须通过档案工作者自身积极有为的努力才能改善。首先,要善于学习,增加新知识储备,培养组织管理技能,提高创新能力、沟通能力、执行能力以适应现代化管理的需要。其次,要苦练内功,熟练掌握档案工作的特点和规律,积极指导各个部门做好档案工作,努力提高操作实效。再次,要完善服务,在"以人为本"的理念指导下主动为师生、校友、社会提供高效、优质的服务,例如通过平时的档案利用工作让更多人体会到档案的重要性,采用档案展览等宣传方式让更多人感受到档案的影响力,利用档案编写史料让更多人领会到档案的实用性和史料价值。

3. 强化横向沟通效能,争取职能部门支持

美国著名未来学家约翰·奈斯比特说,未来竞争将是管理的竞争,竞争的焦点在每个社会组织内部成员之间及其外部组织的有效沟通上。对于正处成长期的新设本科院校档案机构来说,如何协调好与其他职能部门的关系,以最大化利用现有资源为档案工作发展服务是关键。首先,要做好与各职能部门领导的沟通,由领导组成档案工作委员会,建立例会制度,定期召开会议沟通,通报近期档案工作的重点、难点、要点,共同商讨解决方案。其次,要充分利用政策,及时主动地搜集有关职能部门最新工作动态,勤跑多问,找准与本部门工作的结合点,特别是在信息系统的开发、信息资源的共享问题上,尤其要加强相互合作,协力互赢。再次,要注意"情感投资",急人之所急,需人之所需,在平时工作中尽量给予其他部门帮助与支持,在人情文化根深蒂固的中国,同事之间的良好关系是推动工作有效开展的催化剂。

4. 借鉴处馆合一模式,争取机构独立建制

长期以来,无论是综合档案室还是档案馆,实则肩负业务指导和实践

操作双重管理职责,但是在高校的机构划分中,却时常把档案部门作为业务部门而弱化了其行政管理的职能。这种情况就导致了档案部门在学校难有"话语权"。如果挂靠的部门在校内也没有"实力"的话,工作就更难开展了。因此,笔者建议借鉴国内其他省市的做法,根据《江西省实施〈高等学校档案管理办法〉细则》第八条规定,"高校应当设立独立建制的档案馆,规模较大的学校应设立档案处,实行两块牌子一套人马,合署办公"[7],而《安徽省高等学校档案管理实施办法》的第六条则明确指出"档案馆必须独立建制"[8]。这种确立了行政职能的独立建制机构设置有利于新设本科院校统一档案工作指导思想,提升档案工作的整体管理水平,有利于专职人员安心工作、谋求档案工作的深层次发展,更有利于学校档案机构的良性发展,以达到更好地为学校中心工作服务的根本目的。

5. 丰富资源开发主体,争取各种外力支援

有文献指出,我国档案的开发利用率不足 5%,而欧美一些国家的开发利用率已超过 60%[9]。究其主要原因,笔者认为,一是资源开发的主体多,在欧美,档案馆并非是档案信息资源开发的唯一主体,相当数量的可获得性档案信息资源(主要是各种类型的全文数据库)的开发主要还是由其他公益性机构、商业机构开发的,或者是与档案馆联合开发的[10];二是充分借力,如英国国家档案馆在档案信息资源开发时就采取了组织社会活动、开展志愿活动与应用社交媒体等新方法借助公众力量来促进档案信息资源开发[11]。受此启发,笔者建议新设本科院校档案馆在缺乏人手的情况下进行档案信息资源开发时必须寻求多方外力支援。首先,可以引入外包机制,由第三方专业机构根据需求定制开发资源库;其次,可以邀请一些老教工做兼职,利用他们熟悉学校发展历史的特点深入挖掘档案资源;再次,可以利用新媒体向校友推送学校档案工作的动向,搜罗更多有关的档案信息资源。

6. 实行分类管理制度,争取人力资源充沛

当新设本科院校档案馆为专业人员配备不足而犯愁的时候,不妨放眼海外,借鉴一下美国的做法。美国高校档案管理机构的人员主要由 3 部分组成:专业馆员、支持职员、临时学生助理[12]。对于编制有限的新设

本科院校来说,除了可以通过招募勤工俭学的学生助理从事辅助性操作工作外,还可以通过第三方劳务派遣的形式雇佣外聘员工,让这些相比于学生助理要更为稳定的外聘员工从事已经标准化了的基础性事务工作。这样,就可以形成一个以精干的专业馆员为中心、以稳定的外聘员工为基础、以临时的学生助理为补充的档案馆人力资源体系,由此,可以将数量有限的专业馆员从繁杂的事务性工作中解放出来,尽心做好全局组织管理,静心从事专业研究。

随着我国高校规模的扩大,高校档案不断增多,现有的综合档案室无论从体制、编制、财力上都不能适应日益发展的高校事业,成立档案馆是适应新设本科院校发展的需求,也是实现高校档案价值最大化的平台。身为新设本科院校的专职档案工作者,我们切莫将"升馆"作为工作的终极目标,要深刻意识到"名称升馆"是一时之事,"实质升馆"才是长期奋斗目标,对于当前乃至未来碰到的难关,要静下心来多想想、多看看,积极探索有效的解决途径,为档案馆的内涵建设创造条件,让高校档案资源发挥应有作用,辐射更多受益者。

参考文献：

［1］应用技术大学(学院)联盟,地方高校转型发展研究中心.地方本科院校转型发展实践与政策研究报告.

［2］教育部办公厅.《高等学校档案管理办法》解读［M］.高等教育出版社:北京,2010.4.

［3］黄霄羽,赵传玉.论高校档案馆建设的指导思想［J］.档案与建设,2006(1):20—22.

［4］刘瑞琴,马绪超.档案室与档案馆工作比较研究［J］.信息管理导刊,2001,14(2):6—9.

［5］孙琳.新时期高校档案部门内部机构设置探析［J］.兰台世界,2013(17):53—54.

［6］国家教委,国家档案局.关于加强高等学校档案工作的几点意见［EB/OL］.http://baike.baidu.com/view/3102003.htm.(2009—12—22)［2014—05—20］.

［7］江西省教育厅,江西省档案局.关于印发《江西省实施〈高等学校档案管理办

法〉细则》的通知［EB/OL］. http：//www. jxedu. gov. cn/zwgk/zwggjx/2012/02/
20120203021225506. html. (2012—02—03)［2014—05—25］.

　　［8］安徽省教育厅. 关于印发《安徽省高等学校档案管理实施办法》的通知［EB/
OL］. http：//www. ahedu. gov. cn/164/view/4869. (2009—11—17)［2014—05—28］.

　　［9］武文秀. 中西方文化视角下中国与欧美档案馆比较研究［J］. 兰台内外,2013
(2):61.

　　［10］章燕华,徐浩宇. 国外档案信息资源的开发现状及特点分析［J］. 浙江档案,
2006(2):7—9.

　　［11］张学斌. 国外档案信息资源开发的新方式探析——以英国国家档案馆为例
［J］. 档案与建设,2014(3):15—18.

　　［12］包海峰. 高校档案馆组织结构优化研究［J］. 黑龙江档案,2013(4):23—25.

对增设"学生类"档案的质疑

上海理工大学档案馆　　廖　颖

摘　要：《高等学校档案管理办法》增设"学生类"档案的举措具有重要的意义，但同时其本身也存在一些问题。本文对"学生类"档案概念的明确性、单独设类的合理性和实践的有效性等三个方面提出了质疑。"学生类"档案概念不明确，设类不合理，必然导致实践成效不明显。建议教育部等权威部门尽快修订相关文件，对"学生类"档案作出明确的解释。

关键词：高等学校　档案管理　"学生类"档案

《高等学校档案管理办法》（简称 27 号令）是由教育部和国家档案局联合以令的形式发布的指导新时期高校档案工作科学发展的法规性文件，自 2008 年 9 月 1 日起施行。它是以原国家教育委员会于 1989 年 10 月 10 日发布施行的《普通高等学校档案管理办法》（简称 6 号令）为基础，结合我国高校及其档案工作近 20 年的变化与发展情况，根据实际需要对 6 号令进行修订而形成的。相较于 6 号令，27 号令增加了不少新内容，其中较为突出的便是在文件材料的归档范围中增设了"学生类"。这一新增内容，让不少业内人士为之眼前一亮。增设"学生类"档案的意义备受肯定。正如教育部人士所言，27 号令"将学生档案纳入归档范围，而且单独设类，彰显了以人为本和重视民生档案的理念。"[1]高校档案业界人士也发出了类似的声音，"将学生类档案纳入学校档案十一大类实体管理体系之中，融为一体，这是紧跟高等教育发展和档案工作'两个体系'建设思想发展步伐,进一步优化高校资源配置,综合管理学校档案资源,拓展学校档案服务领域的一项重要举措。"[2]

27号令发布实施至今已有6周年,增设"学生类"档案这一举措的效果到底如何?是否都能令人满意?事实上,它除了很多人所称赞的意义之外,还留存着一些问题。笔者无意否定增设"学生类"档案的意义和目的,仅对一些问题提出异议,以作进一步的探讨。

质疑之一:概念的明确性

6号令自1989年发布实施至2008年废止,指导高校档案工作近20年,发挥了积极的作用,高校档案工作逐渐趋于成熟。这期间人们所称的高校档案,被高校档案业界统称为"综合档案",它主要包括6号令文件材料归档范围所涉及的党政管理类、教学类、科研类、基本建设类、仪器设备类、产品生产类、出版物类、外事类、财会类九个一级类目[3](1993年11月16日,原国家教育委员会发布《高等学校档案实体分类法》与《高等学校档案工作规范》,将党政管理类分解为党群类和行政类,使归档范围从6号令中的九大类扩容为十大类),并不包含学生个人档案和教职工人事档案。

作为一项新增内容,"学生类"档案这一概念在27号令中并没有详细的解释,同时也缺乏相关的执行文件。因此,人们对"学生类"档案的理解,主要是从两个方面入手,一是其属概念"高等学校档案",二是它的具体所指。27号令将"高等学校档案"定义为"高等学校从事招生、教学、科研、管理等活动直接形成的对学生、学校和社会有保存价值的各种文字、图表、声像等不同形式、载体的历史记录。"[4]该定义可看作是从侧面界定了"学生类"档案的含义,即我们可以这么理解,"学生类"档案是指高等学校从事招生、教学、管理等活动直接形成的对学生有保存价值的历史记录。而它的具体所指主要包括高等学校培养的学历教育学生的高中档案、入学登记表、体检表、学籍档案、奖惩记录、党团组织档案、毕业生登记表等。这些材料在综合档案(尤其是"教学类"档案)和学生个人档案中都或多或少地有所体现,如,高中档案、体检表、党团组织档案、毕业生登记表属于学生个人档案的一部分,而入学登记表、学籍档案、奖惩记录则同时属于"教学类"档案和学生个人档案的内容,只是其中的某些材料在形式上可能存在差别。

正是由于"学生类"档案与综合档案、学生个人档案之间存在着千丝万缕的联系,同时又缺乏相关的执行文件作为支撑,因此"学生类"档案概念缺乏明确性,这就不可避免地导致了对其有多种理解的出现。针对 27 号令中的"学生类"档案,主要有以下三种解读:

1. "学生类"档案等同于学生个人档案

这应是多数人对"学生类"档案的解读。从各地对 27 号令的贯彻落实情况来看,一些地方层面制订的相关实施细则或办法也坚持了这一观点。如四川省教育厅和四川省档案局于 2009 年 8 月 28 日联合发布的《四川省〈高等学校档案管理办法〉实施细则(试行)》明确规定"学生类"档案按四川省教育厅《四川省普通高等学校学生档案管理办法》(川教[2007]26 号)的相关规定执行。[5]《安徽省高等学校档案管理实施办法》(自 2010 年 1 月 1 日起施行)[6]和《〈江西省高等学校档案管理办法〉实施细则》(自 2012 年 1 月 1 日起施行)[7]则在 27 号令十一大类的基础上增加了"人事类",明确规定纳入高校管理的教职工人事档案按照中共中央组织部《干部人事档案材料收集归档规定》执行,与"人事类"相对应的"学生类"应是指学生个人档案。有学者如此直接认定:"'学生类'档案实际上就是以往的学生档案。"27 号令对"学生类"档案单独设类,"主要目的在于以学生为本,规范目前各高校学生档案管理混乱、不到位的情况,维护学生的切身利益。"[8]

2. "学生类"档案是指综合档案中与学生相关的材料

这种观点的产生主要源于"学生类"档案与综合档案的密切联系,尤其是"教学类"档案涵盖了录取新生名册、入学登记表、成绩单、学位审批表、奖惩记录和学历学位签收单等材料,而这些材料与"学生类"档案的具体所指有相当多的内容是重叠的。这种解读的直接结果是在原有综合档案十大类的基础上,再增加一个类别即"学生类",且其内容构成来自其他门类。正如有学者如此理解："文件材料的归档范围将学生档案从党政管理类和教学类中单列出来组成独立的一类。"[9] 类似地，也有档案业界人士如此解读："学生类档案由原分散存放于高校其他档案门类中的学生档案整合而成，因此，学生类档案的建立并不是'从无到有'的过程，而是'变零为整'的过程。"[10]

3. "学生类"档案包含学生个人档案和综合档案中与学生相关的档案材料

有学者认为，"高校学生产生的只要是对学校、学生和社会有利用价值的档案材料都可以被称为'学生类'档案。"[11] 有档案业界人士认为，"学生类"档案"既包含了学生个人档案中的大部分内容（除毕业生派遣证外），也包含教学档案归档范围中的部分内容，即学生的入学登记表、学籍档案、奖惩记录等，是比较完整的学生档案材料。"[12] 也有学者对"学生类"档案的具体涵义进行详细的分析，认为"学生类"档案由个性信息和共性信息两部分构成。个性档案信息包括原学生个人档案中的个性材料信息和原教学类档案中的个性材料信息。前者包括学生的高中档案、体检表、个人自传、政审、党团组织关系等材料，后者包括入学（学籍）登记表、成绩登记表、毕业生登记表、优秀毕业论文、奖惩记录、学籍异动等材料。共性档案信息包括原教学档案中既反映学生个性又体现共性的材料，包括新生录取名单、在校生名册、毕业验印名册、学历学位等材料。[13] 江苏省教育厅和江苏省档案局于 2012 年 4 月 25 日联合发布的《江苏省高等学校档案管理办法》对"学生类"档案作了详细的解释："学生类档案在实际操作中应当分为两种，一种是随学生毕业、就业而派遣的学生人事档案材料；另一种是由高校档案机构永久或定期保存的与教学、科研等活动相关的学籍类文件材料。两种学生类档案在归档范围、工作流程、管理模式与体制等方面应当区分开来，并制订相应的管理办法。"[14]

质疑之二：设类的合理性

27 号令将"学生类"档案置于原综合档案的十大类之列，使它们彼此

之间构成并列关系,按照上文提到的人们对"学生类"档案的三种解读,如此设类缺乏合理性,理由在于:

1. 与临近概念的逻辑关系存在问题

根据"学生类"档案等同于学生个人档案的观点,"学生类"档案应该与综合档案是平行关系,而不是与综合档案的十大类平行。这是因为,在实践中高校的学生个人档案和教职工人事档案向来是独立于高校档案管理体系之外的。从"大档案"的角度看,高校档案主要由综合档案、学生个人档案和教职工人事档案三大类组成,这三者彼此之间是平行关系,其中任何一大类与另外两大类的小类都无法构成平行关系。换句话说,学生个人档案不可能与综合档案的任何一级类目(如"教学类"档案)构成平行关系。

2. 概念不具备排他性

根据第二种观点,即"学生类"档案由综合档案中与学生相关的材料组成,那么,在此前提下,"学生类"档案与综合档案的相关类目将会产生交叉关系。以"教学类"档案为例,27 号令明确该类档案"主要包括反映教学管理、教学实践和教学研究等活动的文件材料。按原国家教委、国家档案局发布的《高等学校教学文件材料归档范围》((87)教办字 016 号)的相关规定执行。"这与 6 号令对"教学类"档案的规定完全吻合,即"教学类"档案的内容构成与实施办法没有发生任何改变,仍然按照传统的做法开展相关工作。在多年的高校档案工作实践中,"教学类"档案已经包含了入学登记表、成绩单和奖惩记录等材料,而这些材料正是"学生类"档案的重要组成部分。从这个角度上讲,"学生类"档案这个概念不具备排他性,单独设置"学生类"档案并将其与原十大类档案并列在一起同样缺乏合理性。

3. 可操作性不强

如果"学生类"档案是由学生个人档案和综合档案的相关材料组成,在此前提下构建的"学生类"档案,既包含了学生个人档案又兼顾了综合档案,其内容看起来似乎更加"强大"。但是在具体操作上却存在难题。除非是按照传统的处理方法,将两者区分开来处理,即学生个人档案作为高校专门档案管理,与教学、科研等活动相关的学籍类文件材料纳入高校综合档案管理,否则"学生类"档案仍停留在概念层面,其可操作性并不强。而传统的处理方法只会把我们带回"老路子",学生个人档案和综合档案最终还是完全独立,无法融合在一起。如此一来,"学生类"档案就变成了纯粹多余的新名词,没有任何实质性意义。这不应是 27 号令增设"学生类"档案的初衷。而作为将学生个人档案和综合档案相关材料整合为一体的"学生类"档案在具体实践中应如何操作,虽然已有少数学者进行相关的探讨,但目前为止还缺少相关的案例。

质疑之三：实践的成效性

对"学生类"档案的不同理解,在具体实践中可引发不同的行为,但从总体来看其成效并不明显。几种主要行为包括：

1. 将学生个人档案集中统一到档案机构保管

长期以来,学生个人档案管理属于学生管理工作的一部分,因此,学生个人档案多由学生管理部门(如学生处、研究生部)或院系来管理。将学生个人档案集中统一到档案机构保管,可能会引起相关机构和人员的变动,因此很多高校都比较慎重,到目前为止只有少数高校会选择这条路。对于未成立档案馆的高校,其档案机构多被称为"综合档案室",基本都是专管学校综合档案,并不涉及学生个人档案和教职工人事档案。因此,保管学生个人档案的高校档案机构主要集中在高校档案馆中。笔者对上海地区高校做了调研,截止 2014 年 8 月 15 日,上海高校档案馆共有17 个,其中涉及学生个人档案的仅有 8 个,且均为 20 世纪 90 年代以后成立的档案馆。具体情况如表 1：

表 1　上海地区高校学生个人档案划归档案馆管理情况一览表

序号	档案馆名称	成立时间	是否保管学生个人档案
1	复旦大学档案馆	1988 年 3 月	否
2	上海交通大学档案馆	1986 年 4 月	否
3	同济大学档案馆	1987 年 6 月	否
4	华东师范大学档案馆	1988 年 6 月	否

（续表）

序号	档案馆名称	成立时间	是否保管学生个人档案
5	华东理工大学档案馆	1986 年 4 月	否
6	东华大学档案馆	1987 年 5 月	否
7	上海大学档案馆	1994 年 5 月	是
8	上海师范大学档案馆	1991 年 6 月	是
9	上海理工大学档案馆	2010 年 4 月	是
10	上海海事大学档案馆	2007 年 6 月	是
11	上海工程技术大学档案馆	2009 年 7 月	是
12	上海财经大学档案馆	2002 年 12 月	是
13	上海应用技术学院档案馆	2001 年 3 月	是
14	上海体育学院档案馆	2003 年 7 月	是
15	上海海洋大学档案馆	2010 年 8 月	否
16	上海电力学院档案馆	2009 年 7 月	否
17	上海第二工业大学档案馆	2013 年 6 月	否

值得一提的是，这 8 个高校档案馆中有些是在 27 号令发布之前就已经统一管理学生个人档案，如上海大学档案馆早在 1994 年就已经开始管理学生个人档案。即便有些高校档案馆是在 27 号令发布之后才开始管理学生个人档案，但大多也是学校统筹规划所做出的制度安排，与 27 号令没有直接的联系。27 号令的出现，并非是引发该类行为（即将学生个人档案划归高校档案馆管理）的直接诱因。

2. 对原综合档案进行分类调整

将"学生类"档案理解为综合档案中与学生相关的材料，在实践中直接引发的行为就是对原综合档案进行结构调整。这就涉及档案分类的调整问题，将原来分散于各大门类的与学生相关的材料集中统一起来，划归到"学生类"档案中去。有档案业界人士称："实践中，高校陆续开始调整档案分类，将原先分散存放于其他类别中的学生档案整合归入'学生类'。"[15] 但实际上，这种分类调整真正操作起来难度很大，如果实践中真有案例的话，那也是极为少数。

关于"学生类"档案的组卷,有人主张采用"一人一卷"的方式。在理想状态下,其结果确实是可以更加方便该类档案的利用,通过一次性检索就可以查到学生在校期间的所有材料,但是真正实施起来将会有很大的难度。它不仅涉及档案材料的调整,还包括相关著录信息(如立卷部门、保管期限、密级等)的变更,而且原综合档案中关于学生的共性信息(如录取新生名册、学历学位签收单)如何处理也是个大难题。当然,除了"一人一卷"的方式之外,还可能存在其他解决办法,只是都还处于探索阶段。

且不考虑档案分类调整的可行性问题,仅从效益角度来看,这样做的意义并不大。因为档案分类的调整本身并不能增加新的内容,仅仅为了达到诸如前面所设想的效果而冒险去开展一项"潜在难度大、工作量巨大"的档案分类调整工程,这是人手本来就比较紧张的高校档案馆(尤其是库存档案数量比较多的)不会轻易实施的。况且,经过多年的实践,高校档案工作者已经习惯于按照原十大类进行操作,虽然学生经常利用到的档案材料分别存放于不同的门类中,但对于这些材料的查找已是大家所熟悉的,尤其是在档案信息化环境下更不是问题。

3. 保持原有传统做法

所谓"无所作为就是有所作为",因此保持原有传统做法也是一种实践的行为。引发这种行为可能有两种原因:一是对概念理解不明晰,不敢贸然行动;二是对概念理解有所倾向,但由于某些原因还没开始实施。

多数高校尤其是老牌高校档案馆一般都选择保守路线,暂时保持原有做法,档案馆既不管理学生个人档案,也不调整综合档案的分类。从表1可以看出,所有在20世纪80年代成立的上海高校档案馆没有任何一个涉及学生个人档案。但27号令增设"学生类"档案的举措确实是给高校档案工作者灌输了新的理念。有些高校档案工作虽然表面上不作任何改变,但实际上还是有些微妙的变化。就有高校档案机构不单独增设"学生类"档案,而是沿袭使用传统的档案门类,只是在具体的档案工作实践中强调补充学籍档案的收集。如上海交通大学档案馆在贯彻落实国家档案局于2011年11月21日公布实施的《各级各类档案馆收集档案范围的规定》(简称"国家档案局第9号令")的过程中,其2014年上半年报送材料所列举的档案馆收集档案范围中并没有"学生类"档案这一门类,但确实明确了涉及民生的档案纳入收集范围,特别强调了与学生个人切身利益相关材料的收集建档工作,如学生学籍材料、本科生基本信息表、研究生学位登记表、毕业生登记表等已明确列入归档范围。[16]

结　语

由于 27 号令对"学生类"档案这个概念没有明确的解释,导致了人们对"学生类"档案的不同理解,进而在实践中引发了不同的行为。总体上看,各高校档案机构基本都是按照自己的理解来做出反应。这不利于高校档案事业的健康发展。

6 号令自 1989 年发布后时隔 4 年,原国家教育委员会便于 1993 年11 月发布了《高等学校档案实体分类法》与《高等学校档案工作规范》,这种反应速度还是相当快的,况且是首创之作,其难度之大可想而知。27号令发布实施至今已有 6 年,教育部还未出台相关的实施文件。这大概也是业内人士至今对"学生类"档案还未形成统一认识的主要原因之一。教育部应尽快修订《高等学校档案实体分类法》与《高等学校档案工作规范》,对"学生类"档案作出明确的解释,同时配备相应的工作规范,以便使高校档案机构能更加有效地贯彻落实 27 号令,真正践行其"以人为本、重视民生"的理念。

参考文献:

[1] 牟阳春. 学习贯彻《高等学校档案管理办法》　促进高等学校档案工作科学发展[N]. 中国教育报,2008 年 9 月 26 日第 3 版.

[2] 匡定发. 内涵与理念的变化是 27 号令最大的变化——高等学校档案管理办法 27 号令与 6 号令比较[J]. 铜陵学院学报,2009(2):87—88.

[3]《普通高等学校档案管理办法》,国家教育委员会令第 6 号,1989 年 10 月10 日.

[4]《高等学校档案管理办法》,中华人民共和国教育部、国家档案局令第 27 号,

2008 年 8 月 20 日.

[5] 四川省教育厅四川省档案局关于印发《四川省〈高等学校档案管理办法〉实施细则（试行）》的通知[EB/OL].[2014—08—13].http://yb.cmc.edu.cn/info/1999/2637.htm.

[6] 关于印发《安徽省高等学校档案管理实施办法》的通知[EB/OL].[2014—08—14].http://www.lhub.cn/web/jiaowu/Contents/2111302259.html.

[7] 江西省《高等学校档案管理办法》实施细则[EB/OL].[2014—08—14].http://foosun.jju.edu.cn/DAG/DAFG/2011/920/11920152850EC0K6D4JKI03CA4K7E6F.html.

[8] 李银银.对《高等学校档案管理办法》增设"学生类"档案的思考[J].档案与建设,2009(7):15—16.

[9] 马仁杰,张浩.我国高校档案工作发展史上的重要里程碑——评新颁布的《高等学校档案管理办法》[J].档案学通讯,2009(2):13.

[10] 王婉萍.高校学生类档案的分类与组卷[J].档案管理,2013(3):51.

[11] 张娟,王蓓.从"档案工作的最终目的"角度议"学生类"档案[J].陕西教育.高教,2013(9):49.

[12] 白丽.试论增设"学生类"档案之意义——写在《档案管理办法》颁布实施两周年之际[J].档案与建设,2010(10):38.

[13] 颜丙通.高校"学生类"档案的构建与服务创新[J].中国档案,2011(6):64—65.

[14] 关于印发《江苏省高等学校档案管理办法》的通知[EB/OL].[2014—08—15].http://dangan.yzu.edu.cn/art/2012/9/3/art_5715_240680.html.

[15] 王婉萍.高校学生类档案的分类与组卷[J].档案管理,2013(3):51.

[16]《上海交通大学档案馆收集档案范围细则》编制工作方案,2014 年 4 月.

建立档案知识服务学的思考

上海交通大学档案馆　　胡凤华

摘　要: 知识经济时代,"知识成为财富之源"。档案馆要实现可持续发展必须为广大用户(广义)提供知识服务。本文从档案知识服务的内涵、特征入手,提出应建立档案知识服务学来科学化指导档案知识服务的实践活动,试分析了档案知识服务学的研究范围,并参照钱学森现代科学技术体系结构层次划分试构建了档案知识服务学的内容体系。

关键词: 档案　知识服务

知识经济时代,"知识成为财富之源"。档案馆是知识经济时代人们获取知识信息的一个重要宝库。然而,"从目前档案工作的实践分析,档案馆的业务工作仍然停留在以档案实体的管理为主,尤其是对实体的有序化工作包括档案的收集、整理、保管、鉴定等展开",缺乏对档案中蕴含知识内容的开发。另一方面随着信息技术和网络的快速发展又导致档案数量剧增,档案的内容分散交叉,呈现出信息爆炸、知识匮乏的困境。适者生存,面对知识经济发展的要求,档案工作者应当变革档案管理与服务战略,把停留在档案、文件、档案馆的研究目光,穿透到档案、文件的背后——蕴藏的知识问题上,"探求档案、文件间相互关联的意义或知识",具有针对性地开发利用档案信息资源为广大用户(广义)提供知识服务。这是档案馆应对未来挑战,实现可持续发展的根本途径。

一　档案知识服务的内涵

目前,档案知识服务的研究逐渐受到国内学者越来越多的关注,学者们从不同的视角论述了档案知识服务的一些概念与内涵。有的学者从档案知识服务的主体角度强调人是创造、传播和运用知识的主体,知识服务需要档案馆服务人员运用自身的知识积累,提供知识产品,解决用户需求;有的学者则从知识服务客体——知识产品角度出发强调知识服务的层次性和专深性,并把知识服务划分为广义的知识服务与狭义的知识服务。广义的知识服务是指一切为用户提供所需知识的服务(包括提供普通知识服务和专业知识服务等)。狭义的知识服务是指针对用户专业需求,对档案中蕴含的相关知识进行搜集、筛选、研究分析并支持应用的一种深层次的智力服务;有的学者从知识服务的服务对象角度强调"知识服务需融入用户解决问题的过程中,以解决用户问题为直接目标";有的学者则从知识的价值出发强调在具体问题的解决过程中显性知识与隐性知识的相互转化,从而实现档案知识的增值和创新。纵观学者们对知识服务内涵的阐述,笔者归纳档案知识服务的主要特征有:

1. 档案知识服务的本质是知识集成创新的过程

"知识是创新的源泉,是促进经济社会可持续发展的基础和引擎"。档案知识服务的本质是实现档案知识资源的应用与创新。人的主观能动性及隐性知识是实现档案知识创新应用的关键因素。在档案知识服务的过程当中,档案工作者发挥主观能动性,在馆藏档案资源基础上,运用智慧,根据用户需求(广义)"对档案进行筛选、加工、提炼、编纂,把档案'原料'转化加工为各种形式,特别是当下覆盖面最大、最大众化通俗化、最流行形式的文化'产品'"。这一过程就是档案知识的集成应用创新。

2. 档案知识服务是融入用户情境与用户决策过程的服务

库克指出档案工作者要引导利用者从泛滥的、具体的信息过渡到知识,甚至于智慧,档案的工作、地位才会在新时代得到保证。档案知识服务的目的在于帮助用户找到全面、完善的解决方案,根据用户问题和问题环境进行系统分析,利用先进的技术对信息和知识进行查询、分析和组织,并不断调整和优化服务产品,最终形成易于理解和使用的、符合用户需要的知识产品。档案知识服务将贯穿于用户解决、研究问题的全过程,为用户提供动态的连续性服务。从用户需求获取到档案知识获取,知识整理,再到最终把知识产品或解决方案提供给用户进行知识创新是一个不断与用户交互,参与用户决策的全过程性服务。

3. 档案知识服务是面向知识增值的服务

档案知识服务是针对用户不同类型的知识需求,将专家、服务团队、数据和各种信息与计算机技术有机地结合起来,通过对大量原始信息进行分类、整理、分析和研究后形成新的知识产品,是建立在信息技术、专业技能、服务团队上的知识转化和知识增值过程。"知识服务"的价值体现在"知识"和"服务"上面,知识服务工作不再以档案信息资源的占有和简单开发利用等方式来体现价值,而是关注和强调利用档案服务人员独特的知识和能力对现成档案信息与知识资源进行加工,以灵活的服务模式对特定问题进行分析、诊断、解决,为用户提供知识增值服务。

通过上述档案知识服务内涵的分析,笔者认为档案知识服务是以档案人员的档案、情报专业知识为前提,以科学文化素质为核心,以现代岗位技能为手段,以馆内外信息资源为基础,根据用户的问题和环境融入用户解决问题的过程之中,对相关信息和知识进行搜寻、组织、分析、重组、创新,为用户提供有效地解决问题的方案,实现知识应用及创新的服务过程。事实上,档案知识服务是一种"激活"的知识传播、知识应用与知识创新的服务方式。

二　从档案知识服务到档案知识服务学

目前,档案界知识服务的研究成果和水平与图书界相比较而言,还有一定的差距。笔者认为,这一差距最主要的原因是档案界对知识服务的战略地位和对其重要性认识不够,缺乏理论指导下的档案知识服务和实践档案知识服务的理性总结。

从档案知识服务的主要特征中可以看出档案知识服务是以"档案知识为中心",实现用户知识需求的一个复杂系统工程。在知识服务的过程中涉及的要素有人(用户、档案人员或服务团队)、知识、技术、服务方式、组织等。这些要素相互关联、相互影响,不可分割,一起发挥作用才能完成服务过程。在服务的过程中,如果不将服务要素和过程科学化,档案知识服务的实践过程就将处于盲目状态,服务的效果就很难保证。因而必须加强档案知识服务的理论研究,进而形成系统的理论体系,这个理论体系就是档案知识服务学,档案知识服务学就是探索档案信息、知识运动规律,综合运用档案学及其相关学科的研究成果,研究档案知识服务中的共性、本质和规律,寻求最佳服务方式和方法的学(问)科。档案知识服务学的建立将使我们对档案馆知识服务问题的认识从现象深入到本质,从个别上升到一般,更好地指导档案知识服务的实践工作,以提高服务水平。

三 档案知识服务学的研究范围及内容

档案知识服务学的研究要素一是人,人是档案知识服务中最具创造性的因素,包括(用户、档案人员或服务团队)。二是档案知识。档案背后蕴含的知识是支撑知识服务的核心资源。三是技术。重点研究档案知识服务与信息技术的关系。四是服务。包括服务的内容、服务的方式、服务的评价等。五是组织。主要研究档案知识服务工作机构设置、战略管理、人力资源管理、制度建设等。从要素分析可以看出档案知识服务学是一门交叉性学科,具有的复杂性与综合性。需要把计算机科学、信息管理学、通讯科学、管理科学、社会认知学、心理学等学科知识与档案学相互渗透与融合;需要运用运筹学、博弈学、系统工程学等理论来进行控制调节,以最大限度地发挥档案馆的功能,产生最佳的服务效果。并跨越档案学旧时代的学科界线,创造出一个新的知识整合架构。

档案知识服务学的研究内容非常丰富,参照钱学森现代科学技术体系结构层次划分,笔者认为其内容体系可以分为理论、方法与技术以及应用研究三个部分,每一个部分都有自己不同的研究内容,不可或缺。

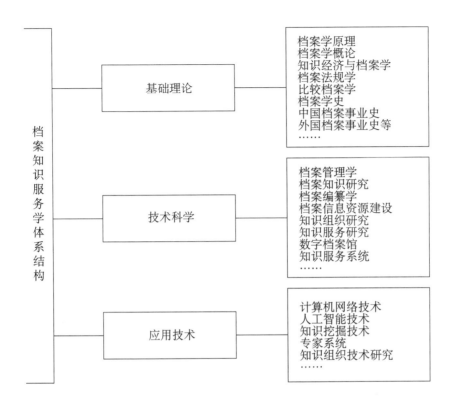

档案知识服务学理论主要研究：一是学科构建中的基本问题。主要研究档案知识服务学的概念范围、研究对象、内容体系、学科性质、目标与任务、产生与发展，档案知识服务的目标、职能、原则、策略、模式和评估，档案知识服务与其他学科的关系等；二是关于档案知识的研究。主要研究档案知识的定义、特征、知识的属性与分类，隐性与显性知识的转化，馆藏资源的规划、利用、整理，资源向知识的转化，档案知识的获取、存储、共享、服务，档案信息、知识的运动规律等；三是服务对象的研究。主要研究用户（广义）结构、用户需求、用户调查、用户心理、用户行为等。

档案知识服务学方法和技术主要研究：一是关于知识服务技术的研究。重点研究档案知识服务与信息技术的关系，知识服务中涉及的主要信息技术，如研究计算机技术、网络技术、人工智能技术、知识挖掘技术、专家系统和知识库等信息应用技术等；二是关于档案知识服务的方法和工具研究。研究知识服务中采用主要方法，包括知识组织管理方法研究，如知识获取、知识组织、知识存储、知识传播和知识服务的方法和技术等。研究知识管理工具的基本知识及重要的知识服务工具的应用，包括知识仓库、知识地图、知识网络和知识服务系统等。

档案知识服务学应用与实践主要研究以下内容：关于档案知识服务学的应用和案例研究。档案知识服务学与知识创新，档案知识服务学与社会知识需求等。

四　结　语

档案馆作为人类历史的公共记忆系统，不仅具有收集、管理档案的基本职能，还有为社会提供档案利用，科学研究、宣传教育、文化传播的社会职能。要重视对知识的认识、开发利用和创造。建立档案知识服务学是知识经济发展的必然，相信它会不断完善并逐步形成自己的理论体系，成为档案学体系中的一个新的分支。

参考文献：

[1] 傅荣校，解俞. 论基于电子政务数据中心的数字档案馆功能定位[J]. 浙江档案，2008 年第 2 期.

[2] 马玉杰 郑 悦. 档案馆开展知识服务的可行性与服务模式探讨[J]. 档案学通讯，2009 年第 6 期.

[3] 戚建林. 论图书情报机构的信息服务与知识服务[J]. 河南图书馆学刊，2003(2):37—38.

[4] 孙 逊. 知识经济背景下档案馆的知识服务功能探析[J]. 兰台世界，2008 年 10 月 下半月.

[5] 张晓霞，冯根尧 面向知识创新的高校图书馆信息资源服务探讨[J],Journal of Shaoxing College of Arts\s&\sciences，2011(12):90—91.

[6]张晓林，走向知识服务:寻找新世纪图书情报工作的生长点[J],中国图书馆学报(双月刊)2000 年第 5 期.

高校档案馆公共服务的外部性及其矫正浅析

上海交通大学档案馆　杨莉莉

摘　要： 高校档案馆公共服务的外部性是公共部门在面向社会信息公开、完善公共文化服务体系过程中面临的新问题之一。文章通过对高校档案馆公共服务及其外部性的概念分析，引出高校档案馆作为公共部门提供公共服务带来的正、负外部性影响，并提出对负的外部性进行矫正的措施，即加强法律素养的培养及将个性化服务市场化。

关键词： 高校档案馆　公共服务　外部性　矫正

高校档案是高等院校在教学、科研、党政管理以及其他各项活动中形成的最宝贵的信息财富之一，在高校的发展和教学科研等工作中发挥了巨大的作用。它以往的服务对象主要是校内各学院、机关部处与直属单位的教职员工及学生，以及与高校工作相关的一些单位，一直很少被公众所了解。随着我国完善公共文化服务体系、建设服务型政府的进程日渐深入，公共部门信息开放的呼声也日益高涨。高校档案馆作为公共事业部门，如何在积极向社会提供公共服务的同时尽可能减少由此带来的负面的外部性影响，逐渐成为高校档案馆新的研究方向之一。

一　相关概念界定

1. 高校档案馆公共服务概述

高校档案馆公共服务，是高校档案馆为了更好地实现高校档案信息资源的价值,满足社会各界对高校档案信息的不断需求,将静态保管的档案信息开发成系统和动态的知识信息,通过改善用档环境、优化查档方式、提升服务水平、提供多样化档案信息资源等多种方式面向全社会提供服务的一种新型服务。它的服务实施主体是高校档案馆,受众不仅仅是本校师生员工,还包括社会公众。

作为事业单位的高等院校,属于中国公共部门的机构之一,是国家为了提供教育文化服务这一社会公益目的而设立的社会服务组织。国家高校是由国家出资建立,并由国家的财政预算为其提供支持,目的就是为了提供公共服务。既然高等院校是由政府财政预算拨款建立的公共部门,那么高校档案馆便属于事业单位档案馆,是公共文化设施的一部分。高校档案馆作为科学文化事业机构,收集和保管本校及所属机构形成的党群、行政、科研、外事、教学、基建等各类档案,服务于高校的教学科研活动和社会的文化传承,具有向全社会提供开放、免费和平等的档案信息服务的责任与义务。

2. 外部性理论概述

外部性(externality)理论,又称外部效应,起源于英国经济学家马歇尔的经典著作《经济学原理》中的"外部经济"理论,最初是作为经济学概念,后由福利经济学家庇古发展开来,指某一经济主体的活动对于其他经济主体产生的未能由市场交易或价格体系反映出来的影响。换句话说,在经济生活中,生产者或者消费者的任何一方的活动都可能对其他生产者或者消费者带来影响,包括生产者对生产者的影响、生产者对消费者的影响、消费者对生产者的影响及消费者对消费者的影响,而这种影响如果处于市场交易或者价格体系之外,就称为外部性。

外部性具有以下特点:(1)人为性,即是因人为而非自然造成的影响;(2)派生性,即是这种影响并非行为者活动的主要目的,而是额外产生的;(3)非市场性,即外部性不是通过市场交易行为而产生;(4)非偿性,即外部性产生的影响无法要求他人偿付。外部性带来的影响既有可能是有益的,也有可能是有害的,我们把有益的外部性称为正外部性,或者叫外部经济,有害的外部性称为负外部性,或者叫外部不经济。正的外部性是政府提供公共产品时所期望的,而负的外部性是政府提供公共产品时极力避免的。

外部性的负面影响表现为:(1)市场失灵,无论是正的外部性还是负的外部性,它们的存在使社会上一些收益未提供报酬或一些损失未得到补偿,本身就说明了市场通过自身调节的失灵;(2)效率损失,不管是某些效益被给予,还是某些损失被强加,都不能达到社会资源的最佳配置,由此产生一些低效率现象;(3)过度利用公共资源,如果通过对公共资源的利用能获取大量利益而不必付出成本,必然导致公共资源的过度利用;(4)成本的转嫁,任何经济活动都会有成本,如果生产者未付出成本,必定是将成本转嫁给其他生产者或消费者。由于外部性不能用市场的方式实现资源的有效配置,公共部门可以通过调整税收、发放补贴、公共规制、社会制裁等手段来对外部性进行矫正,而市场机制自身也可以通过组织一体化、产权界定、排污权交易等方式来对外部性进行矫正。

二　高校档案馆面临的外部性影响

高校档案馆公共服务同时具有正外部性和负外部性,这种影响是交互的。

1. 高校档案公共服务的正外部性影响

高校档案馆向社会开放,提供档案资源服务,实际上是在提供一种教育文化公共产品,个人在利用高校档案的同时,不但享受到了知识带来的愉悦,还丰富了自己的历史文化知识,增加了社会的人力资本,提升了全社会的教育文化水平,这是高校档案馆对个人以至于社会的正外部性影响;同时,公共服务所提供的一系列人性化服务给档案利用个人留下了良好的印象,个人通过与第三者谈论在高校档案馆所接受到的历史文化知识熏陶与优质服务时,也间接提高了高校在社会上的知名度,提升了高校的社会形象,高校因此又获得了更多的社会捐赠,促进了高校进一步发展,这些是个人与社会对高校及其档案馆的正外部性的体现。

2. 高校档案公共服务的负外部性影响

一些人在特定的年代如文革期间说了一些言不由衷的话或得到了一

些错误的评价,高校档案馆对此类档案的开放,要兼顾还原历史的真实与考量社会对档案所反映信息的辨析度。如果高校档案馆在提供档案信息公共服务时未能做好开放鉴定,贸然把不宜开放的档案信息随意向社会开放,侵犯了第三方的隐私权或版权,使第三方的名誉受到了伤害或经济蒙受了损失,则是高校档案馆对个人的负外部性影响;对于到高校档案馆来利用档案信息资源的个人来说,档案信息资源是一种公共物品,具有非竞争性和非排他性特点。高校档案利用的非竞争性指个人在利用档案信息资源时并不妨碍他人的利用。而非排他性在这里是指任何个人不需要支付费用都可以利用高校档案馆提供的公共服务,不能排除其他人利用这一服务,或者排除的成本很高。由于利用档案资源是一种福利,利用者所付出的经济成本和获得的收益之间不存在对等的关系,因而容易出现"搭便车"现象,造成高校档案馆负担过重,这又是个人对高校档案馆负外部性的体现。高校档案馆是公共部门,档案工作的进行是国家以财政预算投入高校为基础的,通过对档案的收集、整理、鉴定和保管,才能向社会提供档案信息的利用工作,目的是为全社会服务而不是获取报酬。档案信息资源作为准公共产品,收取查档费不以营利为原则,查档者通过查阅档案获得的收益远大于付出,将引起机会主义者"搭便车"行为的增多,这种外部性影响可能使档案馆无法负荷。高校档案馆作为高等院校下设的一个部门,本身工作任务就很重,配套资金也十分有限,若要提供优质的公共服务,必须尽量减少"搭便车"行为的外部性影响。

三 高校档案馆对公共服务的外部性矫正

对高校档案馆公共服务外部性的矫正,除了国家在财政补贴上予以更多支持外,也需要高校档案馆自身采取措施,将外部影响内部化。

1. 加强法律素养的培养

既要加强高校档案工作者的职业道德教育,不断加强档案工作者政治素养以及对工作的高度责任感,同时更要积极开展法制宣传教育,加强高校档案工作者法律素养的培养。"导之以德"不如"齐之以法",只有法律的规范才能让高校档案馆为保证公民的知情权而真正开展公共服务，才能有效避免档案工作者在提供档案服务的同时泄露其他人的隐私和国家机密，避免由于不当开放档案利用造成负外部性影响。同时，高校档案工作者法律素养的增强也有利于档案馆维护自身合法权益，在法律允许的范围内最大限度地开放高校档案信息资源，保障公民的知情权。

2.个性公共服务市场化

（1）公共服务市场化的涵义

公共服务市场化是指政府通过租赁、合同、承包、采购、招标等方式，把原来由政府包揽的部分公共事务和提供的公共服务进行民营化和市场化，由市场企业主体、中介组织、公民个人通过竞争来提供，由市场化的方式来实现资源的有效配置。因为政府出资建立高校档案馆，其资金成本的投入并不能在档案利用者身上获得相应的回报，档案资源的提供者和利用者之间不存在经济交换关系，高校档案馆只有通过对开放档案信息的利用免费、对个性化档案信息的利用适当收费等措施，来使档案馆公共服务的外部性内部化，消除"搭便车"行为带来的外部性影响。

（2）高校档案馆提供公共服务市场化的方式

《高等学校档案管理办法》第三十二条指出："高校档案机构应当为社会利用档案创造便利条件，用于公益目的，不得收取费用；用于个人或者商业目的的，可以按照有关规定合理收取费用。"高校档案馆可以以此为依据，在提供普通服务免费的基础上，实行个性化服务收费制度，引入中介组织，对部分非核心服务进行外包，以此从简单、重复性的工作中解放出来，参与到有价值的档案的开发利用中去，使静态的档案材料变成动态的档案信息，实现高校档案的社会价值。

高校档案馆在能力范围内可以提供以下几种外公共服务市场化方式来矫正外部性影响：① 适当收费。对于利用档案的边际收益远大于边际成本的查档者适当提高收费。如影视媒体通过利用档案制作非公益节目获得经济效益，则应对其适当提高收费。② 休闲服务外包。如提供休闲区域的装饰绿化、休息大厅、餐厅、茶室、纪念品商店等，对外包单位采取适当经济补贴。③ 简易工作外包。将高校档案馆进行数字化建设所需的大量扫描、数据录入工作外包给有资质的数字化建设公司,使档案馆工作人员腾出精力来进行更有技术含量的研究与服务。④ 引入中介服务。在校友办理各类证书及成绩单的中英文认证时,引入翻译中介进行翻译服务。高校档案馆只需要对这些外包和中介服务进行宏观管理和引导,并适当引入竞争机制,淘汰服务质量差的提供者,矫正社会"搭便车"的外部影响,确保高校档案馆以优质的服务持续提供给全社会。

参考文献:

[1] 顾建光,王树文,王琪,等. 公共经济学原理[M]. 上海:上海人民出版社,2007. 75—78.

[2] 国家教委. 普通高等学校档案管理办法[EB/OL]. http://www. moe. gov. cn/publicfiles/business/htmlfiles/moe/moe_621/201001/xxgk_81936. html,1989—10—10.

后　记

　　大学的功能是人才培养、科学研究、社会服务和文化传承。从其文化传承看,可以认为,文化是大学的本质属性,是大学赖于生存和发展的精神支柱。

　　大学文化在于创造一种文化氛围。正如林语堂所曰:"文章有味,大学亦有味。味各不同,皆从历史沿袭风气所造成,浸润熏陶其中者,逐染其中气味。"而对实现大学文化传承而言,高校档案馆是一方重要的阵地,是大学开展文化建设的大舞台。

　　高校档案作为大学历史的真实记录,其反映大学的长期办学实践,具有保存记忆、资政育人、传承文化、弘扬文明的特殊使命。作为档案工作者,做好档案工作是我们的天职。那么,如何做好档案工作? 则是我们每个档案工作者面临的主题,也是值得我们思考的问题。

　　上海市档案学会高校档案专业委员会(下称"上海市高校档案学会")作为上海市高校档案机构和档案工作者自愿组成的群众性学术团体,是上海市教委联系上海高校机构和档案工作者的纽带。

　　上海市高校档案学会第七届理事会成立以来,在继承前人优良传统的基础上,积极组织开展业务培训和档案学术交流活动,着力推进档案信息的开发利用和档案工作的现代化管理,着力凝聚人心、加强与档案学会(工作者)之间的联系。编撰出版论文集是今年学会的一项重要工作,在各位理事和成员单位的共同努力下,经过几轮评审筛选,《上海高校档案管理研究与实践》终于要付梓出版。

本论文集主要是最近几年学会举办的论文征文获奖作品。其有几大特点：第一，研究面广。论文研究涵盖四个方面的内容：一是档案收集、管理与利用，二是档案数字化与信息化，三是档案编研与传播，四是档案馆的功能与职能；第二，参与面广。全市高校会员单位基本都参与并提交论文；第三，与实践结合深。本书收录的 41 篇论文，多为结合档案工作实际，提出许多新的思考和解决问题的方法或路径。

本论文集及其诸多观点思考，对大学档案馆进一步发挥文化功能，为大学的决策、教学、科研以及育人都将有一定的借鉴意义和参考价值。

本书在筹划、编辑和出版过程中，得到上海高校档案行政主管部门——上海市教委办公室的肯定和资助，得到学会各位理事的无私付出，得到上海三联书店资深编辑钱震华先生的悉心指导，上海大学档案馆纪慧梅老师为本书的编辑出版付出了辛勤劳动，在此一并致谢！

编　者

2016 年 6 月

图书在版编目(CIP)数据

上海高校档案管理研究与实践/汤涛,徐国明主编.
—上海:上海三联书店,2016.
ISBN 978-7-5426-5593-6

Ⅰ.① 上…　Ⅱ.①汤…　②徐…　Ⅲ.①高等学校—
档案工作—研究—上海市　Ⅳ.①G647.24

中国版本图书馆 CIP 数据核字(2016)第 113152 号

上海高校档案管理研究与实践

主　　编　汤　涛　徐国明

责任编辑　钱震华
装帧设计　汪要军

出版发行　上海三联书店
　　　　　(201199)中国上海市都市路 4855 号
　　　　　http://www.sjpc1932.com
　　　　　E-mail:shsanlian@yahoo.com.cn
印　　刷　江苏常熟东张印刷有限公司

版　　次　2016 年 10 月第 1 版
印　　次　2016 年 10 月第 1 次印刷
开　　本　787×1092　1/16
字　　数　302 千字
印　　张　20.75
书　　号　ISBN 978-7-5426-5593-6/G・1426
定　　价　50.00 元